Biblioteca Era

Santiago Santa Cruz Mendoza

Insurgentes
Guatemala, la paz arrancada

Santiago Santa Cruz Mendoza

Insurgentes
Guatemala, la paz arrancada

Ediciones Era

EDITORES INDEPENDIENTES
Era, México / LOM , Chile / Trilce, Uruguay
Txalaparta, País Vasco-España

Edición original: 2004, Lom Ediciones

Coedición Ediciones Era, México / Lom Ediciones, Santiago de Chile
DR © 2006 • Ediciones Era, S. A. de C. V.
        Calle del Trabajo 31, 14269 México, D. F.
        www.edicionesera.com.mx
      • Lom Ediciones
        Concha y Toro 23, Santiago de Chile
        www.lom.cl

Primera edición: 2006
ISBN: 968.411.635.7
Impreso y hecho en México
Printed and made in Mexico

A mi madre, Zoila Carlota, mujer quimérica
y combativa, conmigo siempre.
A mis familias numerosas, de sangre, de vida
y de lucha: pertenecer a ellas ha sido una inspiración
para desentrañar y valorar decisiones y realizaciones.
A mis hermanos: Rodolfo Enrique, Patricia Eugenia
y Carlota Ileana; a mis primos: Milton y Estuardo,
inmolados y desaparecidos en la guerra por su consecuencia.
A mis hijos: Paula Ileana, Pablo Rodolfo y Luis Santiago,
deseando que su esencia resucitadora y reencarnadora les
ilumine y oriente en la construcción de sus propios designios.
A la Pelusa, por su compañía y complicidad,
por ser la iniciadora del reparador recorrido con esos
seres especiales del sur y de otras partes del mundo;
participantes activos, conspiradores complementarios,
soportes solidarios y frutos de diversas gestas revolucionarias.

Índice

Agradecimientos, 11
Prólogo, 13

1. Inherencias: los Santa Cruz/Mendoza, 17
2. San Juan de Dios, Frente 2, 33
3. Nudos de sangre y lucha: Patricia Eugenia y Carlota Ileana, 41
4. De números a nombres, del 2 y 5 al Javier Tambriz: Rodolfo Enrique, 53
5. Juntos pero no revueltos, 81
6. Sapos, culebras y alacranes, 95
7. Fuego cruzado, 105
8. Títulos sin diplomas, 135
9. La otra cara: enseñanzas fundamentales, 147
10. Rebotes trágicos, 159
11. Balamjuyu, 183
12. Testigos volcánicos, 199
13. Frente Unitario, 207
14. Castigos, 241
15. Renuncia, 259
16. Intentos, 277
17. Retorno, 285
18. De nuevo comandante. La Democracia, 295
19. La dialéctica de los secretos, 315
20. El fin del principio, 335

Glosario, 353
Bibliografía, 355

Agradecimientos

Para que este libro pudiera ser editado ha sido necesaria una larga cadena de afectos y voluntades.

Mis agradecimientos:

A mis chilenas. Cecilia Olmos, la que me acompañó desde las primeras ilusiones y arrebatos de escritura, y concurrió para ordenar y perfilar las ideas de este atrevimiento literario. Miriam Morales, la segunda que leyó el manuscrito y me hizo saber que valía la pena. Carmen Castillo, quien le dio una razón más al contenido y estuvo en el origen de su publicación. Paz Rojas, quien supo encontrar el momento preciso para impulsar su edición. Cecilia Bernal, cuya sabiduría y clarividencia me abrieron el camino antes que el libro tuviera alguna forma.

A Teodoro Nieto (David) y Milagros Aguirre (Ana) quienes con paciencia, cariño y conocimiento pulieron mis frases y mi prosa.

A Arturo Taracena (Gerardo Escalona), cuya experiencia militante y discernimiento de historiador le agregaron al escrito precisión y rigor.

A Cristóbal Parvex Olmos, que con su técnica contribuyó a ensamblar visualmente esta historia.

11

Prólogo

Escribir este libro ha sido de un importante beneficio personal. A través de él realicé una catarsis largamente postergada que ahora me permite manejar mejor mis fantasmas personales y políticos. Esta historia no es únicamente la mía. Aunque mi relato es individual y sólo tiene la fuerza de mi memoria y de lo que año tras año atesoré para documentarla, también busca mostrar realidades vividas por muchos militantes. Al mismo tiempo, pretende transmitir y compartir los hechos tal como los sentí y experimenté en mis tiempos de montaña y sus espacios colindantes. No pretendo abarcarlo todo, señalarlo todo, ni mucho menos, juzgarlo todo.

Como guerrillero, acepté primero las condiciones de la participación política clandestina y luego las responsabilidades de conducción. Combatí creyendo en ideas e ideales, disciplinándome como el compromiso lo demandaba, al tiempo que conviví con otros intereses, pasiones y personalismos que me completaron una visión terrenal de los protagonistas, yo incluido.

La lucha revolucionaria guatemalteca ha sido y sigue siendo compleja; con muchas aristas y facetas. Las infinitas razones y justificaciones que respaldan esfuerzos y construcciones orgánicas, a la vez que desencuentros, fraccionamientos y sectarismos, dan lugar a que pueda decirse mucho de ella.

La historia de mi país ha sido mirada y recorrida –no podía ser de otra manera– tras el prisma de los antagonismos y la división entre culturas; entre pudientes y desposeídos; entre ladinos y mayas, entre merecedores y sancionados. La reseña de los años de guerra, que aquí enfoco, es la narración, a través de mi vida, de una experiencia colectiva que aceptó esas diferencias, las canalizó, las trasladó, las recompuso y las convirtió en una acción integradora y soñadora.

Al hacer un recuento de esos años, quisiera revelar el abismo entre la pureza de la intención y la crudeza de los aconte-cimientos. A mi intuición inicial se fue agregando, con el paso de los años y los combates, la visión de un comportamiento humano que así como podía llegar a ser generoso y puro, también se mezclaba con el maquiavelismo propio de las ambiciones desmedidas y del ejercicio del poder. Aprendí que sin importar cuál sea el origen de los conflictos y los preceptos ideológicos que los sustentan, nada garantiza que en la consecución de sus objetivos no aparezcan las maldades, las mezquindades, los oportunismos y las traiciones.

De manera casi general, el periodo del enfrentamiento ha sido trascrito por el resultado desgarrador de las miles y miles de víctimas de la intervención represiva del ejército, pero poco se ha precisado sobre la acción guerrillera, su organización, su estrategia y táctica, métodos y resultados, incidencia y errores; sus decisiones políticas, su unidad real o ficticia. Las divisiones y su reconversión en actor de un proceso de posguerra todavía requieren mayor análisis.

Busco identificar a ese puñado de mujeres y hombres, urbanos, rurales, indígenas, ladinos e internacionalistas, quienes se atrevieron a buscar un modelo de convivencia y dignidad nacional diferente, estimulados por una mayor valoración de sí mismos y por el intento de construir posibilidades incluyentes, aún postergadas, en Guatemala. Todos ellos acompañaron, con sus vidas y con sus muertes, la construcción de una alternativa.

Desde el punto de vista del guerrillero, soy un convencido de que, de no haber estudiado y practicado el arte y la ciencia militar de la guerra de guerrillas, habría sido incapaz de creer lo que este tipo de lucha puede lograr. Su característica principal es la inferioridad numérica, lo que la hace nacer y existir con marcadas desventajas. Convertir esa debilidad material en fortaleza espiritual produce milagros.

Reitero que lo que pretendo con este relato es compartir mis puntos de vista. Si éstos contribuyen a construir y unificar, a conocer, reconocer y aceptar errores propios, a polemizar y resurgir, y, en ese ejercicio, salir fortalecidos, habré cumplido mi cometido.

Tengo la esperanza de que para comprender con mayor amplitud y profundidad lo sucedido, deberán surgir otros aportes. Tenemos la obligación, al haber quedado vivos, de conservar nuestra memoria, reflexionar sobre lo acontecido, tener una visión convergente y abrir el debate sin restricciones. Pero me temo que la realidad actual dista mucho de esta pretensión. Poderlo concretar sigue siendo aún una quimera.

Estoy consciente de que mi historia tiene como límite las fronteras de Guatemala. De forma paralela, la lucha se completaba en otros escenarios dentro y fuera del país. A ésos fui ajeno. Estos hechos están ausentes de mi narración, no los viví ni conocí como sujeto. Otros compañeros deberán completar el cuadro y contribuir a precisar el pasado, paso fundamental para reconciliarnos con el presente, si queremos abrazar el futuro.

Comandante Santiago
Managua, marzo de 2003

1. Inherencias: los Santa Cruz/Mendoza

Corría el 26 de septiembre de 1980 y me encaminaba hacia el volcán Atitlán para dar inicio a mi experiencia como médico combatiente. El plan inicial, después de mi incorporación, era subir a la montaña un par de meses. Luego recibiría un curso de preparación militar en Cuba, para posteriormente integrar un frente guerrillero, sin saber hasta cuándo.

La certeza que invadía en aquel entonces los círculos militantes indicaba que mi permanencia no debía ser muy prolongada. A mí me hablaron de meses, pero los años me demostraron lo contrario.

La euforia y efervescencia revolucionarias que se vivían en la región, y particularmente en el país, hacían que se escucharan con frecuencia las expresiones de que "el triunfo estaba cerca" y lo que haríamos "después del triunfo". Por desgracia, el tiempo se encargó de desmentirlas.

Guatemala anidaba una lucha guerrillera desde hacía veinte años y yo no había querido darme cuenta. Mucho menos considerar una participación militante.

Lejos estaba de imaginarme el significado de la plática que tuve con mi hermana Paty el 11 de septiembre de 1980, en nuestra casa de la 7ª Avenida A 7-15, zona 2, frente al Hospital Latinoamericano, donde disfrutaba de mis primeras vacaciones laborales.

La Chinita me dio la infaltable charla sobre la situación del país, la imposibilidad de hacer una lucha política legal, abierta, y la necesidad de llevarla a cabo por la vía armada. No vacilé y le dije que estaba dispuesto a participar. En lenguaje conspirativo, diríamos que fue ella la que me "abordó e incorporó". La más distante, de la que nunca sospeché nada, fue quien me introdujo a otro mundo, a la época de los jóvenes ausentes que hicieron uso de oportunidades en el extranjero, como cobertura pertinente para su preparación bélica. Ella misma había ganado una "beca de estudios" con la que supuestamente se dirigió a Panamá ese mismo año, cuando en realidad estuvo en un campamento de entrenamiento en Cuba.

Una iniciativa así podía esperarla de mi hermano Rudy, de quien muchas veces imaginé que estaba participando, pero sin atreverme a preguntarle, a pesar de lo extraño que resultaba que siendo estudiante de ingeniería, me pidiera equipo de curación y primeros auxilios. En 1979, él también "se ganó una beca" para España. Luego me contó que su verdadero destino también fue Cuba, para recibir un curso de guerrilla urbana. En aquel tiempo no se contaba con la Nicaragua revolucionaria del Frente Sandinista de Liberación Nacional (FSLN), ni el Panamá del general Omar Torrijos para aproximarse al Caribe.

Quienes iban a entrenarse tenían que cubrir un largo itinerario, que contemplaba el viejo continente. Llegaban primero a un país de Europa occidental, para pasar a otro de la Europa oriental, donde las autoridades migratorias sabían que no debían sellar los pasaportes. Eso requería increíbles redes de contactos orgánicos, recursos económicos y grandes muestras de solidaridad. Rudy, "Camilo", lo hizo por España y Checoslovaquia.

Yo también tuve que cumplir con este requisito desinformador, por lo que me vi obligado a articular, con extraordinaria rapidez, una cobertura coherente y creíble, que respaldara mi ausencia de Guatemala en menos de quince días.

Recordé que en mi práctica clínica de cuarto año, al rotar por el servicio de emergencia de la Cruz Roja Guatemalteca, conocí a un médico argentino, excepcional maestro de semiología, quien me ayudó a desarrollar de forma considerable mis habilidades diagnósticas. Nuestra relación rebasó lo profesional y llegamos a cultivar una linda amistad. Nunca hablamos de política, pero en cierta forma llegué a entender que se había visto forzado a salir de su país en momentos en los que se entronizaron las dictaduras militares en el cono sur.

En 1979, el doctor Eduardo Urtazún regresó a Argentina, y me propuso que fuera a estudiar neurología allá, ya que él tenía la posibilidad de relacionarme con los jefes de dicha especialidad en el hospital escuela de la Facultad de Medicina de la Universidad Nacional.

Estos fueron los hechos reales que fundamentaron una historia inventada. Así fue como a colegas, amigos y familia les notifiqué la buena nueva de que mis gestiones de preparación en el extranjero habían rendido frutos, y que me iba a Buenos Aires a convertirme en neurólogo, luego de un aviso apremiante que no daba tiempo para despedidas. En cuestión de días presenté mi renuncia al médico jefe del departamento de medicina interna y arreglé con un amigo abogado la elaboración de una carta poder para que la menor de mis hermanas pudiera cobrar mi último cheque como médico residente, ya que la premura de tan venturoso viaje me lo impedía.

Todos creyeron que me había ido lejos, tan lejos como lo era el viajar a una bella ciudad del sur del continente cuyo nombre hablaba de aires y buenos; en ese momento no se imaginaron que iba a seguir estando muy cerca de ellos, en los mismos aires de mi tierra, en un impensado volcán, que se convirtió en un símbolo para mí, en el que tuve que templar no sólo mis nervios, sino de igual forma, mi mente y mi corazón.

En ese momento, supe que la organización guerrillera a la que me iba a incorporar era la Organización del Pueblo en Armas (ORPA), de la que era comandante en jefe Gaspar Ilom. Sabía que existían otras organizaciones revolucionarias, fundamentalmente el Ejército Guerrillero de los Pobres (EGP), las Fuerzas Armadas Rebeldes (FAR) y el Partido Guatemalteco del Trabajo (PGT). A mí me dijeron que la nuestra era la mejor. Sin tener conciencia real de lo que ello significaba, me introduje en el universo de la lucha clandestina, con sus compartimentaciones y secretos. La guerra de guerrillas así lo demandaba, tanto en el campo como en la ciudad.

Me uní a una organización político-militar que surgió del reflujo y las diferencias que enfrentó el movimiento revolucionario a principios de la década del setenta. El Regional de Occidente de las FAR, escindido de éstas por diferencias estratégicas para desarrollar la lucha, se convirtió en el núcleo fundacional de este nuevo intento orgánico. Liderado por Gaspar Ilom, Luis Ixmatá y Marcos, rechazaron la superficialidad conceptual y la indiscriminada política de ajusticiamientos y "chipilineadas", que regía en ese momento en la región de la boca costa y costa de San Marcos. El planteamiento de la dirección de las FAR, de la que era comandante en jefe Pablo Monsanto, de abandonar la lucha guerrillera e integrarse al trabajo urbano de masas, su desacuerdo en integrar al "pueblo natural" a la guerra, provocó una ruptura irreconciliable y definitoria. Ocho años de preparación secreta y silenciosa, de 1971 a 1979, permitieron crear las condiciones militares y organizativas para iniciar acciones armadas el 18 de septiembre de 1979.

ORPA respaldaba la idea de considerar el marxismo-leninismo como un instrumento de análisis y no como un dogma; darle su lugar al pueblo maya como motor principal de la lucha; desarrollar la estrategia de la guerra popular prolongada; preparar en la teoría y en la práctica a sus cuadros y militantes; instrumentar un programa formativo diverso que formara integralmente a sus incorporados. Todo ello debía conducir al triunfo y a la creación de una sociedad justa e igualitaria. Conceptos muy generales, ya que todavía no era el tiempo de las exigencias programáticas y las minuciosidades para gobernar. Pero eran planteamientos coherentes, y máxime viniendo de mis hermanos; los asimilé muy pronto

No me extraña mi ingenuidad, ya que nunca me había interesado la política. No formé parte de ningún movimiento estudiantil, jamás participé en marchas o manifestaciones de protesta, ni proclamé ideas o ideales en actividad pública alguna.

Sin embargo, iba a una guerra.

Nací en Guatemala de la Asunción y buena parte de mi infancia transcurrió en una colonia de la zona 7, que en sus inicios se conoció como del "Cartero", por ser los trabajadores de Correos sus originales beneficiarios, pero que después fue identificada como la colonia Centro América. Éste vino a ser el primer proyecto habitacional de casas en serie que se construía en lo que entonces eran las afueras de la capital. Por su lejanía y escasos centros de acopio, muchos de los primeros propietarios pusieron en venta sus casas, diversificándose la población que la ocupó.

En la actualidad es fácil ubicarla, está a un costado del anillo periférico, a escasos minutos del centro, al que se llega a través de un alto y largo puente llamado El Incienso, que le ganó el pulso a uno de los más grandes barrancos que circundan el valle de la Ermita. Entonces era inimaginable que la ciudad de Guatemala pudiera llegar a tener la desmesurada y desordenada dimensión de ahora, con la proliferación de puentes, pasos a desnivel y calzadas.

A mediados del siglo XX, la ciudad era pequeña y la colonia estaba aislada, rodeada de ruinas mayas, fincas frutales, extensos campos y profundos barrancos. Los otros municipios del departamento de Guatemala quedaban distantes y mal comunicados. La configuración urbana actual, con varios poblados absorbidos por la metrópoli, era impensable.

Las antiguas edificaciones mayas eran las de Kaminal Juyú, alrededor de las cuales íbamos a jugar y a escalar en lo que considerábamos nuestro volcán: el Mongoy, que no era más que un insignificante montículo de quince metros de altura, en el que enterrábamos nuestros tesoros infantiles. A nuestra corta edad, lo concebíamos como una gran elevación y el centro de nuestras aventuras de escaladores.

Las fincas frutales de cítricos, duraznos y nísperos se remontaban a la época colonial, y junto con los tintes naturales, el añil y la cochinilla, fueron los principales productos agrícolas en esa región central en siglos pasados.

Nuestros recorridos con los amigos de la colonia para buscar frutas, cuyo cultivo seguía desafiando el paso del tiempo, requerían de una cuidadosa aproximación. Nos subíamos por las altas paredes de adobe que las resguardaban para llenar las bolsas de nuestros pantalones. Unas veces burlábamos a los guardianes, otras, con machete en mano, nos amedrentaban para mantenernos alejados de tan apetitoso botín.

A principios de la década del sesenta, la ciudad comenzó a expandirse. Los caminos polvorientos y calles estrechas se convirtieron en importantes vías de tránsito, y las fincas y terrenos baldíos dieron cabida a muchos y variados proyectos de vivienda, industria, comercio y diversión. Así surgió un parcial anillo periférico, calzadas y lotificaciones que más tarde dieron origen a numerosas colonias, complementadas por asentamientos anárquicos y zonas marginales. De ser un barrio perdido en las afueras de la ciudad capital, la colonia Centro América pasó a formar parte de las áreas habitadas cercanas a uno de los ejes económicos y comerciales más importantes en la actualidad. Pero la esencia de la Centro América es más que eso para mí. Allí transité mi infancia y tuve los primeros amigos, aventuras e iniciaciones. El lugar de los grandes espacios y libertades sin límite. De las primeras peleas, apodos, juegos de futbol y beisbol en el terreno baldío detrás de la casa; de los entretenimientos propios de la época y las alegrías inherentes a la condición de niño; de los dolores físicos por las múltiples fracturas (seis en tres años) y de los padecimientos interiores, al ser testigo de la separación tormentosa de mis padres; del daño que se ocasionaron entre ellos, del que nos hicieron, y el que se produjeron a través de nosotros.

Mi padre, Rodolfo Santa Cruz Morales, era violonchelista de la Orquesta Sinfónica Nacional, además de locutor. Mi madre, Zoila Carlota Mendoza, secretaria. Fuimos cuatro hermanos: Rodolfo Enrique (Rudy) el mayor, nació el 6 de noviembre de 1954; luego seguía yo. Después Patricia Eugenia (Paty), nacida el 5 de marzo de 1957 y Carlota Ileana, que era del 18 de julio de 1958. El Zurdo, el Negro, la China y la Colocha/Gorda, eran las formas habituales de trato entre nosotros y con los más allegados.

A nuestros padres se les acabó el amor luego de diez años de matrimonio, y sus impulsivas e irreflexivas reacciones ahondaron el daño y el dolor característicos de estas rupturas. Sin aviso previo, mi padre abandonó la casa llevándose a mis dos hermanas, mientras mi madre nos acompañaba a Rudy y a mí a la peluquería. Al regresar, vimos cuartos y roperos vacíos que evidenciaban su ausencia. Mi hermano y yo presenciamos la desgarradora reacción de nuestra madre. Sus lágrimas de indignación, rabia e impotencia invadieron el recinto.

Es sombrío cuando alguien es capaz de provocar mutilaciones sentimentales y ausencias físicas, trasladando sus odios a terceros, sin poder establecer los límites de un amor que se muere y otro que es posible preservar. Los hijos pueden llegar a tener buenos padres, sin que éstos necesariamente sigan siendo pareja. Quienes propician o avalan esos afectos truncados, los que se convierten en cómplices de las rupturas perversas, también tienen culpa y merecen condena.

Mi madre cedió ante su coraje para enfrentar la vida y tres intentos de suicidio lo confirman. El primero aconteció viviendo aún todos juntos; el segundo lo hizo estando sólo con los hijos y el tercero y definitivo, sin nadie, sin testigos ni auxilios posibles.

A raíz de la segunda tentativa de suicidio, nosotros nos vimos obligados a ir a vivir con mi padre y su segunda esposa, quien tenía cuatro hijos producto de su primer matrimonio y, además, velaba por sus padres. Fue un giro desdichado en nuestras vidas.

Cuando mi mamá salió del hospital y regresó a la casa se encontró sola, y nadie nos dijo que teníamos que ir a visitarla, ni se presentaron condiciones para ello; más bien nos lo prohibieron.

El 6 de noviembre de 1965, fecha en la que Rudy cumplía once años, ella esperaba verlo pero las circunstancias ya mencionadas lo impidieron. Le comentó a Guayo, su acompañante de vida, lo mucho que le entristecía la ausencia de sus hijos. A los dos días consiguió un revólver calibre 38 y se disparó en la sien.

Lo supimos posteriormente, sin que se nos dieran mayores detalles. Fue sepultada en una de las criptas colectivas del cementerio general, que nunca llegamos a conocer. Con el paso del tiempo y la falta de pago de las cuotas, sus restos fueron a parar a una fosa común. Desde entonces me convencí de la conveniencia de tener presentes a las personas amadas en vida y no obsesionarme por evidencias materiales, ni con rituales que me recordaran su paso por este mundo.

La determinación de mi madre de dejar de existir físicamente me hizo pensar que no todo acto de inmolación es una muestra de cobardía. Hay ocasiones en las que se afirma en asideros más profundos y dignos. Cuando se cierran caminos, se agotan posibilidades y se rechazan humillaciones, puede ser una opción respetable y valiente.

Creo haber sido el clásico muchacho de colonia que creció en compañía de un grupo de amigos, con quienes se compartía el tiempo de estudios y ocio. De una extracción social que nos obligó a ser muy creativos con pocos recursos, fuimos capaces de crear condiciones para los juegos colectivos.

No existían instalaciones deportivas y acondicionamos el espacio de tierra semicircular que se encontraba detrás de nuestra casa para ello. Si era beisbol, bateábamos con una tabla, a veces con un bate y algunos como yo que vivíamos fracturados, hasta con el yeso; pocos guantes, por lo regular pelotas de trapo, muchas de tenis y, ocasionalmente, las propias de dicho deporte. El campo y las almohadillas se marcaban con varas y piedras. Si era futbol, las porterías eran también de piedras, sin mayores indicaciones y con cualquier cosa redonda que tuviéramos. Ahí surgió, para mi hermano y para mí, uno de los primeros apodos de los que me acuerdo: los Muralla, ya que nos gustaba jugar de defensas y nadie nos pasaba.

Los retos del juego informal, con sus propias reglas y sanciones, pueden convertirse en una buena escuela de competición. Bien asimilados, construyen un espíritu de lucha acerado que, como puede comprobarse en otros momentos y facetas de la vida, preparan para mayores desafíos y permiten que éstos sean enfrentados con mayor audacia.

En este marco particular de desenvolvimiento, los niños y jóvenes se acostumbran a recibir no sólo afrentas físicas, sino también ofensas psicológicas. Si se toman a bien, dan confianza y seguridad; pero si se toman a mal, dan cabida a la vacilación y a la desconfianza. Es entonces cuando la pérdida de cualidades y habilidades llega a ensombrecer destinos.

Conviene agregar que por el desconocimiento y la inexperiencia infantil sobre la conducta humana, las provocaciones o señalamientos malintencionados, que pretenden demostrar que uno u otro es mejor, pueden más bien ocultar inseguridad, envidia y rencor. El temor de ser rebasados y superados, la maldad que emana de los complejos y la ignorancia, pueden llevar a muchos a conductas deshonestas.

Me tocó vivir en un medio competitivo y descalificador.

A los juegos colectivos antes mencionados, se agregaban otros que requerían mayor movilidad y habilidad en terrenos más reducidos. Armábamos "guerritas" con el "chiploc", un arma elaborada con dos piezas: los cilindros metálicos vacíos de los lapiceros y un alambre de su diámetro, mientras que la munición la obteníamos de los corazones del aguacate. Se taponeaban ambos extremos del pequeño tubo cilíndrico con dicha provisión y al empujar uno de éstos con el alambre, el otro era liberado con fuerza, debido a la presión aumentada en el vacío que se había creado entre ambos al momento del impulso de la acción mecánica. Corríamos mucho, teníamos que parapetarnos y necesitábamos buena puntería. El trompo de madera, el yoyo artesanal, el avioncito simulado, pintado en calles o aceras y jugado con cáscaras de banano; las canicas, con sus modalidades de juego en triángulo u hoyitos, completan la lista de los simples y entretenidos juegos de esa época.

La bicicleta era cosa aparte. Aprender a manejarla, guardar el equilibrio, sentir la velocidad y el aire en la cara, para luego tener la oportunidad de conocer nuevos y más distantes lugares, daba a este medio de locomoción un especial valor y una novedosa libertad. Tuve dos bicicletas y en ellas me fracturé un dedo y una clavícula.

No recuerdo haber tenido, durante los años de educación primaria la posibilidad de entrenarme formalmente en alguna disciplina deportiva. Todo fue aprendido de manera espontánea.

Llegué a ser un experto e imbatible jugador de canicas. De los diez a los doce años me contagié de la fiebre de practicarlo, tanto en la escuela como alrededor de mi casa y sus lugares colindantes. Recuerdo bien la primera vez que lo hice. Fue cerca de donde vivíamos, en una de las entonces aceras de tierra de la calle Martí, cercana a la décima avenida. Un conocido del barrio me ganó las pocas piezas que poseía y regresé llorando a la casa, con la incómoda y frustrante sensación de la derrota. A partir de ese día, me propuse aprender y dominar dicho juego, compré de nuevo las piezas iniciales y comencé a mejorar y a ganar. Conseguí dos recipientes metálicos cilíndricos que se llenaron por completo.

Los amigos y conocidos ya no querían jugar conmigo y más de algún disgusto tuve con ellos, incluidos algunos primos, que se molestaban por mi afortunada y certera puntería. Un querido amigo que reencontré años después, con quien estudié el sexto año en la misma escuela, me dijo que la imagen que yo presentaba en esa época era la de un muchacho con la uña del dedo pulgar derecho ennegrecida y las bolsas del pantalón llenas de canicas. Ciertamente, me había crecido una prominencia cutánea en la primera falange de dicho dedo, en el lugar que aprisionaba mi bola favorita.

En 1967 pertenecí a los Boys Scouts, Grupo 10, Patrulla Halcones. Allí encontré a quien, a temprana edad, fue uno de mis orientadores en la vida: Óscar Álvarez Cordero, "Coca", jefe de la patrulla, el primer guía de guías en Guatemala.

Me enseñó y aconsejó sobre muchos aspectos del escultismo, que reforzaron principios y modelaron mi proceder. Junto a su familia, se convirtió en un cálido refugio en momentos difíciles de mi niñez.

Luego de los primeros nueve años de infancia en la colonia Centro América, y a raíz de habernos ido a vivir con mi padre, habitamos en varios inmuebles rentados de distintas zonas de la capital, durante trece años.

La reconstrucción genealógica de mis ancestros se caracteriza por ser fragmentaria e incompleta, en particular por parte materna.

Respecto a mi madre, confieso que sé muy poco. Mis recuerdos comienzan apenas con la abuela Hercilia y sus cuatro hijos: Orfilia, Eduardo, Rodrigo y Zoila Carlota. A la abuelita Chila siempre la evoco sola; no tengo imagen de abuelo materno ni tuve oportunidad de conocer más a fondo esta rama familiar. La última vez que la vi me sorprendió preguntándome quién era y aunque logré recordárselo, más se concentró en hablarme de los nietos que no la veían y de hechos pasados que recordaba de forma asombrosa, pero con una memoria reciente marcadamente deteriorada. La enfermedad de Alzheimer, no tan difundida en ese entonces –y más bien confundida con el cuadro clínico, de nombre menos agradable, de "demencia senil"– la invadió y trastocó su memoria.

Visualizo a la tía Orfilia, "Orfi", quien era la mayor de los hermanos y residió en México, casada con un odontólogo. Se mantenía en estrecho contacto con mi madre, la hermana menor, y además fue madrina de mi hermana Paty. La vi en 1973, con ocasión del viaje que hice con la selección juvenil de volibol para participar en un intercambio competitivo en el Centro Deportivo Olímpico Mexicano (CDOM). Las hermanas mantuvieron una frecuente correspondencia escrita, y recuerdo que ambas tenían muy bonita letra. En los sobres de las cartas que mi tía enviaba, en el espacio de remitente, colocaba una atractiva etiqueta color dorado con sus datos que hasta la fecha no olvido: Orfilia M. de Soto, Schiller 256-106, México 5, D F. A mi tío Rodrigo Vizquerra lo relaciono con el hecho de que él fue quien nos llevó con mi padre cuando ya no pudimos seguir viviendo con mi madre.

También tuvimos una nana, Isabel, la Chabelita, que era como de la familia. Estuvo con nosotros en la colonia y nos cuidaba mientras nuestros padres trabajaban. Mi padre volvió a encontrarla en 1969 y fue lo mejor que nos pudo suceder, ya que se hizo cargo de nosotros cuando dejamos la casa de su segunda familia. Cocinaba delicioso y sus frijolitos "volteados" eran conocidos hasta por mis compañeros del Central. El trato era que ellos ponían el pan y yo los frijoles y el café. Fueron unas "refaccionadas" (meriendas) memorables. Estuvo con nosotros unos tres años hasta que le diagnosticaron cáncer de mama, y, a pesar de haber sido operada, falleció poco después. Vivía en un cuarto, hacinada con muchos otros miembros de su familia en las cercanías del mercado Colón, zona 1.

La Chabelita fue una mujer respetuosa y trabajadora, capaz de transmitirnos la integridad que adquirió en su entorno familiar, sin acceso a la educación formal y con las limitaciones económicas inherentes a la pobreza. Su riqueza radicaba en su calidad humana y supo compartir con nosotros su sabiduría

27

popular. Fue velada en una funeraria en la 5ª Avenida y 5ª Calle, zona 1. Mis tres hermanos no quisieron ir y yo fui el único que se presentó a dar el pésame.

Nuestro rechazo a los ritos mortuorios y lo que representaban creo que se debía a lo vivido a tan corta edad, y que nos hacía rehuir todo aquello que pudiera causarnos confirmación de ausencia, dolor y tristeza. O tal vez fue un signo premonitorio de lo que nos iría a suceder y evitábamos sufrir de antemano. Nuestra abrupta decisión, en ese momento de nuestras vidas, de no asistir a misas o visitar iglesias fue un rechazo consciente.

La rama paterna que pude reconstruir comienza con los bisabuelos a finales del siglo XIX. Gabriel Santa Cruz y Ester Vázquez concibieron al abuelo Gabriel en Ciudad Vieja, y Amán Lainez Berger (emigrante belga) y Virginia Morales a la abuela Josefa en Antigua Guatemala, Sacatepéquez. La unión de hecho de Gabriel Santa Cruz, moreno de rasgos fuertes, de mediana estatura, originario del Valle de Almolonga, y Josefa Morales, guapa, de tez blanca y ojos verdes, alta, proveniente del Valle de Panchoy, dio vida a cinco hermanos y cuatro hermanas, todos originarios del municipio de Ciudad Vieja, departamento de Sacatepéquez.

Nueve hijos, veinticuatro nietos y treinta y nueve bisnietos fueron y son las expresiones genealógicas de tres momentos generacionales que multiplicaron a los Santa Cruz Morales. Causas naturales o violentas –concretamente la guerra– han hecho que tengamos que lamentar la muerte de varios de ellos.

El abuelo, Papá Gabo, fue para su medio y para su época un hombre muy preparado. Por un lado, fue funcionario público, tesorero y recaudador de impuestos de la municipalidad de Ciudad Vieja. Por el otro, el primer pedagogo y propietario de un colegio privado, y cofundador de la primera biblioteca del pueblo. Todos estos cargos lo vincularon estrechamente con los habitantes del lugar. Si sus primeras responsabilidades pudieran relacionarlo con posturas políticas afines a la dictadura de turno y a gravámenes injustos y racistas, las segundas daban cabida para considerar y admirar otras cualidades que lo enaltecían. Motivaba a los jóvenes del pueblo para que llegaran a leer al recinto y cuando terminaban de hacerlo tomaba un libro y procedía a narrárselos, por capítulos y de memoria. Sus novelistas preferidos eran Javier de Montepin, Julio Verne, Víctor Hugo y Alejandro Dumas. A su entusiasmo por la narrativa agregaba el dominio del ajedrez y su dedicación a la música. No sólo la practicaba, sino que también organizaba conjuntos musicales y a la vez obras de teatro que enriquecieron culturalmente a la comunidad.

Con impresionante habilidad tocaba guitarra, mandolina y violín, siendo instructor de muchos jóvenes, algunos de los cuales destacaron más adelante en la historia musical del país. Llegó a formar el Trío Santa Cruz –donde él tocaba la guitarra, tío Félix (Peye) el primer violín y mi padre un segundo violín, además de cantar–, con el que iban a Antigua Guatemala a amenizar festividades.

Papá Gabo asumió la responsabilidad de educar a sus propios hijos y les impidió ir a la escuela. Esto provocó serias discusiones con Mamá Chepa, que insistía en su necesidad, para que pudieran contar con un certificado que convalidara sus estudios. La formación domiciliar que él defendía, por buena o superior que ésta fuera, no lo ofrecía. El menosprecio para con los educadores del lugar y su sobreestimación didáctica hicieron imposible persuadirlo, aun por su propia compañera de vida. Era férreo con los horarios y exigente en los resultados. Sus rasgos autoritarios y sus demandas extremas se reflejaron en el uso de una regla de madera que marcó manos ante las respuestas erradas, dejando trémulos e indelebles recuerdos.

Un acontecimiento inesperado determinó un viraje en la vida familiar, que provocó una emigración progresiva de todos sus miembros a la capital, con excepción de Gabriel, el hermano mayor, a quien lo sorprendió una muerte prematura. El dictador Jorge Ubico tenía como norma realizar giras de supervisión al interior del país acompañado de una comitiva. Antes de su llegada, se había establecido que un miembro de la misma se adelantara a preparar las condiciones e inquirir por las actividades que se desarrollaban en los lugares, junto a los "contadores de glosas" que fiscalizaban las cuentas de la tesorería.

En 1942, llegó con dicha encomienda a Ciudad Vieja Marcial Armas Lara, miembro de la Comisión de Educación del Ministro del ramo. Casualmente escuchó a mi padre y a mi tío Peye ensayando unas canciones y le gustaron tanto que se responsabilizó ante el abuelo para tramitarles una beca de estudios musicales. La única condición que demandó fue que el día en que el ministro José Antonio Villacorta llegara a inaugurar el monumento en conmemoración de la fundación de la segunda capital de Guatemala, en el Valle de Almolonga, el Trío Santa Cruz se presentara. Bajo un centenario tempisque se cumplió el último requerimiento solicitado para cumplir con su promesa. El viejo árbol del pueblo fue testigo natural del acontecimiento que cambió la vida de los Santa Cruz Morales.

En 1943, mi padre y el tío Peye se trasladaron a la ciudad capital y la beca tipo "A" que obtuvieron permitió a los hermanos estudiar música en el Internado del Conservatorio Nacional durante seis años: Rodolfo el violonchelo y Félix el violín. Tenían en ese entonces dieciocho y catorce años respectivamente.

La Revolución del 20 de octubre de 1944 no alteró los términos de sus estudios, excepto por la condición de que los becados que no contaran con el certificado del sexto año de primaria debían realizar los cursos necesarios para obtenerlo. Fue así como en 1946 ambos tuvieron que asistir a la escuela Francisco Morazán, en la Avenida Elena y 5ª Calle de la zona 1, a cumplir con ese requisito. Recordaron sin duda las peticiones de su madre en torno a su conveniencia y la tozudez de su padre, quien los obligó a cursar dicho grado, lo que no dejó de avergonzar a mi padre, obligado a asistir a la escuela a los veintiún años de edad. En 1949 se graduaron de modo sobresaliente y pasaron a formar parte de la Orquesta Sinfónica Nacional, a la que pertenecieron hasta los años ochenta.

Dos compañeros del Conservatorio se volvieron sus cuñados; Milton Cabnal, violista, se casó con la tía Concepción y Miguel Ángel Morales, saxofonista (que no culminó la carrera) lo hizo con la tía Imelda. Otros compañeros de estudio, muy cercanos, fueron los destacados músicos y compositores Joaquín Orellana y Jorge Sarmientos, que llegaron a ser directores de la orquesta y cuya obra personal les ha valido reconocimiento internacional.

El maestro Orellana en colaboración con mi tío Peye organizó el Cuarteto de Cuerdas Remembranza, que completaron mi padre y el violista Salvador Orantes. Dos violines, una viola y un violonchelo, que se hicieron escuchar durante varios años en programas culturales y actos religiosos.

A partir de 1946, se inició el éxodo familiar a la capital. Las primeras fueron las dos hermanas mayores que decidieron venir a ayudar a sus hermanos para que pudieran culminar sus estudios. Así conocieron a sus futuros esposos y luego todos los hermanos fueron aprovechando las condiciones creadas. En la familia encontramos amas de casa, músicos, locutores, médicos, abogados, arquitectos, contadores y más.

Mamá Chepa fue una figura convergente y emblemática para hijos y nietos, desde las faldas del volcán de Agua hasta la ciudad capital.

Antes de morirse, los abuelos se casaron; la unión de hecho, de varias décadas, recibió la validación espiritual de un sacerdote católico, quien presidió una sencilla ceremonia en la casa familiar de la zona 6. El abuelo falleció en diciembre de 1970 y la abuela en junio de 1981.

Un pensamiento de izquierda se evidenció en varios de los familiares de la generación anterior a la mía. Militaron o al menos simpatizaron con la Juventud Patriótica del Trabajo (JPT) y el Partido Guatemalteco del Trabajo (PGT), juventud y partido comunistas en nuestro país.

No recuerdo haber tenido con mi padre ninguna charla política, pero la primera vez que escuché Radio Habana Cuba y los discursos de Fidel Castro fue porque él ya sintonizaba dicha emisora por las mañanas. Mi tío Peye, reservado y hermético, no me dio pistas, pero su conducta y modo de vida lo delatan como alguien identificado con las causas justas y las ideas progresistas, a la par de haberse convertido en un virtuoso del violín. Él me confió que mi madre fue una mujer comprometida y que aún guardaba uno de sus libros: *Historia crítica de la teoría de la plusvalía*, de Carlos Marx. Los tomos I y III, con cubiertas rojas desteñidas y hojas marrón avejentadas por el tiempo, se me presentaron de súbito y me regresaron a una madre combativa y revolucionaria de la que no tenía ni idea. Una faceta de su existencia que me fue ajena. También supe que había viajado a la ex Unión Soviética, y que en casa llegó a tener material de propaganda. Mi tío Raúl, a sus diecisiete años, participó en actividades relacionadas al proceso revolucionario del 20 de octubre de 1944. Estudió en la Escuela Centroamericana de Periodismo, anexa a la Facultad de Humanidades de la Universidad de San Carlos, y en 1954 se graduó de periodista. Miembro del Frente Universitario Democrático (FUD), fue fundador de la Juventud Patriótica del Trabajo y secretario general del Buró Universitario, su sección universitaria clandestina.

2. San Juan de Dios, Frente 2

El inicio del año 1980 no pudo ser más promisorio para mí. El 31 de enero terminé el internado hospitalario, y con ello el sexto año de medicina. Tuve la satisfacción de ser considerado como candidato para médico residente de los cuatro departamentos principales por los que roté: pediatría, gineco-obstetricia, medicina interna y cirugía del Hospital General San Juan de Dios, pero la especialidad que más me interesó y por la que opté fue medicina interna.

En ese primer mes del año se realizó el examen de oposición y, de treinta y cinco aspirantes, cinco logramos las plazas que se disputaban y cinco más asumieron las de internos fijos. El trabajo era el mismo, el salario era la diferencia. De los quinientos médicos de nuestra promoción, apenas ciento cincuenta fuimos los afortunados de obtener una oportunidad laboral.

Más allá de lo relacionado con mis intereses, otros acontecimientos trágicos y violentos se ensañaban con los grupos sociales más necesitados. Ese mismo jueves 31 de enero, a las once de la mañana, veintisiete personas, la mayoría de ellas indígenas representantes de organizaciones populares de Quiché y algunos estudiantes, ingresaron de forma pacífica a la embajada de España. Denunciaban los actos represivos, las masacres y los bombardeos que el ejército realizaba en sus comunidades, tratando de encontrar respuesta en los organismos oficiales y los medios de comunicación, pero en ningún lugar quisieron atenderlos. El supuesto estado de derecho terminaba donde comenzaba el terror militar. Esa indiferencia determinó que realizaran la ocupación de dicha sede diplomática para así difundir las causas, propósitos y peticiones que los motivaban.

La respuesta del gobierno de Lucas García fue brutal. Las fuerzas de seguridad asaltaron la residencia y provocaron un incendio, causando la muerte de treinta y siete personas, entre campesinos, estudiantes, pobladores, personal de la embajada y visitantes. La masacre de la embajada de España mostró al mundo la esencia criminal de un régimen que había iniciado una estrategia contrainsurgente despiadada e indiscriminada. Aun así, en ese momento no me sentí aludido por éste y otros hechos de los que tuve conocimiento, ni pensé que debía hacer algo para evitarlos. Me dediqué de lleno a mi responsabilidad como residente de primer año. Fui más bien un observador marginal, sin implicación alguna en lo que estaba sucediendo.

El 30 de abril presenté mi trabajo de tesis en la Facultad de Medicina, en una sencilla y privada ceremonia que tuvo lugar en el despacho del decano, quien junto a su secretario y los dos supervisores de dicha promoción fueron mis testigos y acompañantes.

Trabajé siete meses como residente. Fueron horarios de ocho a diez horas diarias con turnos cada cuatro días, en los que se conjugaron actividades educativas y formativas, asumidas con mucha pasión y dedicación. Fue un periodo en el que me introduje de lleno al absorbente mundo de la medicina. Ser médico representó para mí la oportunidad de sanar a la gente; de adquirir conocimientos; de detectar enfermedades y combatir sus manifestaciones. Desarrollé habilidades, transmití enseñanzas y evidencié una certeza diagnóstica promisoria. Estaba fascinado con la profesión que, a costa de grandes esfuerzos, incertidumbres y desconfianzas, había podido culminar, al punto de haberse convertido en una subyugante obsesión.

Venía la etapa de especialización y me preparaba para hacerla en Estados Unidos, estudiando inglés y consiguiendo textos orientadores de las pruebas sobre conocimientos médicos. Una residencia en un hospital universitario del norte se obtenía después de presentar la solicitud escrita y ser admitido.

Me propuse cumplir todos los requisitos para hacer realidad lo que en ese momento era mi sueño: estudiar cardiología en Boston, catalogado como uno de los lugares más prestigiosos en ese campo. Mi plan estaba trazado, no sabía en ese momento de otras opciones.

Canalicé mi energía, pensamiento y acción en mis estudios y el deporte, como actividades fundamentales. En ambos campos tuve grandes satisfacciones; en el primero logré culminar mi carrera de medicina y ser residente en un codiciado departamento de un prestigioso hospital público. En el segundo, formé parte de equipos campeones y llegué a ser seleccionado nacional mayor.

Por supuesto que ello no me impedía darme cuenta de que las cosas estaban mal. Pero mi mundo de aulas universitarias, de clínicas, centros de salud y hospitales, gimnasios y canchas deportivas supo resguardarme, o tal vez me ayudó a evadir, en cierta forma, el compromiso directo y actuante.

De conciencia no hablemos; a quien estudia medicina en Guatemala le es imposible no darse cuenta de las situaciones precarias en las que vive la mayoría de la población y la necesidad de cambios profundos, en definitiva, revolucionarios.

No puedo hablar de una razón en particular a partir de la cual decidí estudiar medicina. La idea surgió desde la secundaria, cuando estaba terminando el tercero básico, ya que debía decidir entre ser maestro, perito contador o bachiller. Quien se resistió a aceptar, mucho más a apoyar mi decisión, fue mi padre; le parecía mejor la idea de que fuera economista, ya que era una carrera lucrativa y conveniente. Creo que buscaba la forma de que mi hermano y yo pudiéramos costearnos los estudios superiores, ya que él no estaba en condiciones de hacerlo. La medicina era de tiempo completo y no creía que fuera posible trabajar y estudiar. Sus dudas eran comprensibles, pero la forma de exponerlas fue desafortunada y en lugar de llevarme a cambiar de opinión, más necio me puso.

Ante mi negativa a reconsiderarlo habló con su hermano Guillermo, que era médico, para que lo ayudara a persuadirme. Pienso que Mito olvidó que por su condición de hijo menor pudo contar con el apoyo de todos sus hermanos y hermanas para estudiar, hasta llegar a ser un reconocido neurocirujano. En lugar de verme como el sobrino que podría continuar con su legado, apadrinándome y apoyándome, lo que hizo fue aconsejarme para que buscara otras opciones, ante la "excesiva competencia". No les hice caso, me gradué de bachiller en Ciencias y Letras y estudié medicina.

Fueron seis años, de 1974 a 1980, en los que alterné estudios, deporte y trabajo. Mi condición de entrenador y árbitro de volibol se convirtieron en mi tabla de salvación. De esa forma pude costearme la carrera durante cuatro años. En el quinto, cuando se intensificó la práctica y necesité más concentración en el estudio, logré un acuerdo económico con mi papá, quien me proveyó una ayuda mensual de veinte quetzales. Para el sexto año, ya como asalariado del Ministerio de Salud, recibí mi primer ingreso de 180 quetzales al mes y al año siguiente, como residente, éste ascendió al estimulante monto de 513 quetzales. En esos años, lo que mi viejo siempre aseguró para nosotros fueron techo y comida.

Pero en septiembre de 1980 me incorporé y las cosas cambiaron; a raíz de la militancia clandestina y mi ida a la montaña, me olvidé de los aspectos económico-financieros que habían comenzado a regir mi vida, no así de mis expectativas de especialización. Recuerdo que me hablaban de que en Moscú, capital de la Unión Soviética, había una universidad para los jóvenes del tercer mundo, en la que podría estudiar después. Se llamaba Patricio Lumumba, en homenaje al líder revolucionario congoleño asesinado. Me imaginaba estudiando allá. Sentía que mi contribución iba a ser sólo en el campo de la medicina y que pronto podría retomar mis estudios y convertirme en un buen cardiólogo.

Era tal mi entusiasmo que al subir a la montaña llevaba varios manuales de bolsillo de la colección Boston para mantenerme actualizado, y ante las simples preguntas de los compañeros me extendía con pormenores y minuciosidades para explicarles conceptos anatómicos, fisiológicos y bioquímicos que seguramente no entendían, aparte de detallar aspectos de historia y examen físico que tampoco les era fácil captar. Fueron suficientes unos pocos meses para darme cuenta de que la lucha no correspondía a los plazos externados en mi entorno y que, de quedarme, debía ser por un tiempo largo e impreciso.

Los manuales fueron enterrados y pasaron a formar parte de la tierra volcánica del Atitlán; los sustituí por libros que me introdujeron a dimensiones humanas, políticas y bélicas hasta entonces desconocidas.

Lo cierto es que la China estableció dos o tres días después de incorporarme un punto de reunión con su responsable, que utilizaba el "nombre de guerra" de Diego. Ese primer contacto fue en la esquina de la 8ª Avenida y 12 Calle de la zona 1, de donde caminamos a una pequeña cafetería en los alrededores. El compañero no amagó y casi de inmediato me hizo la pregunta de cuál sería mi respuesta si se me propusiera subir un corto tiempo a la montaña en mi condición de médico. Recuerdo muy bien que respondí: "A preguntas concretas, respuestas concretas: sí, me voy".

Todo fue muy rápido. Percibí que a mi hermano Camilo no le había gustado la forma precipitada en que se dieron las cosas. Hubiera preferido un poco más de tiempo para mi formación política y un mínimo conocimiento de lo militar. Pero era muy disciplinado y respetuoso de otras estructuras, y optó por callar.

Diego me presentó a Genaro, quien se encargó de monitorear un intensivo curso de preparación que se cubriría en pocos días. Me entregaron los materiales básicos que debía conocer todo iniciado. Fueron leídos rápidamente y discutidos superficialmente para no alterar planes de ingreso.

Mi acelerada ilustración, contraria a los esquemas habituales que caracterizaban a la Organización, se complementó con la visión altamente optimista de la lucha revolucionaria que los encargados tenían. La descripción romántica de la vida de montaña, junto a la magnificación del accionar guerrillero de nuestros frentes, me hicieron creer que me integraba a un proceso crecido y desarrollado, y que mi tarea era contribuir a consolidarlo.

Cuando subí al volcán Atitlán pude comprobar que conmigo éramos catorce en el denominado Frente 2 de ORPA en aquel tiempo.

El cuadro no varió mucho en los siguientes tres meses. Seis oficiales para once a trece combatientes: el primer capitán Everardo, los primeros tenientes Ishvet, Jeremías, Pancho y Vilo; el teniente Álvaro, y los compañeros Shuan, Haroldo, Armando,

Gabriela, Carlos, Otto, Luisa, José, Estela, Alú y yo. La mayor parte del armamento eran carabinas M-1 estadounidenses de la segunda guerra mundial, escopetas y revólveres. Dos fusiles G-3 alemanes y dos FAL belgas, calibre 7.62, conformaban lo mejor del poder de fuego con que contábamos en esos tiempos iniciales.

Everardo (mam de San Marcos), Ishvet (ladino urbano) y Jeremías (ladino oriundo de El Petén) habían combatido en Nicaragua. Sus misiones iniciales eran de artillería, pero mientras los dos primeros se integraron a ellas en la zona fronteriza, Jeremías se extravió y luchó con la infantería en primera línea. Se destacó y trascendió por su arrojo y valor inusitados.

Los sandinistas llegaron a valorarlo tanto que no querían que se fuera y lo habían integrado a una de sus unidades. Si no es porque casualmente unos compañeros lo identifican realizando patrullajes en Managua, no hubiera regresado a Guatemala.

El teniente Álvaro (ladino urbano) salió a los pocos días por problemas de salud. Armando (ladino urbano) era hermano de Luis Ixmatá, fundador de ORPA. Gabriela (ladina urbana) compañera de Everardo. Estela (mam) y Luisa (ladina de San Marcos) junto a Shuan (hermano de Jeremías), Haroldo (hermano de Luisa), José (ladino urbano), Otto y Alú (k'iche's) completaban la lista de combatientes. Mención especial la de Carlos (k'iche'), fundador del Frente 2 a sus escasos doce años y correo del comandante Javier Tambriz hasta su muerte, tarea que seguía realizando. Fue él quien guió mi ingreso.

Los primeros tenientes Pancho (ladino de oriente) y Vilo (mam) se encontraban dislocados en Zunil, Quetzaltenango, y se reconcentraron con el resto de la fuerza en noviembre. El cerro Cabeza de Burro, montaña aledaña al volcán Atitlán, sirvió para montar nuestro campamento. Con ellos entraron dos nuevos combatientes: Tito, compañero urbano entrenado en Cuba, y Manolo Guanajuato, internacionalista mexicano. El comandante Gaspar envió con ellos la notificación oficial del ascenso a comandante de Everardo, paso necesario para remplazar la figura del comandante Javier Tambriz, muerto en un combate irreflexivo en junio de ese año.

De octubre a diciembre de 1980 continuamos desarrollando

operaciones en nuevos territorios, como parte de un plan de ampliación de la zona, iniciado en agosto. Éstas incluyeron tomas de poblados y fincas a lo largo de varios municipios en los departamentos de Sololá, Chimaltenango y Suchitepéquez, y algunas acciones de hostigamiento y emboscadas contra las reducidas fuerzas de seguridad que en ese tiempo incursionaban esporádicamente.

Comencé a familiarizarme con los nombres de algunos municipios –como San Pedro La Laguna, Santiago Atitlán, San Lucas Tolimán, departamento de Sololá; Pochuta, departamento de Chimaltenango; Patulul, Santa Bárbara, Chicacao, departamento de Suchitepéquez–, y de fincas que se encontraban en ellos, tales como Panamá, Mocá Grande, Monte de Oro, Monte Quina, Monte Carlo y Las Armonías, geografía que más adelante llegué a completar por lo caminado y aprendido en manuales y mapas, lo que me ayudó a identificar con precisión características demográficas y topográficas, tan necesarias para el trabajo organizativo y operativo.

Descubrí una Guatemala que no conocía: la de la pobreza, la pobreza extrema, la miseria y el abandono rural. La de los indecentes salarios de hambre sin prestaciones. La de las precarias viviendas de los mozos colonos. La de los galerones, semejantes a establos, para los trabajadores temporales del altiplano, con divisiones hechas de náilon para familias numerosas, hacinadas en reducidos espacios sin servicios sanitarios, contrastando con las hermosas y bien equipadas casas patronales. Recuerdo que en la finca Mocá Grande había un lago artificial y una cancha de tenis para uso exclusivo de su propietario, el estadounidense John Smith.

En definitiva, la Guatemala de la implacable supervivencia en medio de las condiciones más adversas, la del racismo y la discriminación extremas. Esos campesinos no tenían mayores alicientes que las ferias de pueblos para celebrar la mediatizadora conmemoración religiosa o política, excusa perfecta para embriagarse y olvidar la dura realidad: licor amnésico para los sufrimientos y las frustraciones inveterados, heredados y transmitidos.

En diciembre, regresamos al área de asentamiento original y nos ubicamos en la zona montañosa que se encuentra en las inmediaciones de la aldea Estancia de la Cruz, primera base de apoyo organizada por Javier Tambriz, cuando del volcán Tajumulco, en San Marcos, salió hacia Quetzaltenango para explorar dicha zona en 1975.

El campamento El Pavo nos recibió después de completar una larga jornada de varios días de marcha, atravesando terreno muy quebrado y ascendente, característico de los volcanes Santo Tomás (Pecul) y Zunil, que forzosamente tuvimos que escalar para pasar de Suchitepéquez a Quetzaltenango. La aproximación a dicha carretera asfaltada sirvió para recibir a un grupo de compañeros entrenados en Cuba, junto a los primeros desembarques de armamento y munición, que permitieron contar con fusiles automáticos M-16 de fabricación estadounidense.

La fuerza llegó a tener entre treinta y treinta y cinco combatientes. Los primeros tenientes, Diego y Pancho, fueron ascendidos a capitanes. El primero, oriundo de la aldea vecina y uno de los primeros incorporados por Javier; el segundo, procedente del Frente Urbano. Poco antes de finalizar el año, Everardo formó una patrulla de doce integrantes, en la que fui incluido, la que tuvo que emprender la larga marcha de vuelta al nuevo territorio. Pancho, Salomón, Mincho, Óscar, Maritza, Estela, Carlos, Armando, Haroldo, Tito, Manolo y yo, a los que se unieron dos compañeros de la Resistencia que contactamos en nuestra aproximación, Julio y Lasho, participamos de esta misión con la cual nos despedimos definitivamente del territorio quetzalteco. Esos núcleos iniciales son difíciles de olvidar y lo comprueba la lucidez con que recuerdo los nombres de los involucrados.

Tuvimos que atravesar una imponente montaña, conocida como la Sierra Parraxquím, para luego caer al valle del Pamaxán, y recibir el nuevo año en las cercanías del municipio de Chicacao.

3. Nudos de sangre y lucha: Patricia Eugenia y Carlota Ileana

Lo que inicialmente concebimos como una dislocación temporal se convirtió en un accionar independiente que duró todo el año. Desde principios de 1981, las operaciones realizadas en el nuevo territorio lograron trascender a la población y ser dañinas para el enemigo, constituyendo para éste un nuevo foco de preocupación, sumado a los otros escenarios de guerra en el país.

El Ejército Guerrillero de los Pobres (EGP) contaba en ese momento con siete frentes guerrilleros distribuidos territorialmente: el Frente Comandante Ernesto Guevara (FGCEG) en Huehuetenango y el municipio de Ixcán en Quiché; el Frente Ho Chi-Minh (FGHCM) en varios municipios de Quiché, destacando los del llamado Triángulo Ixil: San Gaspar Chajul, Santa María Nebaj y San Juan Cotzal, junto a Chiantla y Aguacatán, municipios de Huehuetenango; el Frente Marco Antonio Yon Sosa (FMAYS) en Alta Verapaz; el Frente 13 de Noviembre (FG13N) en Chiquimula e Izabal; el Frente Augusto César Sandino (FGACS) en el sur de Quiché y los departamentos de Sololá, Totonicapán y Chimaltenango; el Frente Luis Augusto Turcios Lima (FGLATL) en Suchitepéquez, Escuintla y Retalhuleu, y el Frente Otto René Castillo (FGORC) para el área de la ciudad capital y algunos municipios del departamento de Guatemala.

Las Fuerzas Armadas Rebeldes (FAR) se implantaron en el departamento de El Petén a través de la columna operacional Turcios Lima, que dio origen a dos frentes: el Frente Mardoqueo Guardado (FMG) en la región de los ríos La Pasión y Salinas, municipio de Sayaxché, extendiéndose luego al norte del municipio de Chisec, municipio de Alta Verapaz, y el Frente Feliciano Argueta Rojo (FAR) en los municipios de Flores y Poptún. Además, constituyeron el Frente Tecún Umán (FTU) en el norte de Chimaltenango, el Frente Santos Salazar (FSS) en Santa Rosa y Escuintla, y el Frente Panzós Heroico (FPH), en las Verapaces (Alta y Baja Verapaz), zona del valle del Polochic y el municipio de Fray Bartolomé de Las Casas. También contaron con comandos urbanos.

El regreso con el comandante Everardo significaba abandonar una zona que presentaba favorables condiciones organizativas y operativas. Por eso, el comandante en jefe optó por la formación de otro frente guerrillero, el 5, con el cual ORPA completó un cordón operativo desde la frontera con México hasta Santa Rosa.

La Organización de los Volcanes, como nos denominaba la población, completó sus planes de expansión y transitó por las convenientes retaguardias según avanzaba el conflicto, manteniendo los contactos al norte con el altiplano indígena como base y fuerza social, y al sur con el campesinado pobre que laboraba en los grandes latifundios, columna vertebral de la economía del país y su centro neurálgico. Los volcanes Tacaná, Tajumulco, Santa María, Zunil, Santo Tomás (Pecul), Atitlán, San Lucas, Acatenango, Fuego, Agua, Pacaya y Tecuamburro, con otros importantes macizos montañosos en medio de ellos, todos parte de la imponente Sierra Madre, nos recibieron y protegieron.

La designación numérica de los frentes de ORPA y las zonas departamentales que cubrían eran las siguientes: Frente número 1 Diego Tzoc (frente base) en el volcán Tajumulco, cubría el departamento de San Marcos. El Frente número 2 cubría la zona de Zunil (Quetzaltenango) hasta Santiago Atitlán (Sololá) y Suchitepéquez. El Frente número 3 operaba entre el río Naranjo y la aldea Santa María de Jesús, en el municipio de Zunil, departamento de Quetzaltenango. El Frente número 4, en San Marcos, cubría del volcán Tajumulco al río Suchiate en la frontera con México. El frente número 5 en varios municipios de Suchitepéquez, Chimaltenango y Sololá. Y el Frente número 6 en Santa Rosa.

En sólo tres meses el capitán Pancho fue ascendido a primer capitán y a comandante de frente. Audacia y resultados respaldaron su meteórico ascenso.

Fue un año de numerosas ocupaciones de fincas en todos los

municipios conocidos anteriormente. Asaltábamos las casas patronales, verdaderos oasis en medio de la desolación y miseria de las covachas campesinas. Estaban muy bien construidas, con todas las comodidades y servicios. Muchas contaban con apetitosas despensas, licores importados y algunas tenían piscina; todas en general evidenciaban las abrumadoras diferencias en la calidad de vida entre la familia propietaria y los campesinos.

Aprendí de licores en el lugar menos esperado y de la forma más pintoresca. Pancho era un buen conocedor de ellos y nos transmitió no sólo conocimientos políticos, sino también conceptos etílicos, dando cabida al inicio de una cultura alcohólica que, en lo que a mí respecta, aún aprecio y agradezco. Los potreros y cafetales fueron los lugares de enseñanza para su ingesta. Cuando era moderada nos proporcionaba alegres momentos, pero cuando fue excesiva nos hizo padecer situaciones embarazosas y hasta peligrosas.

Las incorporaciones nos llegaron desde Sololá, Chimaltenango y de la capital por distintas razones. Las primeras estaban motivadas por la represión, cuya mayor expresión en Santiago Atitlán fue el asesinato del sacerdote estadounidense Francisco Stanley Rother el 28 de julio de 1981; las segundas fueron por las masacres que perpetró el ejército en aldeas y municipios del norte de Chimaltenango, y las últimas por el ingreso de compañeros entrenados provenientes de Cuba. Si bien llegaron muchos, los que se quedaron fueron pocos. Al principio me costó entenderlo. Ingenuamente, pensaba que el solo hecho de ofrecerle al explotado una opción para liberarse o combatir al explotador era razón suficiente para garantizar su permanencia.

Con el tiempo constaté que la lucha por las ideas y los ideales encontró mejores ejemplos en los menos esperados, y grandes decepciones en los más promocionados. De Santiago Atitlán enviaron dos a entrenamiento y cuatro se quedaron (David, Daniel, Juvín e Israel). De Chimaltenango, concretamente de la aldea Choatalún, una de las primeras masacradas, no se quedó ninguno. Las razones para pedir su baja eran múltiples, unas más creativas que otras, pero en definitiva encubrían la verdadera razón: las dificultades emocionales y físicas que caracterizaban la vida guerrillera, plagada de limitaciones y rodeada de sacrificios. Entrenados llegaron varios, siendo Alejandro, Marcos, Milo y Hernán los únicos que se mantuvieron. De unos cuarenta, apenas se quedaron ocho.

Desde entonces pude notar que las ofensivas enemigas se equiparaban en peligrosidad a los permisos de salida y a las ferias de los pueblos. En el transcurso de los años este axioma se repitió con regularidad, ya que muchos de los que se fueron ya no regresaron y la afectación del ánimo de aquellos que no podían ir a la celebración del Santo Patrón de su comunidad provocaba malestares internos y los desconcentraba de sus tareas. Encontrar formas para mantener la cohesión y el entusiasmo fue uno de nuestros retos más significativos.

En ese año de 1981, cuando el régimen del general Romeo Lucas García inició la estrategia de masacres y tierra arrasada en el noroccidente del país, el jefe de Estado Mayor de la Defensa Nacional y hermano del dictador, el también general Benedicto Lucas García, instaló en Santiago Atitlán un destacamento donde funcionó una cárcel clandestina. Muchos acusados de guerrilleros en el altiplano eran trasladados allí, los hacinaban en fosas profundas y malolientes de las que sólo salían para sufrir largas y dolorosas sesiones de tortura, acabando asesinados. Esta condenable realidad era bien conocida por los lugareños, que vieron padecerla a varios de sus paisanos. El repudio de gran parte de la población atiteca hacia los militares permitió contar con una Resistencia numerosa y una importante cantera de combatientes. Ese mismo año, el frente osciló entre veinticinco y treinta integrantes, desarrollando un accionar guerrillero clásico, con gran movilidad y cambios permanentes de teatros operativos. Desde Chicacao, pasando por Santiago Atitlán, San Lucas Tolimán por el lado de la tierra fría, hasta Santa Bárbara, Patulul y Pochuta por tierra caliente. Nos desplazábamos por terrenos cultivados de diversos productos agrícolas: café, cardamomo, hule, té, quina, maíz y frijol. Fuimos conociendo puntos favorables para el ocultamiento, la movilización y la ejecución de ataques y emboscadas. Tuvimos pocos campamentos de montaña, más que nada en sus orillas, ya que nuestras actividades se realizaban en los alrededores de las fincas y poblados. Contamos con mucha libertad operativa, porque dicho territorio carecía en ese entonces de presencia militar significativa.

Desde antes de incorporarme a la lucha armada estaba identificado con el concepto de que un líder tiene las mejores posibilidades de ser aceptado y seguido, en la medida en que sus actos –personales y profesionales– son ejemplo y estímulo para otros. La formación política que iba adquiriendo sustentaba dicha premisa, y el concepto del Che sobre el "hombre nuevo" la reafirmaba, al exponer con mucha claridad lo que se esperaba de cualquier ser humano dispuesto a emprender la épica gesta de la revolución y la transformación de la humanidad. Se refería más a renuncias y sacrificios que a privilegios y prebendas. Enfatizaba la necesidad de demostrarlo a diario y a no encubrir, mucho menos confundir, debilidades con imperfecciones. Desde que conocí a Pancho me identifiqué con él, porque representaba al joven idealista que, sin ser parte de los olvidados, se identificaba con su causa y actuaba en consecuencia. Ladino originario del municipio de Agua Blanca, departamento de Jutiapa, en la región oriental del país, era una figura representativa de mi extracción social, con una militancia más antigua y, por lo mismo, un referente más cercano de hacia dónde quería ir o como quién ambicionaba ser.

A principios del año, estando en la finca La Vega, Santa Bárbara, Suchitepéquez, me comisionaron para dar el mitin a los pobladores del lugar. Los convocamos frente a la casa patronal, mientras otra patrulla realizaba la respectiva requisa en su interior. Pancho apareció en el balcón del segundo piso, y sin importarle la alocución política que estaba dirigiendo, me gritó para llamar mi atención y mostrarme un litro de whisky Chivas Regal que había encontrado. Los campesinos que le daban la espalda se voltearon para observar su brazo en alto sosteniendo el líquido botín.

Al retirarnos de la finca, a pesar de ser una época seca comenzó a llover fuertemente. El capitán Pancho sacó la botella y ofreció un trago a todos, diciendo que ésa era la única forma de poder soportar la vida dura que llevábamos, y fue el primero en empinársela. Yo lo rechacé. No me gustó su forma de comportarse frente a la población ni la irreflexión con que hizo la invitación. No creí correcto que nuestro responsable, el guía y ejemplo, actuara así. En la primera oportunidad que tuve le pedí la baja. Lo físico no fue problema para mi adaptación; lo anímico me estaba afectando mucho y llegó a convertirse en mi peor enemigo. Lo sucedido fue la mejor coartada para respaldar mi decisión de salir y alejarme de una experiencia, por lo demás, difícil e incierta, apuntalada por un jefe poco ejemplar.

Reconozco que mis criterios en ese entonces estaban más cerca de la rigidez que de la flexibilidad, rigidez propia de la inexperiencia militante y de la vida misma. De lo que estaba seguro era de que en la meritoria labor de mentor y protector de otros, las abstenciones se valoran más que las disipaciones. Y también sabía algo que el tiempo se encargó de reforzar: que los fines supremos exigen acciones extremas. Una guerrilla en ciernes necesitaba una disciplina cuidadosa. Lo contrario llevaba al desorden y al desmadre.

Creo que Pancho encontró la forma adecuada para persuadirme de que no me fuera, a la vez que prometió enmendar sus errores. No hizo uso de la persuasión ideológica ni insistió en lo justo de la lucha o la nobleza de la causa; más bien me preguntó si estaba preparado para enfrentar a mi hermano al llegar a la ciudad, y decirle a los ojos que no había sido capaz de soportar la vida guerrillera. Aseguró que no se repetirían actos como el que provocó mi malestar y me insistió que pensara bien mi decisión para no poner a mi hermano en una situación incómoda y vergonzosa. Acertó en su argumentación y logró persuadirme para que me quedara, al remover en mi interior dos situaciones que marcaban mi vida. Una relacionada con mi hermano, a quien amaba mucho y no quería defraudar; la otra tenía que ver con un principio adquirido y cultivado en el tiempo: ser capaz de llevar mis intenciones hasta el final. Lo había hecho antes, el reto era hacerlo ahora.

Siguiendo la campaña de agitación y propaganda en la zona, ocupamos la finca La Ermita, en Patulul, Suchitepéquez. Las cosas parecían estar bajo control hasta el momento en que, de manera sorpresiva, apareció por uno de sus accesos un vehículo militar sin que la mal posicionada contención pudiera impedir su avance hacia el lugar en que estábamos reuniendo a la gente. Dos compañeros respondieron al fuego enemigo con fusilería y lanzacohetes RPC-2, mientras el resto nos retirábamos. Teníamos la información de que el ejército contaba con unidades combinadas de infantería y blindados para contrarrestar las ocupaciones realizadas por la guerrilla; las llamaba "fuerzas de reacción rápida", y en un primer momento creímos estar enfrentando una de ellas. Nos habían informado que el Frente 2 había sufrido un trágico episodio por su causa, al ser sorprendidos en medio de un poblado.

En ese combate fue herido el comandante Everardo y muerta su compañera Gabriela, quien en un acto de amor y heroísmo pidió que lo sacaran y cubrió su retirada.

Pero en realidad enfrentamos una patrulla de policías militares ambulantes que se desplazaban en un jeep. Éste fue destruido por el impacto del cohete y uno de sus efectivos eliminado, mientras los otros emprendían la huida. Recuperamos una ametralladora y pertrechos.

Honestamente, me sentí muy asustado y turbado por una acción tan repentina y por magnificar al enemigo. Era la primera vez que escuchaba el sonido de las armas a corta distancia y me enfrentaba ante la posibilidad real de morir, alejado de toda retórica. No me avergüenza reconocer mis temerosas reacciones iniciales. No fue nada fácil asimilar el riesgo de perder la vida, pero fui capaz de asumirlo. Cuando el comandante Pancho pedía voluntarios para combatir, proponiendo que los que quisieran dieran un paso adelante, no hubo ocasión en que yo no lo hiciera. Mi disposición era rechazada por mi condición de médico, lo que me impidió un fogueo más acelerado, aunque éste llegó más adelante. La fuerza continuó haciendo presencia, conociendo cada vez mejor el terreno y obteniendo triunfos militares que ayudaron a adquirir temple y serenidad colectiva.

El desafío es comprender que la valentía no está reñida con el miedo; lograr su aceptación y control es lo fundamental.

A mediados de año, en medio de la relativa tranquilidad que nos proporcionaba el extenso territorio con poca presencia castrense, debido a su concentración frente al EGP y dedicados a nuestras tareas, no sospechábamos que en esos mismos momentos, algo de suma gravedad comenzaba a abatirse sobre el movimiento revolucionario en su conjunto. Estando en un campamento a orillas de la montaña, en el sector sur del volcán Atitlán, los noticieros radiofónicos del mediodía del 9 de julio informaban del ataque, por parte de unidades militares, a una casa en Vista Hermosa zona 15, perteneciente a ORPA.

A partir de ese día, las casas de seguridad de todas las organizaciones guerrilleras pasaron a ser el principal objetivo del ejército, en el intento de destruir las estructuras profesionales urbanas creadas en los últimos años. Empezaba a sentirse una estrategia contrainsurgente cuidadosamente planificada. Las acciones represivas masivas en el campo, los asesinatos y desapariciones selectivas se acompañaban con el ataque directo a la guerrilla urbana y sólo era cuestión de tiempo para que la guerrilla rural se incluyera en sus acciones.

Las comunicaciones se suspendieron. Los contactos establecidos, permanentes y de emergencia, no funcionaron por un buen tiempo. Y no pudimos saber lo que había sucedido. Escasas y escuetas misivas, que recomendaban cuidado e informaban que los familiares de los compañeros urbanos estaban bien, fueron, por varios meses, nuestra única relación con el mando. Desde finales de julio hasta septiembre perdimos contacto, y lo que escuchábamos por la radio mostraba una ciudad acechada y varias casas de seguridad atacadas, con muchas compañeras y compañeros caídos, que murieron combatiendo, sin rendirse ninguno de ellos.

Nos vimos en la necesidad de buscar formas y recursos propios para resolver las necesidades, ya que la brusca ruptura con el Frente Urbano puso en evidencia nuestro alto grado de dependencia. Era un cordón umbilical del que fue necesario prescindir, obligados por las circunstancias. Teníamos que conseguir por nuestra cuenta lo necesario para subsistir y, a la vez, restablecer contacto con el mando para conocer la situación y las posibilidades de ser apoyados con pertrechos.

La persecución en unos casos, y la captura en otros, de combatientes enviados a los pueblos pequeños a comprar alimentos, demostró que esa modalidad de abastecimiento ya no era posible. Comisionados militares, sus informadores (agentes de inteligencia, "orejas") y patrullas militares que cubrieron convenientemente mercados y tiendas dificultaron nuestros movimientos. Teníamos que ser más creativos, y ante todo, incorporar el pueblo a la guerra para solucionar el problema. Estas reflexiones las compartíamos con frecuencia entre nosotros en ese particular periodo.

Hicimos un recuento minucioso y detallado de las municiones que teníamos, y las dotaciones individuales no llegaban a los cien cartuchos. Establecimos una disciplina de uso muy estricta para evitar quedarnos sin ellas. Además, Pancho requirió el dinero que había distribuido entre ciertos compañeros ante el agotamiento de las reservas. Sopesó varias alternativas a fin de restablecer la comunicación, incluida la que me consideraba para ver si a través de Camilo podía saber qué estaba pasando. Al final, decidió enviar a Manolo Guanajuato, el mexicano, que pudo restablecerla. Fue así como recibió noticias del comandante Gaspar. Le hacía saber que se había visto obligado a abandonar el puesto de mando en la ciudad y que tenía necesidad de reunirse con él.

Habían sido meses muy difíciles y a Pancho le inquietaba la perspectiva de reunirse con el comandante en jefe. Le interesaba saber detalles de lo sucedido, quiénes habían caído, qué se debía hacer a partir de ese momento. De paso podría darse un descanso en alguna playa o casa con piscina, ya que el comandante le recordaba, en su misiva, que no se olvidara de su traje de baño. Eso entusiasmó a Pancho Tronera, pseudónimo utilizado por aquél en sus años de militancia urbana, en franca rebeldía hacia la tendencia indigenista de muchos militantes de responder únicamente a nombres mayas.

A su regreso nos contó que lo del traje de baño no era más que desinformación, previendo la captura del emisario y la lectura del mensaje. La reunión se llevó a cabo en el volcán Tajumulco, en un lugar muy frío, con escasa comida y, para colmo, tuvieron que enfrentar una fuerte ofensiva militar. En ese momento supimos de la magnitud de los golpes recibidos, su compañera, también llamada Gabriela, estaba desaparecida y Pancho me informó de la captura de una de mis hermanas, Patricia Eugenia, "Lucía la Chinita", sin atreverse a decirme nada sobre Carlota Ileana, "Luisa", pseudónimo adoptado por mi nombre. Estuvo con mi hermano, quien le solicitó verme y quedamos de arreglarlo para más adelante.

Se disipaba el espejismo del triunfo cercano y se refutaba la esperanza de no ser parte del costo humano de la represión y la guerra. La ilusión de formar parte de un movimiento articulado se interrumpía y nos agobiaba la certeza de enfrentar un complejo y difícil periodo.

Estábamos en una guerra en la cual teníamos que asumir costos, bajas y tragedias. La ingenuidad e inexperiencia con que inicié mi participación se desvanecían ante la realidad. Mi vida cambió y tenía que ser consciente de lo que eso significaba.

En noviembre recibimos a un grupo de nuevos combatientes, la mayoría provenientes del municipio de Nahualá, Sololá, entre seis y ocho además de José, con entrenamiento en Cuba, y Ana, nueva compañera de Pancho. Los de Nahualá llegaron a ser unos diez o doce, incluyendo a otro grupo que ingresó a principios de 1982, caracterizado por ser jóvenes con educación secundaria y algunos universitaria, todos de origen maya-k'iche'. Formaron parte de nuestra historia, y su participación en ésta proporcionó lecciones valiosas y perdurables.

Ana, ingeniera agrónoma, vino a reforzar de manera significativa la calidad de conducción con el paso de los años; durante los tres primeros fue asistente de su compañero, el comandante, y participó en tareas y operaciones como todo combatiente. A partir de 1984, pasó a integrar la plana mayor y ser la responsable del trabajo de Resistencia.

A fines de ese año, la fuerza se dividió, quedando una parte al mando del primer teniente Alejandro en el sector de Santa Bárbara y Chicacao, Suchitepéquez, y la otra con el comandante Pancho, en la que estaba incluido, con la que incursionamos por primera vez en San Pedro Yepocapa, Chimaltenango, en las faldas del volcán de Fuego. El ataque a la subestación de policía de dicho lugar no resultó como esperábamos, ya que las exploraciones fueron detectadas y los agentes alertados. Al aproximarse la unidad asignada fue recibida con nutrido fuego, entablándose un intercambio intenso, pero sin consecuencias para ambos bandos.

Nos reconcentramos arriba de la finca Arabia, en Chicacao, y allí celebramos las fiestas de fin de año.

A principios de la década de los ochenta, el ejército seguía funcionando con el esquema que instrumentó en los años sesenta, cuando enfrentó el primer intento guerrillero, instalando comandos en un puñado de ciudades importantes y dividiendo el país en seis zonas militares. En la capital estaban: el Cuartel General Matamoros, sede de la infantería; el Cuartel Mariscal Zavala, sede de blindados y caballería; el Cuartel de la Guardia de Honor, sede de la artillería; y la sede de la fuerza aérea. Esto la convertía en la principal plaza de armas, por la cantidad y la variedad de unidades allí concentradas. Santa Lucía Cotzumalguapa, Escuintla, era la sede de la Policía Militar Ambulante (PMA), un cuerpo especial constituido para control y seguridad pública, y de las propiedades de los terratenientes civiles y militares.

Los efectivos de la Policía Militar Ambulante fueron nuestro principal objetivo en el año 1981 y el alto mando se vio obligado a retirarlos de las fincas, ya que su presencia fue insuficiente para contrarrestar a una guerrilla que los superaba en número y aprovechaba las acciones para recuperar su armamento y equipo.

A finales de 1981, lo novedoso fue el surgimiento de las llamadas "fuerzas de tarea", como parte de la modificación del concepto estratégico táctico sobre el empleo de sus fuerzas militares en los teatros de operaciones, obligados por la continua evolución del enfrentamiento.

La fuerza de tarea es un núcleo militar heterogéneo integrado por todas las armas profesionales (infantería, artillería, blindados, marina, fuerza aérea), concebida y estructurada con la suficiente flexibilidad para integrarla en corto plazo, realizar operaciones militares por el tiempo que sea necesario y poder relevar o reasignar sus unidades según los resultados.

Los militares necesitaron tiempo para preparar nuevas condiciones operativas y mejorar su dislocación, obtención de información y logística para articular respuestas eficaces a un accionar guerrillero muy diferente al de las Fuerzas Armadas Rebeldes (FAR) del comandante Luis Turcios Lima, y al del Movimiento Revolucionario 13 de Noviembre (MR13) del comandante Marco Antonio Yon Sosa, en el nororiente, entre 1963 y 1969. Las lecciones de la experiencia anterior, la preparación de cuadros militares en el extranjero, el aprendizaje sobre el terreno, mejor armamento y una mayor ocupación territorial convirtieron a EGP, FAR y ORPA en una mayor y más peligrosa amenaza en los ochenta.

El abandono de mi intención de salir a inicios de 1981 y la ofensiva contrainsurgente a mediados alteraron mis propósitos. Para ese entonces me había percatado de que el corto plazo mencionado inicialmente ya no correspondía a la realidad que estaba viviendo.

Los golpes sufridos en las ciudades, a partir de mayo, hicieron que mi estancia se prolongara, llegando a medirse no por meses, sino más bien por años. Fue el tiempo de mi definición. No fue nada fácil el ejercicio de reflexión, a través del cual me iba dando cuenta de la magnitud del cambio experimentado en mi vida. Lo que dejé y perdí en términos profesionales y económicos; la adaptación a las limitaciones y carencias materiales, como no las había vivido ni imaginado antes; integrarme a una disciplina militar que cada vez era más estricta y necesaria para conformar una guerrilla que pudiera responder. Con el paso del tiempo me fui convenciendo de que en toda actividad humana, y más en una guerra, la calidad personal y colectiva determina los resultados. El caos proveniente de una revolución exige características especiales en la militancia, pero más todavía en los frentes guerrilleros.

4. De números a nombres, del 2 y 5 al Javier Tambriz: Rodolfo Enrique

Desde finales del año anterior, partiendo del campamento de la finca Arabia habíamos establecido un corredor que nos permitió desarrollar actividades de aprovisionamiento con las bases trabajadas en algunas de las fincas del sector. También logramos recibir del Frente Urbano combatientes, municiones y explosivos, y algo muy importante: restablecer la comunicación con el comandante Gaspar, que ya había salido del Frente de San Marcos y establecía el puesto de mando de la organización en el sureste mexicano.

El comandante Pancho recibió la orientación de reunirse con el comandante Everardo. Durante 1981 los Frentes 2 y 5 desarrollaron acciones en sus respectivas zonas, en los departamentos de Quetzaltenango, Suchitepéquez, Sololá y Chimaltenango. Debían concentrarse, a fin de contar con una mayor fuerza que permitiera preservarse y contrarrestar las operaciones enemigas. En ese momento éstas se planificaban y desarrollaban al nivel de compañías y batallones, mejor coordinadas y abastecidas. Ya no era posible mantener sólo el esquema tradicional de "muerde y huye" de la guerra de guerrillas, que había prevalecido el año anterior. Las acciones del ejército obligaban a combinarlo con un nivel superior de la lucha: la guerra de movimientos, con la que se buscaba disputar el territorio. Esta táctica requería el cambio frecuente de teatros de operaciones como en la modalidad anterior, pero con la diferencia de contar con unidades más numerosas y convenientemente armadas, que aumentaran la capacidad combativa y posibilitaran mayores y mejores golpes.

En medio de esos preparativos fui a la ciudad a hablar con mi hermano. Salí cuatro días, del 22 al 26 de enero. Nos encontramos en un restaurante de comida rápida contiguo al centro comercial de la zona 4. Tenía un año, tres meses y veintiséis días de no verlo. Me sentí feliz. Nos trasladamos respetando todas las medidas de seguridad y compartimentación a un apartamento que después supe estaba en Oakland, un suburbio de la zona 10 habitado por gente pudiente, en medio de quienes se buscaba no despertar sospechas. Me indicó que no debía conocer la ubicación, por lo que cerré los ojos y me escondí en la parte trasera del vehículo. En dicha vivienda conocí a América, su compañera de esos meses, y a Yalí, quien en ese momento aún formaba parte de la dirección nacional.

Lo importante del encuentro fue que Rudy me describió y explicó con detalles el significado de los golpes en la ciudad, que aún seguían, la caída de las casas y las implicaciones que tuvo esta ofensiva para el movimiento revolucionario. Logré entender, en ese contexto de guerra, la muerte de nuestras dos hermanas. Pero por más explicaciones que se den de la validez de la lucha por una causa, de que hay bajas y de que es probable un desenlace trágico, enfrentar la muerte de familiares más cercanos y queridos produce un dolor irreparable, con cicatrices permanentes e instalado para siempre.

Me detalló las circunstancias de su caída, la desafortunada captura de la China y la caída en combate de la Gorda. Me llevó a ver la casa de la colonia El Carmen, zona 12, en donde había sido asesinada Carlota Ileana el 11 de julio, y en la que aún se veían las huellas dejadas por los impactos de bala de los fusiles, y los boquetes abiertos por los proyectiles de las tanquetas. No escatimó esfuerzos para hacerme comprender en qué circunstancias se habían dado sus muertes y el mayor compromiso que significaba para ambos.

Mi hermana, "Lucía la Chinita", fue militante urbana desde 1979, y al año siguiente fue a Cuba a entrenarse. A su regreso se involucró por completo, abandonando su prometedora carrera de arquitectura, de la que ya cursaba cuarto año, y se dedicó las veinticuatro horas a las demandantes tareas que la coyuntura exigió. Una de ellas fue la de atender a compañeros en tránsito que venían del extranjero e iban para los frentes guerrilleros y viceversa. En mayo de 1981, Lucía contactó e instaló a unos compañeros campesinos que retornaban de su formación en dos sencillos hospedajes de la zona 1, que por desgracia fueron capturados por agentes de inteligencia del Estado horas después de separarse de ellos. Las razones pudieron ser varias: controles ejercidos por los cuerpos de seguridad sobre este tipo de hospedaje, la poca experiencia de los militantes rurales para desenvolverse en la capital, o la violación de las recomendaciones de seguridad trasmitidas.

A la mañana siguiente, la Chinita fue a recoger al primero a uno de los hotelitos y el encargado le dijo que la G-2 se lo había llevado y que tuviera cuidado. De inmediato pensó en la posibilidad de salvar al otro compañero y se dirigió al lugar donde él se encontraba. Estaba preguntando por él cuando hombres vestidos de civil "le pidieron que los acompañara". Fue detenida el 15 de mayo de 1981. De su periodo de detención poco sabemos. Durante la ofensiva militar lanzada a mediados de ese año, en el norte de Chimaltenango y el sur del Quiché, el ejército organizó la visita de periodistas a los escenarios de combate, en los que mostró a varios guerrilleros caídos.

Los reportajes eran parte de la lucha psicológica y publicitaria. Básica y únicamente transmitían lo que convenía a las fuerzas militares. A través de los medios radiofónicos y escritos me enteré de que en un combate, en las inmediaciones de la aldea Chupol, Chimaltenango, hubo varias bajas nuestras, entre las cuales describieron el cadáver de una joven mujer ladina, de baja estatura, cuya dentadura tenía frenillos, una de las características de mi hermana. Me atrevo a pensar que era ella. A sus veinticuatro años nos dejó. Hoy continúa desaparecida.

Mi otra hermana, "Luisa", se incorporó en la misma época que la Chinita. Hasta ese fatídico 15 de mayo en que ésta fue capturada, conservaba su trabajo en las oficinas centrales del Instituto Guatemalteco de Seguridad Social (IGSS), mientras realizaba su tarea militante, que consistió en montar una casa de seguridad en la que recibía a compañeros en tránsito, situada en las cercanías del Hipódromo del Norte, zona 2. Su hijo Estuardo, de apenas cuatro años de edad, la acompañó en esas peripecias y le permitió contar con una mejor cobertura. La noticia de la captura de la China fue dolorosa e impactante para ella. Su reacción fue pedir una integración de tiempo completo y abandonar definitivamente su fachada legal. Después del sacrificio de la Paty redobló sus esfuerzos en la lucha.

El abuelo quedó a cargo de su nieto y ella pasó a formar parte de una estructura que tuvo, como base de sus operaciones, una casa ubicada en la colonia El Carmen, zona 12, cercana a la Universidad de San Carlos de Guatemala (USAC). Debido a la ofensiva en la ciudad, las unidades en los reductos urbanos contaban con planes de emergencia y evacuación en caso de fallas en los esquemas de comunicación establecidos, o si se detectaban movimientos sospechosos en los alrededores.

La mañana del 11 de julio, su responsable Abimael salió del inmueble y poco después descubrió que era objeto de persecución, por lo que tuvo que abandonar su vehículo ante una inminente captura, logrando escapar por los barrancos del sector. En cuanto pudo, buscó un teléfono público para alertar a los compañeros, pero ya estaba desconectada la línea. La voz de alarma no fue recibida, tampoco se siguió su advertencia de desalojar si no se comunicaba al mediodía. Pocas horas después, el ejército rodeó la casa apoyando su infantería con piezas de artillería y blindados, y los conminó a rendirse. La respuesta fueron sus fusiles, iniciándose un prolongado y desigual combate en el que recibieron un intenso volumen de fuego, resistiendo hasta el final. Las fotos captaron en la puerta de entrada a la casa a la Gordita con su fusil al lado. Apenas faltaban siete días para que cumpliera veintitrés años.

En los casi diez meses que transcurrieron entre mi subida a la montaña y su caída en combate, tuvimos oportunidad de escribirnos un par de veces. Eran cartas de aliento y estímulo, de orgullo y satisfacción por lo que estábamos haciendo. De admiración por mi decisión de haberme ido a la montaña, donde cambié la vestimenta blanca de médico por el uniforme verde olivo de guerrillero. También llegó a comentarme que había sido elegido como el mejor jugador de volibol de Guatemala en 1980 y que me guardaba la medalla que ella recibió en mi nombre.

En esa misma ocasión supe que Milton, otro primo, que

también militaba, había sido herido en el tórax en un operativo de recuperación de armamento en diciembre de 1981.

Milton Cabnal Santa Cruz asumió su participación política clandestina con la misma entrega y dedicación que antes lo hiciera en su formación académica y lingüística. Después de un tropiezo en la secundaria, se convirtió en un obsesivo estudiante, capaz de terminar sus estudios de psicología y biología simultáneamente, y aprender –de forma autodidacta– alemán y francés. Aspiraba a trabajar en las Naciones Unidas y sabía que uno de los requisitos para solicitar ese trabajo era un amplio dominio idiomático. Su incorporación le cambió el perfil de candidato a funcionario internacional por el de un militante entregado y comprometido. Cuando fue herido, mi hermano se encargó de buscarle atención médica y de llevarle noticias tranquilizadoras a mi tío Peye, con quien vivía.

La debacle y la irremisible destrucción de las estructuras urbanas de ORPA, con la caída de sus principales responsables y de varias de sus unidades en los siguientes dos años, obligaron a los sobrevivientes a desalojar la ciudad. El primo se preparaba para subir a la montaña, imposibilitado de continuar su trabajo como responsable de una escuela de cuadros, pero en agosto de 1983 desapareció. Es uno de los episodios familiares de los que menos sabemos. Las condiciones de su captura y posterior desenlace siguen siendo un enigma. Tenía veintinueve años.

Camilo también me mostró en la colonia Monte María, zona 12, una mansión que él y otra compañera habían alquilado como lugar de concentración de combatientes y pertrechos. No quiso decirme, o probablemente no tuvo tiempo para hacerlo, pero creo que su intención fue hacerme ver que se habían cometido errores operativos que ayudaron al enemigo a detectar, ubicar y atacar las casas de seguridad. Renta de grandes y onerosas casas por jóvenes; altos registros de consumo de agua y luz, donde supuestamente vivían pocas personas; movimientos sospechosos observados y denunciados por los vecinos, fueron parte de la información procesada y analizada por el personal de inteligencia, asesorado por militares de las dictaduras del cono sur. Me recordó que dicha asesoría provenía de los ejércitos argentino, chileno y uruguayo, especializados en lucha contrainsurgente urbana contra los movimientos guerrilleros: Montoneros y el Ejército Revolucionario del Pueblo (ERP) en Argentina, el Movimiento de Izquierda Revolucionaria (MIR) en Chile y los Tupamaros en Uruguay.

También tuve tiempo, corto, casi fugaz, para ver a la familia cercana. Vi a mi padre y a mi sobrino. Estuardo repetía la explicación que se le había dado en relación con la ausencia de su madre: ésta se había ido a México y pronto regresaría. Me fijé en la expresión en el rostro de Rudy y lo único que pude percibir fue dolor.

Supe que Abimael y Camilo (Rudy) eran los actuales responsables del Frente Urbano de ORPA, ante la caída en combate y neutralización de los anteriores. Para ese entonces, habían logrado preparar condiciones para que la estructura permaneciera en la ciudad e iniciara operaciones militares. De igual manera, lograron tomar contacto con los frentes guerrilleros para volver a abastecerlos de munición y explosivos.

Múltiples fueron los peligros y las circunstancias que debieron enfrentar para reactivar el Frente Urbano. Comenzaron alertando a los ocupantes de otras casas de seguridad para que las desalojaran ante posibles delaciones de gente capturada. En algunas ocasiones, se encontraron con agentes enemigos de civil que se les habían adelantado, obligándolos a rápidas escaramuzas y huidas espectaculares en vehículos a gran velocidad por las calles de la ciudad. También organizaron la evacuación de todo tipo de material y ubicaron y atendieron a los militantes que habían perdido contacto con sus responsables. Supe que existió un pequeño pero valiente grupo de compañeras y compañeros, con quienes reestructuraron las redes de funcionamiento. Llegaban a los puntos de contacto con armas cortas y granadas. Estuvieron dispuestos a todo con tal de mantener el trabajo que la arremetida enemiga había trastornado.

A mi regreso, Camilo quiso ir a dejarme a San Antonio Suchitepéquez. Estábamos contentos porque por su actual responsabilidad y permanente contacto con los frentes sería posible mantenernos en comunicación, escribirnos, apoyarnos y acompañarnos.

Al volver, llevaba una mala noticia a Pancho: su hermano mayor, Édgar Palma Lau, Chicho en el entorno familiar y el Chino Palma en la Universidad y en la guerrilla, había caído combatiendo en una casa de la zona 7 el día anterior, 25 de enero, y su foto ocupaba la primera plana del periódico de mayor circulación. Chicho había renunciado a la Organización en 1976 (aún sin nombre) e inicialmente Pancho lo apoyó para formar otro grupo, pero después ratificó la autoridad del comandante Gaspar y se quedó a su lado. Esto produjo un fuerte disgusto entre ellos y dejaron de hablarse. Su deceso canceló, de manera definitiva, la posibilidad de reconciliarse, y un sentimiento de culpa no pudo ser ventilado.

Cuando regresé, los Frentes 2 y 5 ya se habían concentrado y estaban acampados en las faldas montañosas del cerro Panán, perteneciente a la Sierra Parraxquim, ramal de la Sierra Madre, terminando labores de abastecimiento y preparándose para las primeras operaciones conjuntas. Éste fue un momento de interesantes intercambios, de experiencias operativas y combativas entre los miembros de las dos fuerzas.

El 7 de febrero de 1982 nos enteramos, a través de los medios de comunicación, de la creación de la Unidad Revolucionaria Nacional Guatemalteca (URNG), que agrupaba a EGP, FAR, ORPA y PGT 6 de enero. Esta decisión, principalmente política, no tuvo mayor significado sobre la conducción y las operaciones de las organizaciones guerrilleras que la conformaron. Cada una mantuvo su propia identidad y los frentes continuaron operando de forma independiente, acorde a sus posibilidades, atentos a sus comandantes en jefe y a la presencia y distribución del ejército en las diferentes áreas. El momento de reflujo que se experimentaba era propicio para un golpe de efecto publicitario que estimulara a la militancia y nos acercara de nuevo a las masas, pero éste no se complementó nunca con una auténtica y consistente práctica de estrategia unitaria.

Al sumar combatientes enviados por la Resistencia de diferentes lugares del país –en particular del centro y occidente–, las incorporaciones de la zona y los que venían de Cuba, el Frente 5 contaba con cuarenta integrantes. El Frente 2 llegaba a setenta, por lo que en un momento fuimos alrededor de ciento diez. Las posibilidades operativas aumentaban, pero necesitábamos adquirir experiencia en la conducción y en el combate. Era preciso adaptarnos a acciones enemigas más complejas, en las que ya no sólo participaba la infantería, sino también la artillería y la aviación. Fuimos comprendiendo que en zonas montañosas, estas armas servían como soportes psicológicos a sus tropas antes de las incursiones y dirigidas hacia nosotros para lograr desestabilización emocional y nerviosismo, abandonar posiciones, hacernos vulnerables y abortar nuestros propios planes.

Los primeros ataques con aviones supersónicos A-37B estadounidenses y los de hélice Pilatos israelitas, con bombas de alto poder, y las ráfagas indiscriminadas de sus ametralladoras, junto a las M-60 emplazadas en helicópteros estadounidenses UH-1 Huey, produjeron en nosotros un efecto desmovilizador. Al comprobar su ineficacia nos preparamos para pelear contra ellos. La instrumentación del combate contra los medios aéreos se convirtió, con el tiempo, en una de las mayores destrezas del frente. Los cañoneos con baterías de obuses de 105 milímetros y las andanadas de morteros de 60 y 120 milímetros en un principio también lograron inquietarnos, pero aprendimos a convivir con ellos.

En ese momento no contábamos con ningún medio de comunicación radiofónica. Las unidades militares establecían misiones por tiempo, determinaban puntos de concentración, acordaban puntos de contacto de reserva en distintos lugares y poblados de la zona, en caso de que los combates las obligaran a retiradas inesperadas. La guerra tenía un ritmo lento. Si un compañero o patrulla se perdía, se tardaban semanas y hasta meses para poder recuperarlos. No podía ser de otra manera. La concepción guerrillera de golpear y retirarse lejos, aunada al desconocimiento del terreno, hizo que en esos primeros momentos no pudiéramos aprovechar al máximo nuestras capacidades. Lo aprendimos con el paso de los años. Conocer con precisión dónde estábamos, a través de las exploraciones y la ayuda de los mapas, junto al mejoramiento de nuestras comunicaciones, posibilitó, más adelante, acciones de mucha calidad. Durante ese año, en el transcurso de la primera ofensiva, una epidemia de fiebre tifoidea nos causó más daño que el accionar enemigo. Dos compañeros, Félix y Maritza, fueron los más afectados. El primero tuvo un cuadro agresivo y fulminante que le provocó una perforación intestinal que nos forzó a cargarlo durante varios días en la montaña, abriendo brecha y constatando su agravamiento, hasta fallecer. Era del grupo de jóvenes de Nahualá, de los más destacados y prometedores. Luego hubo una segunda epidemia pocos meses después. Lo que por fortuna no faltó fue el cloranfenicol (antibiótico conveniente para este tipo de infecciones) y, exceptuando el deceso de Félix, el resto de compañeros pudo restablecerse. Esto nos obligó a ser más cuidadosos y exigentes con las medidas higiénicas y la disposición de excretas, en la medida de las posibilidades que las condiciones de vida guerrillera nos ofrecían, por demás limitadas y cambiantes.

Comprobamos la máxima de que una fuerza militar, sea regular o irregular, puede perder iniciativa y capacidad operativa si no está bien alimentada, si no cuenta con avituallamiento y pertrechos debidos, y si no tiene medicamentos para luchar contra las enfermedades.

Las operaciones del primer trimestre sobre la cabecera municipal de Chicacao abarcaron distintos sectores de montaña y de fincas aledañas. Establecimos campamentos, en sus alrededores organizamos las tácticas de defensa de montaña, y guerreábamos en puntos lejanos. El primer encuentro fue en terrenos de la finca Baja Vista, en la que ninguno de los dos bandos se causó daño y donde no hubo más que breves escaramuzas y ciegos ametrallamientos de montaña.

Al trasladarnos al área de las fincas La Corona y Arabia, la fortuna nos favoreció al emboscar dos unidades militares: una en las cercanías del pueblo, en terrenos de la finca Washington, y otra en uno de los accesos a la montaña, cercanos a nuestra posición, pocos días después. Las minas claymore, fabricadas en la ciudad, eran de gran potencia y, bien utilizadas, aumentaban considerablemente la capacidad de golpear. Fue el caso de la primera emboscada, en la que se utilizaron en serie con activación simultánea múltiple y su efecto fue devastador, al aniquilar a una fuerza especial paracaidista. Por eso al campamento que ocupábamos le pusimos Las Victorias. Habíamos dado los primeros golpes, pero el enemigo mantenía su ofensiva.

Nos cambiamos de lugar para ubicarnos a un flanco, arriba de la finca El Chorro, y en el trayecto nos vimos ante un fuerte y prolongado bombardeo aéreo. Para la mayoría de nosotros fue el primero, con efecto psicológico más que daño físico, ante el ruido de las máquinas aéreas al descender y el estruendo de las potentes bombas al explotar. Cuando el ejército quiso de nuevo entrar a la montaña por ese sector, dimos nuevos combates que le confirmaron la preparación previa del terreno y nuestra iniciativa táctica, por lo que antes de continuar sus intentos decidió realizar otro ablandamiento, ahora no aéreo, sino artillero, en lo que quedaba de día y toda la noche. Los morteros de 82 milímetros caían con regularidad y constancia cerca de nosotros. Uno de ellos lo hizo en el campamento de paso que ocupábamos, en la posición del comandante Pancho, y una esquirla lo hirió levemente en una oreja. Esto originó un punto de referencia y contacto, al que después aludíamos como "donde salió herido el comandante".

Al día siguiente en otra posición, al preparar el contraataque pedí que se me permitiera formar parte de la fuerza que iría a buscar al enemigo. Pretendía vengarme de la muerte de mis hermanas y no encontré en ese momento mejor forma de hacerlo que el combate. El comandante Pancho no se pudo negar. En nuestro avance de acercamiento a donde creíamos poder encontrar patrullas, sólo encontramos huellas frescas que revelaban una reciente retirada. Era el 23 de marzo de 1982, y se había dado un golpe de Estado. En ese momento no lo sabíamos, pero después nos enteramos del suceso por la radio. Por esa razón, habían suspendido sus operaciones y sus unidades recibieron la orden de concentrarse en sus destacamentos. Regresamos al campamento, bautizado como El Golpe de Estado, y nuestra fuerza se preparó para trasladarse al volcán Atitlán.

Pronto supimos que un grupo de oficiales jóvenes dio dicho golpe, con el objetivo de continuar la lucha contrainsurgente en mejores condiciones técnicas y operativas. Nombraron un triunvirato integrado por los generales Horacio Egberto Maldonado Schaad y Efraín Ríos Montt, quien lo presidía, y el coronel Francisco Luis Gordillo. Eran reacomodos internos, preparándose para acentuar su lucha contra nosotros, replegarse del ejercicio del poder político que tanto había desgastado a la institución, e iniciar una transición que devolviera el gobierno a los civiles.

Fue el año que conocimos la montaña. El crecimiento de la fuerza nos obligó a tener campamentos en lugares más seguros. Los del puesto de mando se desplazaron a la profundidad de la montaña. Antes de decidir su montaje se enviaban patrullas exploradoras, llegando a conocer con bastante precisión el terreno: sus características, ventajas y posibilidades. Todo ello fue necesario y permitió contar con lugares favorables para vivir y protegernos. Las fuentes de agua fueron vitales para alimentarnos y las tácticas defensivas necesarias para preservarnos.

Fuimos aprendiendo y mejorando en ellas para repeler las incursiones militares en los territorios que considerábamos bajo nuestro control. Las patrullas que salían a realizar acciones ofensivas tenían objetivos y plazos definidos que permitían alternarlas y garantizar que el campamento principal tuviera fuerza suficiente para responder a las contraofensivas. Eso fue lo que hicimos de abril a octubre, mientras estuvimos en el volcán Atitlán y sus alrededores.

Una sensación de seguridad multiplicada se experimentaba cuando se regresaba a las zonas montañosas. El impacto psicológico de pisarlas influía en el ánimo y el espíritu del guerrillero, sabiendo que en ellas las posibilidades de golpear se incrementaban al contar con mayores ventajas topográficas. Fue el lugar ideal para el reposo y la reflexión. Una noche de posta en el verano permitía escuchar los sonidos de la naturaleza, con sus cielos despejados y estrellados apareciendo entre las copas de los gigantescos árboles. Las intensas lluvias de invierno se convertían en cómplices del secreto al hacer desaparecer los surcos que dejaban nuestros desplazamientos, además acrecentaban la frescura del ambiente y nos proveían de agua. Los vientos otoñales dejaban caer abundante hojarasca ocultando nuestras huellas, y las flores de primavera adornaban campamentos y se convertían en presentes para enamorados. Los olores de la flora y la fauna, los cantos inigualables y exclusivos del quetzal verde macho de cola larga y la quetzal gris hembra de cola corta, ambos de pecho rojo escarlata, son algunas de las particularidades de ese hábitat que se convirtió en nuestra casa y refugio principal.

Abril y mayo fueron meses aprovechados para trabajos logísticos y organizativos. Estuvimos arriba de la finca Monte de Oro, con cultivos de cardamomo y nuez de macadamia, en la bocacosta del municipio de Santiago Atitlán. Recuerdo, en particular, dos campamentos principales en ese sector: uno a orillas de zonas cultivadas y otro muy adentro de la montaña, donde sólo podíamos esperar la llegada fortuita de cazadores y "quiperos" (recolectores de la hoja ornamental llamada quip o xate, que abundaba en esos lugares) o la incursión planificada del enemigo.

El primer campamento se llamó El Ranchito por haberse construido uno en medio de las posiciones, de grato recuerdo, ya que en él los comandantes Everardo y Pancho decidieron dar ascensos, a fin de conformar una oficialidad acorde a la transformación que estábamos viviendo. Fui uno de los designados, recibiendo mi primer grado guerrillero: subteniente. El segundo reducto fue La Net, donde por primera y única vez jugué volibol en medio de la guerra, ya que los jóvenes de Nahualá resultaron ser miembros de la selección de su comunidad. Con su conocida habilidad artesanal tejieron una red, mientras otros acondicionábamos el terreno, y provistos de una pelota de badana (cuero de venado), característica de las de mejor calidad, llenamos de saltos, remates, defensas y expresiones de júbilo nuestro entorno montañoso.

Recordé viejos y buenos tiempos.

Durante las vacaciones de 1969, comencé a practicar baloncesto con mi hermano Rudy y mi primo Miguel. Ambos lograron convencerme de ingresar al "Central", así se conocía el Instituto Nacional Central para Varones (INCV), histórico centro de educación media, cuyo claustro y estudiantes se relacionaron con trascendentales momentos de la historia del país desde fines del siglo XIX. Con ello me hicieron desistir de la idea concebida con algunos amigos al salir de la primaria, de realizar los estudios básicos en el Instituto Tecún Umán en la zona 10, en donde terminé cursando sólo mi primer año de prevocacional.

El gancho era el baloncesto y la fama académica de que aún gozaba dicho plantel, además del prestigio de ser, junto a los privados liceos Guatemala y Javier, los tres mejores exponentes del baloncesto escolar y los centros educativos más prestigiosos del país. Hablábamos de la posibilidad de ingresar a una de las tres categorías: menor, mayor o clasificada; esta última, la mayor aspiración de todo centralista que practicara ese deporte.

En 1970 me convertí en un "Sheca", modismo guatemalteco con el que se designa a alguien "inteligente", y con el cual se identificaba a los alumnos del Central. Estuve cuatro años, terminé mis estudios básicos y me gradué de bachiller en Ciencias y Letras en 1973. También fueron años de aprendizaje erótico-sexual, entre tabúes, misterios y realidades propios del atraso, la hipocresía y el conservadurismo del entorno, que con más razón rodeaba este tipo de temas.

Mi hermano fue un gran deportista; además del baloncesto practicó futbol y volibol. Ese escaso tiempo que me llevaba de vida, un año, tres meses y un día, era suficiente para verlo como ejemplo y referencia en mis aspiraciones existenciales y deportivas. El futbol lo practiqué muy poco, siendo más una pasión que me divierte ver y celebrar a través de proezas ajenas. Pero los deportes que jugué con mucha dedicación y entrega fueron el baloncesto y el volibol.

En cuanto al primero, después de dos años de espera, al cursar el cuarto de bachillerato, me seleccionaron para formar parte de la menor y fuimos subcampeones. Me llamaron a la clasificada al año siguiente y fuimos campeones escolares y nacionales. Luego jugué en la colonia donde viví cuatro años, conocida como el proyecto 4-3, en la zona 6, con un equipo que se llamaba Pijudos, nombre que escribíamos elegantemente con el signo matemático de Pi al principio, seguido de la sílaba "ju" y un dos al final (πju2), con el que llegamos a ganar varios torneos durante varios años. Estuve en la Asociación Jalapaneca en una liga intermedia. Lo más satisfactorio fue la convocatoria para formar parte de la selección juvenil en 1975, pero para ese entonces mi decisión se había volcado hacia la práctica del volibol.

En 1970, el Central tenía dos equipos de volibol, en primera y tercera categorías. Mi hermano era ambidiestro; hábil con la derecha para el futbol y la escritura, y eficaz con la izquierda para el baloncesto, el volibol y la política. De ahí le viene su sobrenombre de Zurdo. Tuvo un meteórico ascenso y, en poco tiempo, jugaba en la primera del Instituto y luego en la mayor con el Deportivo Mazateco. A mí me gustaba ir a verlo jugar y celebrar sus remates. Rudy no era muy alto, 1.65 metros, delgado pero fuerte y con un salto espectacular. En ese momento yo no pensaba en jugar. Mis contactos con la cancha y la pelota eran muy escasos y prácticamente desconocía la técnica y sus reglas. Un día que el equipo no se completó, jugué con ellos, y aún recuerdo mi notorio nerviosismo, la intensa emoción y una penosa falta de destreza.

Los partidos se desarrollaban en las canchas laterales del gimnasio Teodoro Palacios Flores, única instalación techada y con duela en ese entonces, en la que se alternaban jornadas de baloncesto y volibol. Una noche, luego de ver un juego más del Central, uno de los amigos comentó que por qué no nos quedábamos y veíamos un partido de la mayor. Era uno de los clásicos, entre los dos mejores equipos del momento: Suchitepéquez y Práctico Moderno.

Era la primera vez que veía a los más destacados exponentes del volibol nacional, campeones alternados ambos y el Suchitepéquez, el de mayor tradición y prestigio del medio. Sus integrantes me permitieron contemplar un partido inolvidable. La variedad de modalidades de ataque, defensa y bloqueo; las características y particularidades de cada jugador; la emotividad que emanaba de la calidad y contundencia del juego, marcaron una huella en mi mente. En un momento del partido pensé: "yo voy a llegar a jugar en la mayor"; felizmente lo logré y ésta ha sido una de las mayores realizaciones y satisfacciones de mi vida. El deporte fue una de mis mejores experiencias formativas. Ayudó a controlar mi temperamento, a moldear mi conducta, a tener una mejor relación humana, cuyas raíces se conservan. Aprendí a conocerme y a aceptarme tal como era, física y mentalmente, a celebrar aciertos y comprender los errores propios y ajenos. Todo esto en medio de pruebas y situaciones difíciles, actitudes negativas y vergonzosas, arrebatos de conducta censurables y reacciones temperamentales que aún recuerdo y más lamento. Comencé a practicar volibol en serio y a tener resultados estimulantes.

Llegó un momento en que andaba permanentemente con pesas en los tobillos y una pelota de tenis presionada en la mano derecha para mejorar el salto y la fuerza en el remate. En nuestro medio aún no se había interiorizado la necesidad del gimnasio y las máquinas de ejercicios para dicho deporte y mucho de lo que podía lograrse dependía del interés y la dedicación personal.

En 1973 fuimos campeones con el Instituto en el torneo Juventud 73, que anualmente organiza el Colegio Don Bosco. Fui convocado a la selección juvenil, y con ella nos coronamos campeones en los Juegos Nacionales, representando al departamento de Guatemala.

En 1975 me integré a los entrenamientos de la selección mayor y estuve en tres copas centroamericanas: dos subcampeonatos, en El Salvador (1975) y Costa Rica (1976); y un campeonato en Guatemala (1977). Ese mismo año de 1977 se realizaron los III Juegos Centroamericanos en San Salvador y dicha contienda regional se convirtió en la oportunidad que esperábamos para demostrar nuestra condición de auténticos campeones. Ello debido a que asistía Panamá, cuya representación no estuvo en el torneo volibolístico realizado hacía pocos meses y seguía considerándose el mejor. En un juego intensamente disputado, bajo el calor abrasador y agotador de un mediodía, fuimos capaces de vencer al fantasma de la supremacía canalera, derrotándolos por tres sets a uno. Similares marcadores sobre Costa Rica y El Salvador, junto al tres a cero a Nicaragua, nos elevaron a las alturas.

Jugué en varios equipos. Primero con mi Instituto en tercera y segunda división; luego con el Deportivo Suchitepéquez en la primera y en la mayor, y posteriormente con el Club Santo Domingo de la misma categoría. Por último retorné al Suchitepéquez, y a pesar de ser campeones invictos nos quedamos sin el nombre, nos llamamos Juventud Retalteca por unos meses y Cornavin hasta que me retiré en el año 1980.

En esta época me fracturé otras tres veces: el codo y la mano (segundo metacarpiano) derechos y la rótula izquierda, seguidas de difíciles periodos de recuperación, de los cuales pude regresar y seguir jugando.

Pero el volibol marcó mi vida no sólo por lo beneficioso que fue practicarlo para entender más sobre la convivencia y de mí mismo, sino también porque me permitió conocer gente de gran calidad humana y espíritu de sana competencia. Estudié y me capacité para ser árbitro y entrenador. Hubo muchas jornadas que comenzaron a las cinco de la mañana y terminaron a medianoche. Entre las horas de estudio universitario y práctica hospitalaria, de actividades de arbitraje y entrenamiento, de dirección de equipos y práctica competitiva, no sentí el tiempo. Con los miembros de los equipos femenino y masculino del Deportivo del Valle establecí una relación personal y de trabajo muy especial. Todos fueron muy solidarios conmigo. Tengo presente a Rony Mejía y a Wolfgang Gómez quienes mensualmente recogían las cuotas establecidas para entregarme el salario convenido, que bien sabían para lo que me servía.

Sin ser árbitro y entrenador de volibol no me hubiera sido posible estudiar y culminar medicina. Comprobé lo difícil que es trabajar y estudiar, y me uní a muchos que han logrado romper el mito de que la absorbente carrera de tiempo completo impide trabajar para costeársela. Podría decir que ésta fue mi escuela de vida. Ahora me encontraba jugando con compañeros guerrilleros.

En ese mes de abril de 1982 afianzamos nuestra relación con

las bases cercanas, resaltando la lograda con Santiago Atitlán por su calidad y masividad. A pesar de los controles establecidos por el ejército desde mediados del año anterior, cuando instaló su destacamento, gran parte de sus pobladores no sólo continuaba rechazando su presencia, sino que mostraba mayor disposición para participar con nosotros. Para darles más confianza realizamos acciones punitivas dirigidas a los informantes y colaboradores enemigos, con la finalidad de suprimir el control que ejercían sobre la población. Esto abonó a nuestro favor, ya que motivó a mucha gente a participar al sentirse protegidos.

El campamento La Net también lo recuerdo muy bien, porque allí comprobé que la tragedia familiar continuaba. El comandante Pancho me entregó una carta manuscrita de mi hermano, con fecha 15 de mayo, en la que compartía conmigo el orgullo y la alegría que le causó enterarse de mi ascenso a subteniente. Consideraba que ése era un primer paso. Era el comienzo de un aporte que iría creciendo con el tiempo. Me pedía confiar en mi capacidad para enfrentar mayores responsabilidades. A mí me alegraron sus palabras y aún me emocionan sus percepciones.

Al principio no entendía por qué Ana se acercaba a mi posición, con cara triste, para hablar de cualquier cosa conmigo, hasta que el primer teniente Ishvet me preguntó si ya sabía que un responsable del Frente Urbano no aparecía. La horrorosa posibilidad se me presentó de súbito e inmediatamente fui a buscar a Pancho para que me aclarara las cosas. Noté que se molestó al saberme enterado y me dijo que mi hermano no había cubierto algunos contactos, pero que en su condición de responsable podía ausentarse de ellos sin tener que notificarlo, y que era muy prematuro pensar que le hubiera pasado algo. Había que esperar y por eso había decidido no adelantarme nada. Pero la duda y la pesadumbre me invadieron. ¡Los tres hermanos! Era espantoso, absolutamente espantoso.

Tuve que esperar un mes para que me lo confirmaran. En junio ingresó Lucía, antiguo miembro de la dirección, quien trajo la confirmación de su caída. Sin poderme precisar un lugar pero sí las circunstancias, el comandante Pancho me informó que Camilo había caído combatiendo contra elementos de Inteligencia militar. Se especuló que en un intento de conseguir armas, estableció contacto con quien resultó ser un agente enemigo. El encuentro fue una trampa para capturarlo. La China y el Zurdo el mismo fatídico mes. Mayo otra vez.

De junio a agosto estuvimos en las faldas del suroriente del volcán, en jurisdicción del municipio de Patulul, Suchitepéquez. Pudimos comprobar que la presencia militar había variado en relación con el año anterior. Un control de población y recursos más estricto, agentes de civil recabando información y el establecimiento de destacamentos en fincas cercanas a los sectores montañosos que ocupábamos eran las pruebas de un cambio en su diseño operacional. En ese tiempo no contábamos con reservas alimenticias y los registros implantados dificultaron su obtención. Una ofensiva enemiga la relacionábamos de inmediato con hambre y racionamiento.

Resistimos ataques a campamentos a orillas de montaña. Las contenciones adelantadas sirvieron para contrarrestarlos y darnos tiempo para preparar contraataques a las fuerzas que abandonaban, en vehículos, los escenarios de combate. También desarrollamos varias acciones ofensivas, al atacar sus destacamentos y unidades en movimiento, así como presencia en poblados y carreteras. Efectuamos operaciones con la doble intención de atracción y difusión en fincas, tramos de terracería y las carreteras asfaltadas del Pacífico y Cocales-Godínez, un enlace de la costa con el altiplano al costado norte del volcán Atitlán.

Cuando el comandante Pancho explicaba la forma en que enfrentábamos las incursiones del ejército, decía que era semejante al *catenaccio italiano*. Corría el año 1982, el del campeonato mundial de futbol jugado en España y, ganado por Italia, quien aplicó su victoriosa estrategia del contragolpe. Ésta consistió en una sólida defensa combinada con eficaces contraataques que aseguraron los goles en las vallas contrarias. Un esquema que requirió mucha fuerza y firmeza en las líneas defensivas –un "cerrojo", según la traducción– junto a una gran rapidez y precisión en las líneas ofensivas. Según él, era lo mismo que nuestras fuerzas estaban haciéndole al enemigo. No era la única muestra de sus ocurrencias occidentales; también se incluía en ellas el campo de la música. Llegamos a tener un himno del frente, a cuya letra le puso como fondo musical la canción "Submarino amarillo" de los Beatles.

Después de las jornadas combativas en Patulul, regresamos a acampar al suroccidente del volcán, a una altura media (1 700 metros sobre el nivel del mar), en una posición de montaña muy ventajosa, arriba de la finca Mocá Grande, en la que estuvimos durante los meses de septiembre y octubre. Situaciones internas definitorias, aunadas a experiencias operativas novedosas y de mayor alcance, caracterizaron este periodo.

En septiembre de ese año, el Frente 5 vivió la culminación y desenlace de un delicado problema interno. Desde sus primeros meses, el subteniente Marcos, un compañero indígena de la etnia mam, evidenció su intención de alentar una postura indigenista, exigiendo mayores responsabilidades y un igualitarismo intransigente. Esta tendencia tuvo en Carlos (correo) y buena parte del grupo de jóvenes de Nahualá, todos de la etnia k'iche', su expresión más evidente. El carisma y liderazgo del suboficial influyó fuertemente en este grupo de compañeros mayas y convirtió dicha iniciativa en un serio peligro para la fraternidad.

El comandante Pancho quiso demostrarles su error en la práctica y para ello les asignó todas las responsabilidades de funcionamiento y operaciones. Los ladinos y urbanos estuvimos obligados a participar de las tareas cotidianas sin ejercer ninguna autoridad. Fuimos, durante un tiempo, simples combatientes a la espera de las iniciativas y ejecutorias que los compañeros indicaran. Poco tiempo bastó para encontrarnos en una situación deficiente. Las cosas se complicaron tanto que algunos solicitamos traslado. Veíamos en esa lucha de mayas contra ladinos, de capacidades intelectuales confrontadas y no complementadas con las capacidades físicas, una forma lamentable de debilitarnos y posibilitar así nuestra derrota. Si me pidieran una frase que resumiera esta actitud de búsqueda insensata de la paridad absoluta e improductiva, recuerdo una: *¡Parejo todos!*

Los problemas de los jóvenes compañeros "naturales" –acepción que ORPA interiorizó para referirse a los mayas en esa época– al asumir responsabilidades se dieron por inexperiencia y desconocimiento de métodos de dirección, como pudo haberles pasado a jóvenes ladinos con educación media, primaria o inexistente como la de ellos. Se demostró que el problema no se solucionaba con la imposición étnica de los cargos, sino compartiendo conocimientos y deberes en función de un objetivo común. Era incorrecto permitir en el frente humillaciones e imposiciones de militantes ladinos hacia los mayas. La formación recibida era contraria a ellas. Que la mayoría natural denigrara y rechazara al ladino revolucionario, subestimando su aporte, también era equivocado. Ambos extremos debían combatirse con igual vehemencia.

Puedo decir que el desprecio de algunos mayas fue un sentimiento que percibimos algunos en un momento dado, y creo que fue una de las mayores pruebas personales y orgánicas. Vivimos lo que podría denominarse un "racismo al revés", parafraseando el título de dos importantes documentos orgánicos: "Racismo", I y II. Éstos abundan en conceptos y razones explicativas, de todo tipo, para entender la discriminación del ladino hacia el "natural", lo que provocó no pocos sentimientos de culpa. Pero en ese momento, nuestra vivencia reveló la otra cara del choque étnico para el que no existía ningún texto que nos orientara y expusiera al compañero maya sus comprensibles reacciones negativas y recelosas, así como la forma de manejarlas. Hubo compañeros urbanos que al sentirse ofendidos y repudiados prefirieron irse.

El peso de los hechos marcó a ladinos e indígenas. No era suficiente mencionar la gran historia de la civilización maya y afirmar que su potencial podía beneficiarse con un triunfo revolucionario. Era imperativo distanciarse, de manera rotunda, de las posiciones paternalistas y dependientes. Era necesario comprobar que los siglos de humillación y despojo tuvieron un alto costo mental y emocional.

Logramos superarlo y el tiempo ayudó a establecer una relación respetuosa. Sobre cualquier resquemor, diferencia o duda, prevaleció la condición de guerrilleros, de revolucionarios dispuestos a derrotar a uno de nuestros mayores enemigos internos: el racismo. La mayoría maya impuso a la minoría ladina un alto nivel de exigencias. Pocos pasamos el examen. Los menos superaron la prueba, y muchos la usaron de justificación para claudicar.

Se tomaron medidas prácticas inmediatas: Marcos salió, y así, se evitó que su negativa influencia dirigiera la energía y el esfuerzo de los compañeros, implicados en una estéril y contraproducente lucha entre hermanos.

Ese mismo mes recibí la última carta de mi padre. Sabía lo de Camilo, se lamentaba de nuestras pérdidas familiares y expresaba que estaba esperando el desenlace de esa amarga pesadilla. Había perdido a tres de sus cuatro hijos y conmigo ya no volvió a tener comunicación. Ha de haber muerto pensando que los había perdido a todos y yo no pude hacer nada para evitarlo. Fueron años de suspensión total de comunicaciones. Así fue la guerra; así fueron sus exigencias y sus costos.

El 18 de septiembre, tercer aniversario de las hostilidades de ORPA, realizamos la primera acción sobre la carretera del Pacífico. Dos compañeros de civil (subtenientes Hernán y Camilo) fueron enviados a explorar, días antes, para encontrar un punto conveniente. El cruce hacia el poblado costero de Tiquisate, Escuintla, en el kilómetro 120, fue elegido para inaugurar esta modalidad de acción. Fue un día de lluvia constante e intensa que nos empapó de pies a cabeza, pero tuvo la ventaja de favorecernos en nuestro largo desplazamiento. Salimos a las seis de la mañana del campamento, y el temporal nos permitió avanzar por cafetales y potreros, cruzar caminos y ríos, sin ser detectados. El retén se instaló a las 17:00 horas y el numeroso flujo vehicular, en ambas direcciones, fue interrumpido, convocando a sus ocupantes a escuchar un mitin. En una de las contenciones se capturó a dos soldados de civil, a los que se fusiló.

Era la época de Ríos Montt: la de los tribunales de fuero especial, de los jueces sin rostro y de los fusilamientos a guerrilleros o a los sospechosos de serlo. Un militar, aunque estuviera de franco y desarmado, pasó a ser también un objetivo. La confrontación en sus extremos violentos e indiscriminados. Implacabilidad contra implacabilidad.

El desconocimiento del terreno, sus posibilidades operativas y la inexperiencia dieron cabida a precauciones y medidas extremas, que después comprobamos innecesarias. La marcha de unas once horas fue horrible, y se nos ordenó que inmediatamente después de realizado el retén, debíamos retirarnos al volcán... ¡a pie! El agotamiento era intenso, y las escaldaduras genitales, interior de muslos y pies, tan severas que varios compañeros sufrían demasiado al caminar. Fue un esfuerzo físico muy grande y era impensable completar el regreso de esta forma. Requisamos una pick-up y un camión, a cuyos conductores los obligamos a llevarnos cerca de la montaña. En el tramo final, la mayoría de combatientes se quitaron los pantalones, debido a la fuerte irritación que padecían. Regresamos al campamento a las siete de la mañana, escuchando en el noticiero radiofónico "Guatemala Flash" el comentario de la acción de la tarde anterior. Habíamos celebrado con gran esfuerzo.

La contraofensiva que el ejército montó en octubre se desencadenó por una emboscada a un camión en las afueras de la finca Mocá Grande, con la que terminó de confirmar nuestra presencia en dicha área. Sus jefes creían saber dónde estábamos, basándose en la información que un capturado les dio a finales de 1981 y en los indicios recabados en cuanto a movilizaciones y operaciones en las últimas semanas. Consideraron que habíamos ocupado de nuevo un campamento que tuvimos a mediados del año anterior, asentado sobre un camino de herradura abandonado que antaño comunicaba a dos sectores cultivados de dicha finca. Lo conocíamos como El Refugio, ya que habíamos construido uno como parte del entrenamiento antiaéreo que realizamos. La ubicación real del puesto de mando estaba al noreste de esta antigua posición, a unos quince o veinte minutos de camino, que en terreno quebrado es una distancia considerable.

Al prever una reacción operativa, esa misma noche el mando envió una fuerza a orillas de la montaña que, en su avance silencioso y a oscuras, se encontró en medio de una emboscada. Toda la patrulla penetró en la zona de muerte, con la buena fortuna de que la tropa estaba durmiendo, y el ametralladorista, que debía abrir fuego en el fondo de la posición, no reaccionó, lo que dio tiempo para la retirada y el regreso para informar de la proximidad enemiga. En la madrugada del día siguiente ocupamos las posiciones de defensa establecidas, y fui asignado a una contención. Un acceso se cubrió con una fuerza de choque y el otro con una emboscada. Los pintos avanzaron desde muy temprano contra la primera posición, creando barreras de fuego con ráfagas de fusiles y ametralladoras, acompañadas de artillería liviana y fuertes gritos de ánimo, sin provocarnos bajas ni lograr romper nuestras líneas de defensa.

Fueron dos días de combates y fijación recíproca de posiciones; ellos esperando el avance de otra unidad para sorprendernos por la retaguardia, nosotros con la emboscada montada en su probable ruta de aproximación. En la tarde del segundo día escuchamos un fuerte tiroteo a la altura de la emboscada, señal de que la espera nos había favorecido. El plan resultó: derrotamos a una fuerza que se vio sorprendida y obligada a retirarse, contabilizando bajas y perdiendo la iniciativa y la sorpresa de su incursión. Me designaron para ir a informar a los comandantes, en el campamento, del resultado de los combates.

En esta operación se dio un hecho que, más allá de lo fortuito de sus características, significó un avance psicológico para nosotros, en lo que a lucha contra medios aéreos se refiere. La infantería contó con el apoyo aéreo de un helicóptero y un avión Pilatos que sobrevolaban el área. El avión pasó varias veces en forma rasante sobre el campamento, por lo que una improvisada emboscada antiaérea se organizó para repelerlo, pero mientras lo esperábamos apareció de súbito el helicóptero de color blanco, que recibió el fuego graneado de las armas. Se desplomó muy cerca y debajo de la posición, siendo el rugido de su motor, que había quedado encendido, lo que ayudó a ubicarlo. El piloto de la nave –un coronel de la fuerza aérea– estaba muerto, y un teniente-coronel de infantería se encontraba herido, pero, al intentar activar una granada fue eliminado.

El helicóptero era un modelo Bell 212 artillado, versión civil del UH-1 Huey, desde el cual se estaban coordinando las operaciones, según los documentos incautados a los dos jefes castrenses que creyeron estar a un flanco del área de riesgo. La ametralladora M-60 que utilizaron, junto a otras armas y pertrechos, fueron parte de la recuperación lograda, aunque lo más importante fue derribar ese medio, que constituía un puesto de mando aéreo, con dos oficiales de alto rango a bordo. Rastreamos en los alrededores sin resultados, a excepción de una huella que se alejaba hacia abajo. A pesar de que ya estaba oscureciendo, un avión A-37B se presentó y descargó una gran cantidad de bombas de alta potencia en dicho sector montañoso. Fue un duro golpe para ellos; el grito metálico del medio supersónico y el estruendo de las explosiones fueron el reflejo evidente de su ira y su impotencia.

Muchos años después, supimos que dos oficiales más y un especialista completaban la tripulación; los primeros salieron del aparato, malheridos, lograron ocultarse en las cercanías bajo hojas de plátano, mientras el tercero bajó a reportar lo sucedido. Al día siguiente realizaron la operación de rescate y evacuación de sus heridos y muertos. Nosotros ya estábamos distantes y en camino a otro sector. Con esta acción, el frente se convirtió en el "enemigo número uno" de la fuerza aérea, y esa posición de campamento se ganó el nombre de El Helicóptero.

A pesar de que durante los dos años de mi estadía participé en varias operaciones, estuve cerca de muchos combates y soporté bombardeos, no había tenido la oportunidad de estar directamente en uno de ellos. Pelear a corta distancia, escuchar voces enemigas y el cercano tableteo de sus armas lo viví en octubre.

El primer día de los combates, al iniciarse el intercambio de disparos se apoderó de mí un temor irrefrenable. El temblor involuntario, la imposibilidad de hablar y el castañeteo de dientes me impidió mantener mi posición. Algunos fuimos relevados ese primer día y pudimos dormir en el puesto de mando. El segundo día fui parte de la fuerza que relevó a los compañeros que mantuvieron la posición toda la noche. Era mi oportunidad para reivindicarme y fui afortunado de poder hacerlo en tan corto tiempo; sabía que tenía que revertir la cobarde actitud del día anterior. El enemigo quiso avanzar, volví a escuchar sus gritos ofensivos, las órdenes de combate y el fuego de fusiles, ametralladoras y lanzagranadas, pero en esta oportunidad mi reacción fue diferente: accioné mi fusil y en el momento que comprobé que tenía cómo defenderme, me invadieron una tranquilidad y una serenidad insospechadas.

Quisieron maniobrar por un flanco y hasta lancé una granada de mano para evitarlo. Superé ese difícil momento previo al combate, que el día anterior me había provocado la turbación descrita, y me sentí contento conmigo mismo. El resultado de estos desafíos sirvió para la unidad de todos y para mí en lo personal poder ganarme el respeto de los compañeros. Demostré mi completa disposición para compartir con ellos todo, comenzando por el combate, la prueba máxima del guerrillero. Esa experiencia fue determinante para poder controlar, en el futuro y en circunstancias mucho más complicadas y peligrosas esa primaria e inevitable reacción de miedo, que a todo ser humano asalta cuando la muerte acecha. Quien diga lo contrario, miente.

Según el *Diccionario general de la lengua española Vox*, la palabra "miedo" proviene del latín *metu* y se define como: "1] *m.* Perturbación angustiosa del ánimo por un peligro real o imaginario: — cerval, fig., el grande o excesivo. 2] Recelo o aprensión que uno tiene de que le suceda una cosa contraria a lo que deseaba. 3] De —, mucho, muchísimo".

La definición forma parte de las virtudes del lenguaje y la escritura. Pero más allá de todo está la reacción ante esa sensación de alerta que la mente genera, y que, sabiéndola encauzar, se convierte en un mecanismo de defensa favorable. Reafirmé mi convicción de que el miedo no hay que negarlo, sino controlarlo, y que la valentía se demuestra al soportarlo y reaccionar serenamente ante él y la adversidad que lo circunda.

Tras esta importante acción emprendimos la larga marcha de retirada que nos sacó del volcán Atitlán y pasadas algunas semanas nos llevó a las montañas de Pochuta, Chimaltenango. El largo periodo de estancia en el área y la intención enemiga de concentrarse en ella para devolver los golpes recibidos obligaba a una retirada distante.

El descanso también es un arma y ya lo necesitábamos. En el mes de diciembre, el comandante Gaspar oficializó el nuevo modelo de funcionamiento de las fuerzas guerrilleras de ORPA. Se dejó de lado la denominación numérica y se constituyeron dos frentes guerrilleros: el Frente Luis Ixmatá (FLI), a cargo de los comandantes Isaías y Sergio, y el Frente Javier Tambriz (FJT), conducido por los comandantes Everardo y Pancho. Terminábamos un año, acumulando una importante experiencia combativa. La estrategia enemiga presentaba un nuevo esquema de dislocación, una eficiente logística, e iniciativas operativas que les permitirían responder mejor a nuestra presencia y operaciones. Varias fueron las lecciones aprendidas ese año.

Una jefatura compartida fue el esquema de conducción que el comandante Gaspar instrumentó, considerando que la dualidad de mando a similar nivel permitía relevos, aseguraba intercambios personales con él y no se perdía continuidad en las tareas operativas. En la práctica, no en todos los casos, las cosas funcionaron como se esperaba.

La integración de dos frentes requirió tiempo. A pesar de ser parte de la misma organización y responder a las mismas orientaciones, cada uno tenía su propia dinámica, disciplina y características, a partir de las particularidades de cada jefe. Las personalidades de Everardo y Pancho eran muy diferentes y, además, conforme pasó el tiempo fue evidenciándose que la mayor iniciativa de planificación y uso de la fuerza respondía más al segundo que al primero.

Los combatientes y oficiales necesitan tiempo para conocerse, aceptarse y articularse. Fui observando que el mantenimiento de la cohesión interna era una de las mayores prioridades. Enfrentar y resolver una serie de problemas propios de la convivencia diaria, se convertiría en uno de los principales retos para garantizar nuestro mantenimiento, desarrollo y crecimiento.

El bautizo combativo puede asegurar o quebrantar la disposición. El dilema está en convertirse en un guerrero cauteloso, valiente y sereno, o bien en un hombre armado, traicionado por temores y acobardado por vacilaciones. Una mentalidad de victoria sobre una mentalidad de derrota debe triunfar y prevalecer; permite establecer una posición personal y colectiva ante las acciones enemigas.

El riesgo de las deserciones era una constante. Una vida de esas características no era soportada por todos. Los honestos pedían la baja y esperaban condiciones para salir; otros aprovechaban misiones o descansos para no regresar. Estaban los que se iban por su cuenta y se arriesgaban a ser capturados, o los que de forma voluntaria buscaban al enemigo para hacernos daño. Los planes de campaña Ceniza 81 y Victoria 82 no tuvieron todos los resultados esperados por los dictadores Lucas García y Ríos Montt.

Los refugiados externos, las comunidades de población en resistencia (CPR) en el Ixcán (CPR-I) y en la Sierra (CPR-S), los desplazados internos y aquellos que en el campo y la ciudad estaban dispuestos a seguir luchando, contribuyeron a superar una de las etapas más difíciles del movimiento revolucionario. Un elevado costo en vidas, un inenarrable sufrimiento y una tragedia de impactantes proporciones oscurecieron la historia del país.

Pero habíamos logrado el objetivo estratégico de preservarnos, acumular experiencia y conocimientos, y templarnos en superiores y mayores combates. En todas las zonas guerrilleras se concentraron fuerzas para enfrentar las ofensivas militares, que en ese tiempo ocurrían cada tres o cuatro meses, con un objetivo común: provocar y atraer al ejército al terreno más favorable para el accionar guerrillero: la montaña o la selva. Entrábamos en una fase de lucha compleja y sofisticada que requeriría mucha dedicación y preparación.

5. Juntos pero no revueltos

En el año 1983 tomamos la iniciativa al enemigo. Mientras anunciaba su campaña Firmeza 83, el FJT inició en los primeros días de enero una ofensiva, cuyas acciones de atracción, ataques y emboscadas sobre la carretera Cocales-Godínez y el municipio de Pochuta culminaron con fuertes combates en el área montañosa del Cuyomanso –antiguo bastión cakchiquel en las orillas del río Madre Vieja– cuyas características topográficas fueron propicias para defenderla con éxito.

Una vez más funcionó la estratagema de hacerles creer que un campamento anterior se había ocupado de nuevo. En lugar de ello se posicionó una fuerza de combate, la que realizó el trabajo de construcción necesario, trincheras y refugios antiaéreos, para repeler los asaltos de la infantería y protegerse de los bombardeos. El puesto de mando quedó de nuevo al flanco de las acciones. Presencia en fincas y dos emboscadas: una con lanzacohetes RPG-2 a tropa trasladándose en camión y otra con fusilería y minas a una compañía de infantería, fueron el preludio de los fuertes combates en el Cuyomanso, donde le fue imposible al enemigo tomar la posición. Antes pudimos organizar de nuestra parte una retirada ordenada. En estas acciones, el ejército contabilizó un importante número de bajas.

No sólo combates victoriosos marcaron este año. Se dieron también traslados, accidentes, dolores, encuentros inesperados y reveses.

Al comandante Pancho se le presentó un hecho familiar perturbador en el tiempo de la dictadura del general Efraín Ríos Montt. La inteligencia militar capturó a uno de sus hermanos gemelos menores (Cacho), quien no militaba y fue confundido con el otro (Raúl), que sí lo hacía. Estuvo preso durante varias semanas, sufriendo torturas, pero al final fue liberado.

Del campamento La Navidad, en una montaña al oeste de Pochuta, nos trasladamos al norte, a la franja montañosa que divide dicho poblado de Patzún, ambos municipios de Chimaltenango. El primero ubicado en la bocacosta templada y cafetalera, y el segundo en el altiplano de los granos básicos y las hortalizas. Establecimos el campamento al pie de un enorme farallón, subestimando la posibilidad de un alud.

A pesar de no ser época de lluvias, cayó un fuerte aguacero que provocó deslaves. Sufrimos un terrible accidente. Una enorme piedra se desprendió y rodó hacia algunas posiciones; a Pascual le destrozó una pierna y murió desangrado. A Hernán lo golpeó en el abdomen, y el dolor y la dificultad respiratoria eran intensos. Ante la posibilidad de un daño interno, recomendé evacuarlo. No recuerdo traslado nocturno más prolongado y dificultoso que ése. Tuvimos que cargarlo acondicionando una hamaca amarrada a un travesaño, que requirió de un compañero en cada extremo para levantarlo. Todo el trayecto fue ascendente, con lluvia pertinaz y terreno resbaloso; necesitamos toda la noche para recorrerlo. Al salir al sitio de evacuación todos teníamos los hombros destrozados, pero estábamos satisfechos de entregarlo a los compañeros del vehículo. Hernán se restableció y volvió a Cuba a seguir un nuevo curso; regresó en diciembre.

Otro hecho fortuito fue el encuentro con el Frente Tecún Umán (FTU), de FAR. La sostenida contraofensiva que el ejército desarrollaba en su zona, en los municipios del norte de Chimaltenango, lo obligó a replegarse a la nuestra. Estaba al mando del comandante Juan Bravo y el capitán Ayala, y lo formaban unos ochenta combatientes.

Las obligadas reservas ante este tipo de encuentros habían aumentado, debido a que un año antes, en enero de 1982, un pelotón del Frente Augusto César Sandino (FACS), del EGP, fue aniquilado por una unidad de catorce kaibiles, dirigida por el teniente Héctor Mauricio López Bonilla, que simuló ser una escuadra guerrillera. Preparada cuidadosamente para actuar como tal, se había desplazado desde el Quiché hasta el norte de Chimaltenango, contactó bases y actuó de tal forma que no quedaba duda de que los aparentes guerrilleros estaban perdidos y necesitados de reunirse con otras patrullas.

Todos los detalles de vestuario, armamento, léxico y lenguaje corporal fueron considerados, logrando engañar a los pobladores que los llevaron y al pelotón que encontraron. Sólo un combatiente no creyó la versión utilizada por los supuestos perdidos y, junto al responsable que debió ausentarse con premura, fueron los únicos sobrevivientes. Los veintiocho compañeros restantes fueron fusilados cuando realizaban ejercicios matutinos desarmados. La operación Xibalbá sólo duró ocho horas y fue única en el desarrollo de la guerra contrainsurgente. En la década del cincuenta, en Filipinas, en tiempos del ministro de Defensa Magsaysay, asesorado por militares estadounidenses, la guerrilla del Hukbalahup fue desarticulada por acciones como éstas.

El primer objetivo de esta unidad de tropa especial enemiga no había sido actuar en Chimaltenango en 1982, sino en Suchitepéquez en 1981. El accionar del entonces Frente 5 preocupaba al alto mando, y quería destruirlo a través de un atentado personal contra el comandante Pancho. Aprovechando la captura de un compañero (Sandro), oriundo de la finca San Francisco Miramar, del municipio de Santa Bárbara, con aparente disposición a servir de guía para su búsqueda, el ejército se preparó para incursionar en el volcán Atitlán, pero a última hora éste se negó a colaborar y el plan fue frustrado.

Desarrollamos tres operaciones conjuntas con el Frente Tecún Umán, todas ellas emboscadas en carreteras de municipios del departamento de Chimaltenango. La primera en Patzún, a la altura de la aldea Xepatán, en la que participaron Juan y Pancho. Estimulados por la noticia de la emboscada de aniquilamiento y recuperación, dirigida por el comandante Isaías en la carretera de Zunil, Quetzaltenango, días antes, esperaban lograr un resultado semejante. Pero la espesa niebla complicó los planes y sólo se dio un combate en el que perdimos al teniente Manuel y el subteniente José fue herido en un muslo. La segunda fue en una carretera de terracería cercana a la finca Santa Margarita, en San Pedro Yepocapa, al mando del capitán

Alejandro. Emboscamos a un camión, causando numerosas bajas, pero algunos efectivos lograron descender y parapetarse, matándonos a tres; un combatiente del Frente Tecún Umán y los subtenientes Cruz y Camilo del Frente Javier Tambriz. La tercera y última fue en los alrededores de la aldea Chupol, sobre la carretera Interamericana (CA-1), dirigida por los capitanes Alejandro y Ayala. Atacamos un convoy y después de la emboscada se dio un prolongado combate, con varias bajas enemigas y sin lamentar propias.

En mayo, el comandante Pancho salió con Ana, quedando a cargo el comandante Everardo, con el apoyo del primer capitán Alejandro, no sin antes presidir el primer acto de promoción de oficiales del FJT. Recibí el grado de teniente. No pasaron muchos días sin enfrentar la primera reacción enemiga en montaña. Un intenso bombardeo aéreo sobre el anterior campamento que ocupamos y un certero fuego de cañón contra el que estábamos nos sorprendió una mañana sin que la infantería nos atacara. Horas después detectamos huellas frescas, pero sólo en el perímetro de la anterior posición, como si el ejército supiera que aún estábamos en ella. Carlos, el correo, había salido en misión y no regresó en los plazos convenidos, por lo que la posibilidad de su captura y su implicación para articular dicha operación se planteó como la mayor posibilidad. Eso precipitó la separación con el Frente Tecún Umán y fue así como ese mismo mes regresaron a su zona y nosotros nos movilizamos hacia el volcán Atitlán.

En esos días, poco antes de la ofensiva enemiga, ingresaron cuatro compañeros ladinos urbanos que habían recibido uno de los cursos de oficiales más completos en Cuba. Mi primo Jorge, José Miguel (hermano de Alejandro), Jerónimo y Amílcar. Éstos contaban con una formación teórica notable que abarcaba la táctica y la estrategia de combate irregular, el manejo de armamento y explosivos, y el dominio de los medios radiofónicos, todo lo cual fue aprovechado de manera conveniente.

Jerónimo merece un comentario aparte, ya que junto a su condición de combatiente y luego oficial, se convirtió en el promotor de una actividad cultural y artística sin parangón en el frente durante su estadía, que duró más de tres años, antes de salir a cumplir otras tareas. Como actor profesional, inyectó a todos de un interés y entusiasmo que desencadenó pensamientos, poemas, canciones y obras de teatro que enriquecieron y llenaron nuestros "sábados culturales".

Eran tiempos en que aún no habíamos aprendido a ser lo suficientemente previsores como para contar con reservas alimenticias. Así como pasábamos periodos bien alimentados, también teníamos otros en los que sufríamos limitaciones y hambre, debido a los obstáculos que la acción enemiga nos impuso. Sus actividades represivas sobre la población fueron rigurosas, controlando alimentos y todo tipo de artículos que pudieran servirnos. Con la participación de los propietarios y administradores de las fincas, integrados por voluntad u obligatoriedad, instrumentó un sistema de cartillas de control. Así establecían la cantidad de alimentos y víveres que cada campesino podía obtener, sobre la base del número de miembros de su familia. Los retenes colocados en todas las salidas de dichos poblados el día de mercado (por lo regular los domingos) impedían nuestro abastecimiento. A nuestra zona de operaciones llegaron los trabajadores temporales del altiplano que vivieron las masacres, cargando su terror y su miedo paralizantes, transmitiéndolo a los pobladores del lugar. Ello dificultó su apoyo para este tipo de tareas. Tuvimos que ser muy creativos y audaces para encontrar solución al problema logístico y garantizar que el frente resolviera sus necesidades.

Empezamos a recibir a varios compañeros que se habían quedado estacionados en Cuba, después de los golpes en la ciudad. Adquirieron una preparación muy completa, que abarcaba conocimientos de conducción de tropas, comunicaciones, manejo de explosivos y fabricación de minas, así como entrenamiento de tropa especial y francotiradores. Como es evidente fueron de un gran apoyo, no sólo por su directa participación en las acciones, sino también por su incidencia en la formación de nuevos combatientes.

El primer radio de onda corta entró a mediados de ese año y con él pudimos establecer comunicación directa con el comandante Gaspar. El compañero Garo fue el primer radio-operador que tuvimos. Se convirtió en el enlace infalible y emisario numérico de los múltiples designios de las ondas hertzianas. Capacitó a varios que lo acompañaron y sucedieron en tan estratégica tarea.

Mi responsabilidad era el trabajo organizativo y me mantenía en movimiento constante en diferentes puntos de la zona, atendiendo a quienes nos apoyaban y captando a otros, recabando información y estableciendo contactos con la ciudad. Esto se hacía con pequeñas unidades, de tres a cuatro elementos, incluido el combatiente que servía de correo. En uno de mis retornos al campamento principal, en el volcán, me encontré con una grata sorpresa.

Carlos, capturado en mayo, apareció en Santiago Atitlán dos meses después. Nos contactamos con compañeros de la Resistencia y por ellos supimos de su presencia y solicitud de reintegrarse. En estos casos teníamos cuidado por la posibilidad de la infiltración, pero un compañero con su trayectoria bien valía el riesgo y no defraudó. Se integró de lleno, hizo honor a su condición de triple fundador y aportó durante varios años más.

Fue sometido a un extenso interrogatorio, como la situación exigía. Sobre su escape informó que logró engañar al enemigo, al convencerlo de cubrir un contacto de reserva que supuestamente teníamos con él en el campamento El Ranchito, arriba de la finca Monte de Oro. Se emboscaron en rutas de aproximación y les entró la noche en la espera. Carlos aprovechó el sueño de los soldados y en un descuido burló la seguridad, atravesó la montaña y llegó a una de nuestras bases en la aldea Tzanchaj, cantón rural en las afueras del pueblo de Santiago Atitlán.

En relación con su captura reconoció que cuando salió, decidió ir a visitar a su familia, y fue demasiado tarde cuando comprobó que su domicilio estaba vigilado por la G-2. Fue capturado y trasladado a la zona militar 13-16 en Cuyotenango, Suchitepéquez, torturado y obligado a denunciar nuestra ubicación. El mismo ministro de Defensa, en ese tiempo, general Óscar Humberto Mejía Víctores, llegó a conocerlo antes de la operación que montó el enemigo en la que creían que por fin iban a eliminar a Pancho, intención que enfatizaron. Los militares se organizaron con celeridad y a él lo montaron en un helicóptero desde el cual debía indicar dónde estábamos, limitándose a señalar el campamento anterior, siendo éste el blanco del bombardeo aéreo y la incursión de la infantería. La indisciplina y el descuido de algunos compañeros que hicieron fuego durante el día, les permitió la acción de cañoneo en el lugar donde realmente estábamos, asumiendo que podía corresponder a una fuerza secundaria, pero pensando que el golpe principal lo darían en el otro objetivo.

Por vez primera conocimos en detalle el trabajo castrense con guerrilleros capturados. En la zona militar encontró a varios de ellos, quienes en los meses y años anteriores habían caído en sus manos, al desertar o faltar a la seguridad en misiones, habitualmente por la ingesta excesiva de licor. En ese entonces comenzaron a cambiar su concepto sobre cómo tratar a los prisioneros de guerra. Preservaron sus vidas, pero los quebrantaron física y mentalmente, hasta convertirlos en sus colaboradores. Le mostraron un archivo muy completo, con la intención de que ayudara a actualizarlo, que contenía nombres legales, pseudónimos y perfil psicológico de cada miembro del frente, así como fotos recientes. Una información detallada de aspectos afectivos y emocionales de nuestra convivencia, incluidos chismes y suposiciones, completaba el voluminoso material que demostraba la acuciosidad y perfeccionismo de su trabajo de inteligencia. Su testimonio ratificó que en este campo de la disputa debíamos ser en extremo cuidadosos.

Al mismo tiempo que nuestras operaciones eran más audaces y tratábamos de hacerlas en lugares con mayor repercusión e impacto, se acrecentaron los esfuerzos del ejército por impedirlas.

En esos días, una patrulla atacó la subestación de policía de San Antonio Suchitepéquez. Durante la acción se lanzó una granada que rebotó en la puerta del recinto y regresó a la calle, explotando e hiriendo a una compañera. Esto llevó a que mientras el frente desarrolló operaciones en Chicacao, con el propósito de contrarrestar la reacción enemiga lanzada en los meses de agosto y septiembre en un área de dicho municipio, yo me quedara oculto con una pequeña patrulla, curando a la compañera de las heridas que le provocaron las esquirlas en casi todo el cuerpo. Después de unas tres semanas cicatrizó la mayoría de ellas, pero una esquirla en un tobillo requería revisión radiológica e inmovilización, por lo que debía irse a la ciudad. Fueron necesarios dos intentos para lograr el contacto urbano y dos largas marchas para aproximarnos al punto de recepción, pero felizmente la compañera Maritza fue atendida y se restableció para regresar unos años después.

Pasado algún tiempo se me notificó la necesidad de realizar otras tareas, que no tenían que ver con mi condición de médico y transportador de heridos. Me integré a una patrulla conducida por el capitán Diego, que se desplazó a un sector limítrofe de los municipios de Chicacao y Santa Bárbara, bastante alejado del campamento principal, para coordinar tareas con el Frente Urbano. El ingreso y egreso de compañeros, la recepción de pertrechos, correspondencia y presupuesto era lo que más interesaba. Para esto era necesario contar con una comunicación radiofónica cuyos medios debían conseguirse en la misma zona. Un primer aparato había sido decomisado en la finca Monte Quina y es el que iba a quedarse en el puesto de mando, por lo que había que pasar a requisar otro para nosotros en la misma propiedad.

Recibí de Garo un curso intensivo y de muy corta duración –minutos– en el que pude aprender lo básico de las ondas oscilantes y su rebote estratosférico, el manejo del pequeño radio de onda corta de apenas dos frecuencias y la colocación de la antena bipolar. Una tabla rudimentaria nos permitiría encubrir nuestros mensajes utilizando un lenguaje propio de las actividades rurales, más relacionadas con cultivos y ganado, que indicarían el curso de las tareas a emprender y los contactos a establecer. No tuvimos problemas para conseguir el otro radio y mi experiencia en este campo fue edificante y provechosa.

Pasé de médico a político, luego organizador y ahora radiooperador. Seguían las especializaciones en este imprevisto giro de mi vida. Era la supervivencia guerrillera, y con ella sus hechos, sus riesgos, sus resultados, en medio de la turbulencia de la guerra.

La patrulla se ubicó en una pequeña fracción de la montaña alrededor de varias fincas, cercana a dos tramos de terracería que desembocaban en la carretera del Pacífico. El compañero correo era oriundo de una finca del sector y, según pasaban los días, fue relajándose e incumpliendo las orientaciones de seguridad, movilizándose donde no podía y dejándose ver por quienes no debía, hasta que fue denunciado y capturado con otros tres compañeros. Torturados, fueron obligados a guiar al enemigo al campamento, que fue atacado al caer la tarde. Salimos como pudimos, debido a la sorpresa del ataque y lo desventajoso de la posición. De inmediato buscamos un lugar donde colocar la antena y avisar al puesto de mando de lo sucedido, ya que éste sería, sin duda alguna, el próximo objetivo. El mensaje que transmití fue pintoresco: "El ganado entró hasta la cocina", y lo entendieron a cabalidad. Lograron cambiarse poco antes de la incursión y evitaron un combate desventajoso. Nos enviaron una pareja a un punto intermedio para que nos guiara al nuevo campamento y nos preparamos para la última acción del año.

El primer teniente Julio fue en el año 1983 el mejor oficial operativo del frente. Desde el año anterior comenzó a perfilarse como un responsable capaz, a quien le asignaron fuerzas numerosas y misiones prolongadas, confiando en su buen criterio y experiencia combativa. Coincidimos en este nuevo campamento. Mientras nuestra patrulla realizaba tareas de apoyo, él operó en el municipio de San Lucas Tolimán; entre sus acciones, destaca la emboscada sobre la carretera que une dicho poblado con Santiago Atitlán, en la que fue abatido el coronel Rebulli, jefe de la zona militar 14 de Sololá. Por decisión del mando, con él inicié mis primeras tareas de manejo de fuerza y planificación operativa.

Recibimos orientaciones del comandante Gaspar para que junto a la defensa de sectores montañosos y habituales operaciones de atracción concebidas hasta ese momento, instrumentáramos tácticas ofensivas que afectaran los destacamentos enemigos, con el objeto de sitiarlos y obligar a la movilización de refuerzos, multiplicando las posibilidades para golpearlos.

Nuestro primer ataque a un puesto fijo se dirigió al pequeño destacamento ubicado en la finca El Manantial, al occidente de Chicacao. Para ello contamos con nuestros fusiles y una dotación autorizada de veinte a treinta cartuchos por combatiente; cargas explosivas lanzadas a mano y un mortero artesanal, como el utilizado en las festividades populares. Cercamos la posición, pero sin lograr desalojar a los efectivos que se encontraban protegidos en sus casamatas. A ese punto llegaban nuestras carencias de munición y ausencia de armas artilleras livianas en ese momento.

Al poco tiempo cambiamos nuestra posición con el cuidado debido, del suroccidente al nororiente del valle de Chicacao, para aprovechar un sector que había estado en calma y que permitiera establecernos y ocultarnos de manera conveniente, a fin de celebrar el final de año y prepararnos para las tareas del próximo.

El año 1983 sirvió para acumular y mejorar conocimientos sobre varios aspectos: la conducción e interrelación humanas, la organización de la Resistencia, el terreno y sus posibilidades, las redes de inteligencia a construir y a evadir; la instrumentación de operaciones político-militares y el fogueo de combate. Mejoramos en la estructuración del frente, y el inicio del uso de los medios radiofónicos fue uno de los logros más significativos.

La estrategia enemiga también se amplió y optimizó. Ésta permitió una utilización más eficaz de sus unidades y efectivos, cuyos criterios se fundamentaban en los parámetros establecidos por los ejércitos occidentales, en particular el de Estados Unidos. En orden ascendente, se constituían de la siguiente forma: escuadra (diez a quince integrantes), pelotón (tres escuadras: 30 a 45), compañía (tres pelotones: 90 a 135), batallón (tres compañías: 270 a 405), regimiento (tres batallones: 810 a 1 215), brigada (tres regimientos: 2 430 a 3 645) y división (tres brigadas: 7 290 a 10 935).

En ese periodo implantaron su nuevo esquema de ubicación

y distribución de tropa. Las fuerzas de tarea se incrementaron, convirtiéndose en su principal instrumento operativo-táctico para la realización y la continuidad de sus ofensivas. Independientemente del derrocamiento de Ríos Montt, en agosto de ese año, por Mejía Víctores, dicho relevo cupular no afectó ni alteró los objetivos contrainsurgentes planificados.

De siete u ocho bases principales, la mayoría en la capital, establecieron veintitrés zonas militares correspondientes a cada uno de los veintidós departamentos del país y la de Playa Grande, Quiché, en la zona de operaciones más activa del EGP, y en la que también se ubicaban comunidades de población en resistencia (CPR). Poco tiempo después decidirían unificar algunas de ellas para contar con una mejor conducción, ventajas logísticas y capacidad operativa. Las más relevantes fueron la 302, Chimaltenango-Sacatepéquez; la 13-16, Suchitepéquez-Retalhuleu y la 17-15, Quetzaltenango-Totonicapán.

Utilizaron el esquema de la distribución por zonas y colores, característico de la nomenclatura militar, en cuanto a la presencia o ausencia de los contrincantes y niveles de riesgo.

Zona blanca: control total y ausencia de guerrilla. Era un primer anillo de zonas militares en cabeceras departamentales, al nivel de regimientos y batallones. Los cuarteles de la capital: artillería, blindados y fuerza aérea; bases y unidades especiales en el interior: bases navales, del Atlántico (BANATLAN) en Puerto Barrios, Izabal, y del Pacífico (BANAPAC) en Puerto Quetzal, Escuintla. La base de tropas paracaidistas General Felipe Cruz en Puerto de San José, Escuintla y la base de la pólvora, para la preparación de las fuerzas especiales kaibiles, en Melchor de Mencos, Petén.

Zona rosada: en disputa. Presencia alternada de ambos contendientes. El segundo anillo lo constituyeron con destacamentos de batallones y compañías, establecidos en cabeceras municipales ubicadas en las zonas de operaciones guerrilleras.

Zona roja: bajo control guerrillero. El tercer anillo debutó con la instalación de puestos avanzados de combate (PAC) en poblados y fincas cercanos a la montaña, ocupados por compañías o equipos de combate (ECO), constituidos por dos pelotones.

Este plan de dislocación estrechó nuestras posibilidades operativas y disminuyó nuestra influencia en la población. Uno de los manuales que estudié fue el de "Estrategia de defensa y desarrollo interno" (EDDI) que los estadounidenses elaboraron con base en sus diversas experiencias bélicas, el cual servía de texto en la Escuela de las Américas, en la enseñanza de contrainsurgencia a los ejércitos latinoamericanos. Con otros, de similar procedencia, me ayudaron a comprender que los militares guatemaltecos eran apéndices de un poder superior y hegemónico que rigió la lucha ideológica y militar en el continente.

Su táctica se caracterizó por minimizar sus flancos débiles y desventajosos. Los oficiales usaron seudónimos y prescindieron de cualquier distintivo en sus uniformes que los identificara como tales. Dejaron de hacer las movilizaciones en horarios diurnos y en camiones militares, y utilizaron camiones civiles tapados con lona. Despejaron las carreteras de bosque y maleza para evitar emboscadas. La infantería se movilizó por la noche para aproximarse a las áreas de operaciones; en ciertos recorridos lo hizo a rumbo y borrando huellas. No respondieron de inmediato a acciones de atracción, y se cuidaron de no verse en desventaja ante las provocaciones que montamos. Prefirieron asumir el costo político de las mismas y realizar los combates en condiciones propicias.

Los hechos verificaban que enfrentábamos a un ejército regular que aplicaba tácticas guerrilleras. A sus tres grandes ventajas: la superioridad numérica, el mayor poder de fuego y la rapidez de movilización, agregó una modalidad operativa que dificultaba golpearlos y obligaba a mayores riesgos para poder hacerlo.

Guerra de desgaste mutuo. El ejército optó por incursiones en zonas peligrosas cuando contó con información precisa para golpear y retirarse. Nosotros privilegiamos acciones de atracción cada vez más alejadas de la montaña y del terreno favorable para obligarlo a moverse y golpearlo en lugares que se salieron del marco tradicional, conocido y estudiado. Las emboscadas ya no fueron en carreteras transitadas y paredones altos; se dieron en caminos secundarios, veredas y extravíos con bajas alturas a sus costados, acentuando el camuflaje y la utilización profusa de las minas.

La confrontación bélica se especializó más y requirió de ambos actores una atención muy cuidadosa sobre lo que se hacía para evitar ser golpeados. La lucha militar entró en una nueva dimensión; más difícil y más sofisticada, y tuvimos que prepararnos para ello.

6. Sapos, culebras y alacranes

Durante el año de 1984, la fuerza siguió ganando en su desarrollo interno mejor conocimiento e integración de sus miembros y en la ampliación de su trabajo organizativo. Hablo en términos cualitativos, ya que durante esos meses no tuvimos incorporaciones y la venida de compañeros de fuera fue escasa y selectiva. El desgaste provocado por las difíciles condiciones de vida, la toma de conciencia de lo prolongado e indefinido del conflicto y las consecuencias provocadas por la tensión y los combates fueron disminuyendo el número de combatientes. Lo que más afectaba la moral eran las deserciones, máxime cuando éstas eran de compañeros oficiales.

Buena parte del año anterior habíamos desarrollado operaciones en el valle de Chicacao, proyección seguida y sistematizada por la inteligencia militar, permitiéndoles desarrollar una contraofensiva importante que abarcó una considerable extensión de dicho territorio. Previo a las incursiones de la infantería, realizaron ablandamientos artilleros a las zonas montañosas donde consideraban que podía estar nuestro campamento. La única respuesta articulada y con iniciativa que tuvimos fue una emboscada en las inmediaciones de la finca Las Armonías, en la que aniquilamos el grueso de la columna, incluido el teniente al mando, y recuperamos armamento. Lo más significativo fue un mortero 60 milímetros, una ametralladora MAG 7.62 de fabricación belga y siete fusiles galil, incluido el de cañón corto, característico de los oficiales. La reacción fue virulenta, arreciando sus cañoneos, algunos muy cerca de nosotros, lo que hizo pensar al primer capitán Alejandro, que el ejército nos había ubicado y decidió salir de ese sector de montaña para movilizarnos a un flanco de la operación.

Fuimos detectados en nuestro trayecto, empezando una persecución que continuó aun después de haber atravesado el río

Nahualate, límite natural con el vecino municipio de Santo Tomás La Unión, en las faldas del volcán Pecul. Tropas helitransportadas nos cortaron el paso y nos vimos obligados a regresar a Chicacao. No teníamos claridad sobre qué hacer, la columna se mantenía unida y sin iniciativa, hasta que se dio un combate en los cafetales y cardamomales, que al final provocó una conveniente división y retirada de la fuerza en distintas direcciones, no como parte de un plan, sino obligada por las circunstancias.

Nos fuimos reuniendo con el paso de los días en el cerro Panán, sin lamentar bajas, pero con el sentimiento de que no se había podido presentar la mejor de las respuestas ante una operación de esa envergadura. Nos faltaba experiencia y todavía no estábamos preparados para contrarrestar este nuevo tipo de ofensivas masivas, prolongadas y con mayor apoyo artillero y aéreo.

Nos movilizamos hacia el sector oeste del volcán Atitlán, donde nos mantuvimos durante el resto del año. Estuvimos en dos campamentos significativos: el de Diego y El Tacuaz. Al primero le dimos ese nombre por la deserción de dicho capitán. Tuvo la decencia de dejar una carta pidiendo disculpas y reconociendo que no podía soportar los peligros y tensiones. Como medida elemental de seguridad, tuvimos que abandonar tan favorable lugar, lo que nos llevó al Tacuaz. Este nombre se inspiró en la fauna del terreno, al comprobar una de las más impresionantes características de estos roedores salvajes. Uno de ellos incursionaba en el tapesco de almacenamiento de granos, destrozando sacos y poniéndonos en riesgo de enfermar. Al final cayó en una de las muchas trampas que le tendimos. El tacuazín es muy resistente a los golpes y difícil de matar; por ello fue pateado y apaleado reiteradamente. Más aún, todos lo vimos tendido y sangrante en aparente estado de muerte, pero en un descuido, el animal aprovechó para escapar, tal vez resentido por los golpes, pero contento de habernos engañado.

El bautizo de nuestros campamentos seguía siendo una manera de señalar vivencias y vicisitudes, más que referencias a homenajes o recordatorios de caídos, dirigentes de otras latitudes o luchas de otros pueblos. Esta práctica ayudaba a no hacer tan rígida ni doctrinaria nuestra experiencia y a dar un poco de humor y diversión a las dificultades. Hubo nombres que llegaron a ser de una irreverencia total, pero aun así tolerables y explicables. Teníamos que encontrar formas de hacer más llevadera una vida tan difícil.

En el campamento Diego, al regreso de embuzonar unos fusiles, lo que nos había llevado todo el día, me esperaba la funesta noticia de la muerte de mi padre. Lo habían escuchado por la radio. Fue el 15 de mayo. Otra vez 15, otra vez mayo. La Chinita y la Gorda en el 1981, Rudy en el 1982 y mi padre en el 1984. Durante muchos años, ése siguió siendo un mes de duras y difíciles pruebas.

Mi padre falleció de un ataque al corazón a los cincuenta y nueve años. Sus exequias se convirtieron en un acontecimiento especial y emotivo. Comenzaron en la misma funeraria cuando, por iniciativa de sus compañeros músicos, un conjunto de viento lo acompañó junto a los dolientes. Continuaron en el Auditorio del Conservatorio Nacional de Música, en el que por acuerdo tácito son velados los restos de los miembros de la Orquesta Sinfónica que fallecen. Su asiento como segundo chelista se encontraba vacío, soportando únicamente el peso de su instrumento ahora inerte, mientras el resto de integrantes ocupó sus sitios respectivos. La sala de conciertos se llenó por completo; la familia se vio acompañada por numerosos colegas de la música y la locución, sus dos principales profesiones. Hubo discursos y pésames de amigos entrañables y la orquesta en pleno lo despidió como se merecía; con los acordes de la marcha fúnebre de la Tercera Sinfonía de Beethoven, "La Heroica", frente a su féretro, y la marcha fúnebre de Chopin cuando lo cargaron al carro mortuorio. Sus amigos y la música le dijeron adiós. Sus hijos se le habían adelantado, o no pudieron llegar. La asistencia a decesos y otros acontecimientos eran las ocasiones propicias para que el enemigo pudiera capturarnos.

Comenzó a hacerse evidente un malestar en Alejandro ante la forma de conducción de Everardo, que lo llevó a traspasar los límites de su cargo, manifestarlo de distintas formas y trascender hasta la ciudad de México. La respuesta del comandante en jefe no se hizo esperar.

El comandante Pancho regresó a fines de agosto, recibiendo informes separados del estado del frente por el comandante Everardo y el capitán Alejandro. Poco después salieron los dos, y también Lucía. No incitó una confrontación y se limitó a escuchar ambas versiones. Luego realizó su propia investigación. En los intercambios que promovió encontró opiniones contrarias acerca de lo sucedido y posiciones a favor y en contra de los implicados. Algunos oficiales mayas llegaron a pensar en desertar ante lo que consideraron una marginación de su primer responsable. Otros oficiales, mayas y ladinos, consideramos que la forma en que era conducido el frente no era la más conveniente. El momento que vivíamos nos exigía más energía y agresividad para contrarrestar al enemigo, pero no las veíamos en Everardo. La impresión era que el que estaba conduciendo realmente la fuerza era Alejandro. Esperábamos una solución orgánica, pero la demanda legítima de querer contar con un buen jefe sirvió de excusa para ventilar otros problemas. Éstos tenían que ver con diferencias personales y rencillas añejas, que hicieron coincidir a Alejandro y a su compañera Lucía en contra de los comandantes Gaspar y Pancho.

La inexperiencia nos colocó a muchos en medio de una lucha de poder, que rebasó nuestros reclamos de tener una mejor dirección. Alejandro cuestionaba a Pancho por sus actos personales, y Lucía no terminaba de asimilar haber sido sacada de la dirección y sancionada. Por lo tanto, las razones de fondo eran otras y, en conjunto, dieron origen a una combinación explosiva de ambiciones e implicaciones.

Alejandro y Lucía salieron el 15 de agosto, y después de someterlos a una evaluación por sus acciones fueron hallados culpables de conspiración y labor de zapa, y expulsados en 1985. Los implicados negaron los cargos y consideraron que se había cometido una injusticia; lo único que pretendieron fue ayudar al frente, señalar deficiencias y contribuir a mejorarlo, pero no les creyeron.

De Alejandro podía entenderlo; lo conocí de cerca y no creo

que su intención fuera pasar por encima de las jerarquías. Su educación superior y el entrenamiento en Cuba lo convirtieron en el principal apoyo del comandante Pancho en años difíciles, contribuyendo de manera significativa en el funcionamiento del frente. Miembro de una familia revolucionaria, su hermano mayor, médico y militante urbano, fue asesinado por el enemigo en 1981. Su hermano menor, José Miguel, estuvo dos años más y luego renunció. Con Lucía sí tengo reservas con respecto a sus motivaciones personales y políticas. También contaba con formación universitaria y fue de las pocas compañeras urbanas que se adaptó. Estuvo dos años integrada a las tareas de formación política y educación, y cuando combatió lo hizo con valor y serenidad. No dejaron de ser pérdidas sensibles de cuadros capacitados, ante la sequía de los mismos, máxime en la montaña, que tanta falta hacían. Pero las razones para prescindir de alguien no siempre se enuncian por completo; las compartidas pueden justificar, las ocultas suelen desprestigiar.

El resto del año fue un periodo muy productivo para todos. Pancho había ido de nuevo a Cuba para reforzar y aumentar sus conocimientos; no sólo por los intercambios con los propios cubanos, sino con los vietnamitas. Volvió entusiasmado, con ideas innovadoras e iniciativas audaces que intentaban elevar la calidad operativa de la fuerza en lo relativo a la formación política y a la preparación militar.

Se establecieron tres niveles de estudio: oficiales, veteranos y principiantes. Pancho se encargó personalmente de atender a los oficiales y de seguir muy de cerca a los otros grupos. Se desarrollaron temas políticos, militares, conspirativos y coyunturales. Interiorizamos conocimientos teóricos, los principios y variantes de dos tipos de emboscada que en el futuro produjeron resultados exitosos: 1] la llamada "emboscada de nuevo tipo" contra la infantería, que presupuso una dimensión mayor en el combate a corta distancia, ya que a partir del contacto inicial, la preparación del terreno y la ubicación de diferentes fuerzas (observaciones, contenciones, fuerza principal, fuerza de oposición y fuerza de maniobra) aseguraba no sólo el golpe inicial, sino otros consecutivos a partir de los movimientos que intentara el enemigo. El uso variado y creativo de la fusilería, las armas de apoyo (ametralladoras y lanzagranadas M-79) y las minas en serie, con activación única permitirían asestar duros golpes; 2] la emboscada contra los medios aéreos. A partir de ese momento comenzamos a prepararnos para pelear contra aviones y helicópteros, adiestrándonos en la técnica necesaria y realizando ejercicios con diferentes grupos de combatientes, desde parejas hasta pelotones. Los puntos de referencia y de fuego indicados, considerando la velocidad de desplazamiento, nos hacían abanicar nuestras armas de un lado a otro, tratando de formar una cortina de proyectiles adelantada para cuando el blanco se aproximara al sector de fuego. Utilizamos fundamentalmente fusiles y ametralladoras. Las sesiones de entrenamiento fueron intensas y rigurosas, con el mayor realismo posible.

Fue un tiempo bien aprovechado. En octubre concebimos una primera operación para poner en práctica las nuevas tácticas de combate. Hicimos exploraciones, tanto en tierra fría como en tierra caliente, arriba y abajo del sector volcánico que ocupábamos, con la intención de determinar los lugares convenientes para desarrollar las maniobras de atracción y el estudio del terreno para situar la emboscada del golpe principal.

Un pelotón de quince miembros, al mando del primer teniente Hernán, hostigaría y haría presencia en los alrededores del puesto avanzado de combate (PAC), estacionado en la finca Mocá Grande, forzando un movimiento de unidades acantonadas en las afueras de Santiago Atitlán, en el supuesto de que quisieran atacarnos en nuestra retaguardia. La emboscada que debía impedir su avance se instaló casi en la entrada de la montaña, cercana a El Mirador Rey Tepepul, muy distante de las acciones de atracción, con lo que las probabilidades de sorprenderlos en su desplazamiento podían ser mayores. Pero los cálculos teóricos no se correspondieron con los hechos. Estuvimos emboscados mucho tiempo sin resultados.

El 26 de octubre, una patrulla de tres integrantes: el teniente Polo, Jorge, mi primo, y Alberto, fue enviada a los alrededores del puesto avanzado de combate a hostigar. Cometieron el error de utilizar la misma ruta para salir y entrar de la montaña. Ésta fue detectada por el enemigo y puso una emboscada tipo herradura, esperando su regreso. La ametralladora se encargó de abrir fuego en el fondo antes que los fusileros la siguieran por los flancos, característica de esta modalidad, que permitía el ingreso de la unidad atacada a un sector de fuego cruzado. Alberto adelante y Jorge atrás se hincaron y fueron muertos; Polo en medio fue el único que se tiró a tierra, pudo combatir y realizar una azarosa retirada. Llegó donde estaba Hernán y se desplazaron para encontrarnos. Polo compartió con nosotros los pormenores de la dolorosa caída de los compañeros y nos mostró los impactos de bala en los cargadores de su cinturón que le salvaron la vida al desviar los proyectiles, rodar a un flanco y escapar. Lo hizo llorando y con mucho pesar. Luego supimos que los cadáveres de mi primo y Alberto fueron exhibidos en las fincas sobre un tractor para que los habitantes de la zona escarmentaran y no se les ocurriera incorporarse a la guerrilla.

Estuardo Santa Cruz Molina, "Jorge", ingresó a la Organización en 1981 y formó parte del grupo que participó en la excepcional formación de jefes de batallón en territorio cubano, junto con su hermano Raúl, entre 1982-1983. A mediados del último año llegó al Frente Javier Tambriz y fue de los compañeros que ayudó a elevar la calidad del funcionamiento y operatividad de la fuerza al transmitir las valiosas enseñanzas adquiridas. Jorge fue el último incorporado de la familia, el tercero de los cinco hermanos Santa Cruz Molina. Nos reencontramos gratamente en las montañas de Pochuta y desde entonces nos había tocado aprender y sobrellevar juntos nuestra historia, hasta que los trágicos sucesos nos separaron para siempre. Tenía veinticuatro años.

La muerte de Estuardo no provocó en mí una reacción visiblemente emotiva, más bien la interioricé y la sufrí solo. Durante muchos días mi vida fluctuó entre el dolor de perder a un querido hermano y mantener presencia y fortaleza para seguir adelante. Las pérdidas familiares eran demasiadas y no asimilarlas podían desajustarme. Las transformé en estímulos. La guerra me había endurecido.

Anuladas las posibilidades de atraer al enemigo desde abajo, mantuvimos la emboscada principal y preparamos otras acciones ofensivas. Una de ellas fue en El Mirador, un punto de paso recurrente que éste estableció en sus patrullajes del sector. La observación que teníamos sobre dicho lugar nos informó que en esta oportunidad la fuerza enemiga lo evitó y después de bordearlo regresó a su base. El comandante Pancho llegó conmigo muy inquieto y me compartió varias interrogantes sobre lo que estaba sucediendo. ¿A qué se debía la variación de movimiento del ejército en El Mirador? ¿Por qué no salió la emboscada ni penetraron por las fincas? ¿A qué respondía la propuesta de uno de nuestros oficiales de ocupar San Pedro La Laguna con aproximación acuática? ¿Quién era el individuo de civil que vio cerca de su posición en anteriores días? ¿Le estaban preparando un atentado?

Convinimos que la inteligencia militar tenía información de nuestros planes y su precisión indicaba que la obtenía internamente. La infiltración era un hecho y teníamos que averiguar su procedencia. Éramos pocos los que teníamos contacto con la población organizada y libertad de movimiento para iniciativas externas. La conclusión fue que el traidor era el teniente Daniel, un compañero de Atitlán. Él propuso el uso de lanchas para llegar a San Pedro La Laguna, y eso terminó de persuadirnos de su traición. Disipadas las dudas, actuamos rápidamente. Su carácter agresivo y su conducta explosiva –acentuados en los últimos meses– lo hacían muy peligroso y había que disuadirlo para que no se complicaran las cosas y pudiera desatarse un tiroteo. Fue sacado del campamento para cubrir un supuesto contacto y ajusticiado en el trayecto.

En el primer momento nos costó creerlo, a Pancho más que a mí, ya que lo apreciábamos mucho. Formaba parte del núcleo más cercano. Incorporado desde 1981, se caracterizó desde el principio por su iniciativa y dotes de organizador y político. En muchas ocasiones resolvió requerimientos logísticos con audacia y creatividad; por eso mismo, le teníamos total confianza. La disposición y entrega exhibida, incluido el combate, lo habían hecho merecedor de su grado militar y de las responsabilidades adquiridas. En los siguientes días recabamos información de distintas fuentes que confirmaron las sospechas. Por responsables de Resistencia supimos de las presiones ejercidas por su padre (contrario a su militancia) y de las amenazas sobre su familia por la G-2. Contamos con el testimonio de los dos jóvenes combatientes que lo acompañaban en sus misiones, indicaron que lo vieron hablar varias veces con un extraño de porte militar, y que los apartaba e incitaba a ingerir licor, mientras platicaba con él.

El propietario de Mocá Grande, el estadounidense John Smith, llegó a comentar en un círculo de finqueros en la capital que al Frente Javier Tambriz le quedaba poco tiempo ya que estaba en curso una operación que los iba a aniquilar y el ejército contaba con la mejor información para lograrlo. Eso terminó de confirmar la implicación de Daniel. Posteriormente capturamos a los dos individuos que eran el enlace con la inteligencia enemiga y también fueron eliminados.

La justicia guerrillera en tiempos de guerra para delitos de esa magnitud no tuvo equívocos. Ante la falta de condiciones para juzgar y custodiar a un culpable, se instrumentó el fusilamiento.

Fue uno de los momentos de mayor peligro que atravesamos. Por fortuna, aunque no sin costos, pudimos detectar el problema. Una de las mayores amenazas que puede enfrentar la fuerza militar de una organización clandestina es la infiltración y, con ella, su desarticulación, capturas y muertes.

Una vez desmontada la emboscada, nos trasladamos a una nueva posición en profundidad de la montaña.

En el contexto de una evaluación final del periodo, en formación general, el comandante Pancho manifestó que el año 1984 debía recordarse como aquél en que el Frente Javier Tambriz pudo superar dos grandes dificultades: la división interna y la infiltración.

La fuerza en general y en particular sus oficiales aprendían y acumulaban experiencia sobre las complejidades de la conducción y el funcionamiento de una fuerza guerrillera. En ese entonces, yo ya tenía el grado de primer teniente.

Lo lamentable era que seguía la reducción de combatientes, sin visualizar la forma de evitarla y remontarla. Las consecuencias de la represión enemiga se reflejaron en la desarticulación del trabajo organizativo y la suspensión de las incorporaciones. En ese momento llegamos a ser unos cincuenta, divididos en dos pelotones, conducidos por los primeros tenientes Hernán y José. En tres años nos habíamos reducido a menos de la mitad.

Un grupo de oficiales capacitado para conducir mayor fuerza se desarrollaba y consolidaba. Necesitábamos combatientes para probarnos y ésa era nuestra mayor debilidad. El talón de Aquiles de la lucha guerrillera guatemalteca se evidenciaba una vez más: su insuficiencia numérica.

La mayor dificultad que enfrentó el movimiento revolucionario para su crecimiento fue su separación de las masas, a partir de la campaña represiva instrumentada por el enemigo, que eliminó dirigentes y desarticuló estructuras. El terror y el control terminaron por paralizar esfuerzos. El desequilibrio entre la posibilidad y la certeza, la magnificación de las expectativas y la ilusoria eventualidad de un triunfo comprobaron la ausencia de condiciones subjetivas para ello. En este contexto hubiera sido deseable que un mayor número de cuadros urbanos se sumaran a la lucha rural, pero ello fue marcadamente deficitario. Además, no todos los compañeros entrenados en el extranjero, particularmente en Cuba, respondieron como se esperaba. Muchos ni pisaron los territorios guerrilleros al regresar y perdieron voluntariamente contacto, otros no se adaptaron y muchos decepcionaron. Las disputas internas, las diferencias conceptuales y las contradicciones estratégicas terminaron por debilitar el trabajo de captación e incorporación de combatientes.

El comandante Pancho consolidó su posición como líder del frente, con la solución que logró de los problemas de división e infiltración y el prestigio ganado. Esto preparó las condiciones para que nos planteara a algunos oficiales otros planes. Vistos en retrospectiva, no pueden dejar de encuadrarse dentro de aquellos perpetuos y repetitivos ciclos divisorios, protagónicos y fraccionarios. En ese momento no lo vimos así, más bien creímos que era justo y correcto. ¡Cuánto por aprender todavía!

7. Fuego cruzado

Principiamos el año 1985 montando una emboscada que nos movilizó a todos, en un camino peatonal entre el pueblo de Santiago Atitlán y la aldea Cerro de Oro, que era usado con frecuencia por las patrullas del ejército en sus labores de rastreo, pero sin lograr resultados. No era suficiente contar con información de rutas de movilización y dominar técnicas de emboscada. Sin enemigo a quien combatir, esto era infructuoso. Las iniciativas preventivas de sus unidades estaban funcionando en las zonas de combate, conscientes de que se desplazaban en sectores altamente peligrosos. Sin rutinas, ni repetición de horarios de movilización ni de caminos, se complicaba seriamente la posibilidad de golpearlas. La interiorización que hizo de su condición de ejército regular guerrillero y las ventajas que eso significó dificultaron el aprovechamiento de las tácticas que podíamos aplicar en ese momento.

Por otro lado, el ejército persistía en su esquema de desarrollar operaciones ofensivas ventajosas, basadas en el constante trabajo de indagación de los informantes civiles y de sus patrullajes para concentrar el mayor número de efectivos sobre las rutas y campamentos que estuviéramos utilizando.

El campamento que ocupábamos, desde hacía cuatro meses, lo llamamos El Ranger, en honor a un pequeño perro cazador que merodeaba el lugar, que respondía a ese nombre. Estaba en una parte montañosa del suroccidente del volcán, a 1 300 metros de altitud, muy alejado de caminos y pobladores. Nos movilizábamos a sus alrededores, practicando simulacros de defensa y retirada, llegando en algunas ocasiones a violar el silencio, al orientar a los compañeros de las contenciones a que hicieran algunos disparos para obligar a quienes estábamos en la posición a prepararnos, con mucha autenticidad, a enfrentar su defensa y, en su momento, una retirada ordenada. Desde ese reducto, libramos una de las jornadas combativas más aleccionadoras y relevantes en la historia del FJT.

En febrero el ejército lanzó una contraofensiva sobre dicho sector montañoso. Estuvo a cargo de la zona militar 13-16, comandada por el coronel Erick Ponce Morales. El objetivo principal era el puesto de mando; éste fue sometido a una fuerte operación con fuerzas combinadas de infantería, artillería y aviación. Nuestro campamento y su entorno eran un terreno ventajoso que lo hacía defendible; además, estábamos preparados para ello. Hicimos un trabajo de excavación en el que cada combatiente tenía su trinchera. Las posiciones de defensa, contenciones adelantadas y puntos escalonados de combate contaban con trabajo de fortificación y, en su defecto, eran parapetos naturales formados por árboles altos, tupidos y gruesos. Dos puntos de emboscada antiaérea completaban nuestro dispositivo.

En los últimos meses habíamos recibido los primeros radios de transmisión de onda ultracorta, los llamados walkie-talkies. La posibilidad de poder dotar a nuestras patrullas con esos eficaces y livianos medios de comunicación favoreció de forma exponencial la orientación y coordinación operativa.

El filo donde acondicionamos el campamento El Tacuaz el año anterior era propicio para salir de El Ranger por su flanco oriental, muy por arriba de esa antigua posición, y podíamos recorrerlo en toda su extensión, lo que nos llevaba media hora, hasta desembocar en varias rutas de salida hacia las fincas. Y fue en la finca Monte de Oro donde el ejército ubicó su puesto de mando de campaña para coordinar la operación que, conforme se fue desarrollando, determinó su magnitud y alcance. La activación por tracción (alambre o hilo horizontal tensado y amarrado a la cápsula detonante), en las últimas horas de la tarde del 8 de febrero, de una mina claymore instalada delante de la primera posición de defensa debajo de El Tacuaz, fue el primer indicio de la incursión enemiga en la montaña.

Al amanecer del día siguiente, 9 de febrero, comenzaron los combates que se prolongaron durante tres días a lo largo de todo ese filo, en el que distintas patrullas fueron ocupando posiciones escalonadas, que reforzaban y relevaban a quien lo necesitara.

Después del primer enfrentamiento, la contención al mando del subteniente Carlos, junto al teniente Shuan y la subteniente Maritza, se replegó. Al ocupar nuevas posiciones, Carlos se quedó hincado en la vereda, sin parapeto, en medio de un nutrido fuego enemigo; recibió un disparo en el pómulo izquierdo. Se fue rodando por un flanco del filo, mientras que los otros dos compañeros se vieron forzados a ocupar una posición más arriba, quedando abajo y atrás de las fuerzas enemigas, que no detectaron su presencia. Al ser el oficial a cargo, tenía el walkie-talkie, y pudo avisarnos su condición y posición. Organizamos de inmediato una patrulla de rescate al mando del teniente Polo.

Fue muy emotivo escuchar las voces de Carlos y Polo dándose indicaciones para encontrarse en la ladera, mientras los combates continuaban en la cumbre del filo. Lograron sacarlo después de un dificultoso desplazamiento, y me lo entregaron atrás de nuestras líneas de defensa. Allí le di una atención primaria, antes de trasladarlo al campamento. Fue nuestra única baja.

A partir del primer contacto, la fuerza aérea llegó al sector y realizó intensos bombardeos durante largos periodos. Los soportamos bien desde nuestras previsoras trincheras.

Los combates se sucedieron no sólo en el filo mencionado, sino también en otra contención que cubría otras rutas de aproximación. Esto nos permitió deducir que su intención era fijarnos en el terreno y atacarnos con otras unidades que se aproximaban desde distintas direcciones. No incursionaban en la montaña con frecuencia, pero en esta oportunidad se habían preparado para pelear en ella.

Nos retiramos hacia otro campamento que teníamos más arriba –lo llamábamos El Medio Día–, creyendo que de esa forma podíamos quedar fuera de la operación, pero nos equivocamos. Al llegar, nos encontramos con una columna que se desplazaba hacia abajo y tuvimos que regresar apresuradamente por el camino que traíamos. Detectamos que en persecución nuestra venían las unidades con las que habíamos estado combatiendo. Atrapados entre dos fuerzas, teníamos que pensar con rapidez. Fue ahí donde el conocimiento del terreno se convirtió en nuestro mejor aliado. En medio de la ruta, los compañeros encontraron un filo que apenas se insinuaba, por el cual nos desplazamos una corta distancia y eso fue lo que nos permitió burlarlos. Comenzaba a oscurecer y no sabíamos qué sucedía arriba, si a través de este nuevo trayecto podríamos salir o si ya estaban esperándonos. Estábamos cercados y a la defensiva. A Carlos, herido, lo cargábamos por turnos en nuestras espaldas con hamaca y mecapal.

Varias patrullas salieron a explorar. Las laterales se toparon con fuego de ametralladora y fusilería. Se escuchaban disparos provenientes de distintas posiciones alrededor de donde nos encontrábamos; indicaciones sonoras nocturnas de las unidades militares, que evidenciaban los lugares donde también les había entrado la noche. La exploración hacia arriba la hizo el teniente René (Jeremías), quien llegó con la buena noticia de que podíamos avanzar. Hicimos este desplazamiento sin usar linternas. La cercana presencia de numerosas patrullas nos obligó a ser muy cuidadosos con la luz, los ruidos y la conversación.

Todo el frente, la columna completa, asido cada combatiente de la mochila del compañero de adelante, comenzó a desplazarse por el filo en dirección ascendente, alejándose cada vez más del área de peligro. Fue una marcha de varias horas, en la oscuridad más absoluta, pero con un ritmo y una precisión impresionantes.

El amanecer nos sorprendió observando el humo que provenía de las posiciones enemigas, de las cuales ya nos separaban profundos barrancos. Atravesamos un importante extravío, que sabíamos que podía ser usado por el enemigo, ya que era una de nuestras rutas altas con muchas probabilidades de que la conocieran. Decíamos que nos llevaba al "pozo de Diego", una pequeña fuente de agua que encontró este compañero en una de las múltiples exploraciones que realizamos en 1982, cuando investigábamos y nos familiarizábamos con el terreno.

Cuando todos pasamos el camino y nos adentramos en otro sector de montaña, respiramos con alivio. Habíamos roto el cerco y el ejército no había logrado sus objetivos.

Estuvimos cerca de dos meses en ese sector, ubicado en el noroccidente del volcán, hacia el altiplano, a unos dos mil metros de altura. Ocupamos dos posiciones con buenas condiciones de defensa pero con el inconveniente de que el suministro de agua quedaba muy lejos. Las patrullas cubrían largas y penosas jornadas para llegar al nacimiento, y lo que lográbamos transportar servía sólo para cocinar, no pudiendo ser muy exigentes con las medidas higiénicas.

Los utensilios de cocina se limpiaban con hojas y las manos con paliacates, la misma ropa o papel. A los campamentos los llamamos: El Arroz y La Sal Andrews ("lasalandres" en lenguaje práctico); al primero, porque inmediatamente después de romper el cerco, lo único que pudimos comer fue dicho grano. Al segundo, debido al uso profuso de este antiácido, ante una dieta básica de frijol, maíz e incaparina (bebida nutritiva nacional), sin aceite ni condimentos, que, con la poca higiene, provocó en los compañeros muchos problemas digestivos. Por fortuna habíamos tomado la medida preventiva de contar también con tratamientos antiamebianos y antibacterianos, ya que estos dos tipos de disenterías eran las que más estragos podían causarnos.

El teniente Carlos necesitaba salir para restablecerse. La herida visible en el pómulo, suturada en condiciones precarias, debía evaluarse con más detenimiento, así como los mareos que presentaba, producto de la onda expansiva del proyectil que pasó cerca de su cabeza. Una unidad de Resistencia, cuyo responsable era el compañero Jacobo, se encargó de apoyarnos. Acordamos un contacto con la retaguardia sur con sede en Tapachula, Chiapas, México para que lo recogieran en Panajachel. Después de bajarlo del volcán, a las orillas del lago de Atitlán, más específicamente a la bahía de Santiago en su extremo suroriental, la unidad se encargó de trasladarlo en cayuco hasta la población referida, ubicada en el lado noroccidental. Para ello tuvieron que surcar gran parte del lago, remando toda la noche para entregar con éxito al compañero herido al día siguiente. Tuvimos, en la población organizada, muchas proezas como ésta. Jacobo terminó de demostrar su valía poco tiempo después, cuando se defendió con machete en mano de los intentos enemigos de capturarlo en su casa, prefiriendo a cambio ser ultimado a balazos.

Tomamos la decisión de enviar patrullas al área de El Ranger, ya que teníamos buzones de diverso material en sus inmediaciones y éstas reportaron que unidades militares se habían instalado en la posición, derribando los gigantescos árboles con motosierras y rastreando sus alrededores. Removieron todos los hoyos de basura y cuanto lugar les pareció sospechoso de ser buzón, buscando indicios que les permitieran obtener información sobre nosotros.

Estaban instrumentando variantes tácticas que debíamos analizar para poder contrarrestarlas. En principio, pudimos percatarnos de que el ejército no tenía la intención de operar innecesariamente ante cualquier rumor o dato insustancial que le indicara, de manera general, una posible ubicación o movilización. Más bien, se esforzaba por conseguir la información más precisa y fidedigna posible. Cuando creía tenerla, se lanzaba con agresividad y masividad, contando con apoyo aéreo y artillero, con muchas unidades de infantería que se desplazaban por pelotones o compañías o equipos de combate (ECO), integrantes de las compañías y batallones que desplegaban en el área de interés. Impulsaba la variante táctica de la fijación en el terreno y la aproximación desde distintas direcciones, buscando golpes frontales y en posibles rutas de retirada. Fue una lección bien aprendida.

Cuando el ejército salió de la montaña, nos desplazamos a una posición cercana a las parcelas, un área de cultivo en la zona templada occidental del volcán. En ella, varios campesinos de Santiago Atitlán, muchos de ellos compañeros, poseían terrenos. La atravesaba un extravío importante que comunicaba dicho poblado con la finca Monte de Oro. Al campamento lo llamamos La Emergencia.

Estuvimos poco tiempo, el suficiente para organizar la separación de la fuerza. El comandante Pancho había decidido enviar una unidad operativa a la zona de poblados y fincas de Chicacao, San Miguel Panán y Santa Bárbara, municipios de Suchitepéquez. Designó al primer teniente José como responsable, quien, desde su ingreso en noviembre del 1981, demostró cualidades de jefe y su don de mando lo hacía, en esos momentos, uno de los oficiales más capaces y combativos. Otros jefes experimentados lo acompañaban: los tenientes Julio, René y Mincho; los subtenientes Profani y William, por mencionar algunos. El puesto de mando se trasladó al sur del volcán.

Desde finales de 1984 y principios de 1985, tras un largo periodo de sequía en alistamientos, comenzamos a contar con compañeros provenientes de varias fuentes: jóvenes urbanos recontactados en la ciudad de México, ex miembros de otras organizaciones, como David, Omar y Quincho; los que venían de regreso del entrenamiento externo como Oliverio o trasladados del Frente Luis Ixmatá como Andrés, y varios más provenientes de los campamentos de refugiados y de la zona. No fue un crecimiento extraordinario, pero permitió asimilar bajas y comenzar a cambiar el preocupante panorama que nos redujo a ser unos treinta o cuarenta, después de formar parte de una fuerza de más de cien combatientes en 1982, cuando los frentes se unieron. Para muchos de ellos, que se integraban a la fuerza operativa, su bautismo de fuego estaba cerca. Los que se quedaron en el volcán, tampoco tuvieron que esperar mucho para tenerlo.

A la continuidad y desarrollo de la experiencia combativa se agregaron otras tareas con vistas a mejorar nuestras posibilidades organizativas y logísticas. Suponíamos que ese año podríamos contar de nuevo con el recurso de los desembarques de armamento.

La formación política, la relación con la población, el trabajo de inteligencia, las medidas previsoras en el abastecimiento y su distribución en distintos puntos del territorio dependieron de nosotros.

La población en las zonas de combate se convirtió en un objetivo prioritario para ambas fuerzas. En la terminología contrainsurgente se hablaba de "ganarse sus mentes y sus corazones", para lo cual el ejército integró una nueva sección a su estructura.

111

Las patrullas de Asuntos Civiles y Desarrollo Local (S-5) se multiplicaron y cumplieron la misión de atender y consolar a los núcleos de población afectados por su misma brutalidad. Las áreas pacificadas y en disputa fueron testigos de las labores de estas unidades, que iban desde las charlas de convencimiento, hasta la construcción de obras de infraestructura, educación, salud y deporte. Por nuestra parte, también le dimos la debida importancia a esta estratégica tarea, enmarcada en el respeto y clarificación política que requirió para contrarrestar las maniobras de neutralización de nuestros vínculos. Se dieron cursos de preparación para cuadros organizativos en el frente y para los que provenían de los poblados, con la intención de crear nuestras propias redes logísticas y de inteligencia. Lo fundamental de esta relación fue la persuasión y la integración voluntaria.

La capacidad de planificación y ejecución que los oficiales y combatientes adquirieron se debió al mayor conocimiento que íbamos teniendo del terreno, de la información sobre posiciones y movilizaciones enemigas, y de las posibilidades operativas que determinaban los alcances y resultados de nuestros planes.

Mientras el pelotón del teniente José realizaba sus acciones en las áreas pobladas, el puesto de mando llevó a cabo diversas tareas preparatorias en secreto. Con el apoyo de compañeros de Santiago Atitlán, completamos una importante reserva alimenticia y de equipo al norte del volcán. También quisimos tener otra más cercana de donde nos habíamos establecido, y ante la falta de bases de apoyo como en el altiplano, probamos otra modalidad. En este caso, se envió a una compañera desde el campamento preparada para este tipo de misiones. Rosita sería la encargada de comprar la mercadería en un poblado importante, rentar un camión, preparar el manto y la leyenda que convenciera a su conductor y penetrar en la zona como residente de una de las fincas de la región.

Lamentablemente, el automotor sufrió desperfectos mecánicos antes de llegar al punto de desembarque donde la esperábamos, y se vio obligada a bajar la carga en la casa de un colaborador de la finca La Ermita para hacer tiempo e intentarlo de nuevo a la noche siguiente. Pero esta propiedad también contaba con trabajo enemigo y tuvo la mala fortuna de ser detectada por un informante que la delató y que provocó su captura, tortura y quiebre, llevándola a proporcionar información. A los pocos días el ejército incursionó, utilizándola de guía. La providencial acción del compañero Mario que se desplazaba para relevar a una de las postas permitió detectar su aproximación por un flanco exento de seguridad. Si bien hubo combate, éste no tuvo mayores consecuencias y pudimos retirarnos hacia otra posición en las inmediaciones, y a mayor altura. Nuestras crónicas registraron este lugar como el campamento Rosita.

La noche anterior el comandante Pancho me informó que había recibido un mensaje radiofónico del comandante Gaspar, notificándole que el comandante Everardo estaba listo para regresar a relevarlo, y me mostró su carta de respuesta. En ella explicaba a nuestro superior que con esa decisión el Frente Javier Tambriz volvería a tener problemas de conducción. Mencionaba también que este retorno truncaría las posibilidades de otros compañeros que estaban demostrando capacidad para asumir responsabilidades a ese nivel, y aprovechó el momento para comentarme que se refería a Hernán y a mí. En ese momento yo ya estaba convencido de que podía hacerlo y mi reacción fue positiva.

También tenía que ver, como lo comprobé más adelante, con la posibilidad de contar con apoyo para sus planes disidentes, a los que Everardo, sin duda, no hubiera estado dispuesto a sumarse debido a la lealtad incondicional que le profesaba a Gaspar Ilom.

Habíamos decidido venir a esta área del volcán, desprovista de fuentes de agua, partiendo del supuesto de que por ser invierno podríamos aprovechar la lluvia para abastecernos de ella. Pero no llovió mucho ese año y nos vimos obligados a buscarla en puntos lejanos de donde acampábamos, y a usarla sólo para preparar alimentos.

Ni los recipientes utilizados para transportar el agua se salvaron de tener nombres: el "africano", por ser negro y con una capacidad de veinte galones, y el "gringo", por azul y aceptar doce galones, fueron de los más famosos, junto a varias tinajas plásticas, que nos socorrieron para transportar el vital líquido. Las patrullas tardaban aproximadamente dos horas en ir y regresar a las pozas de agua. El terreno quebrado y sinuoso, característico de estos parajes, dificultaba aún más el traslado. Aparte de entenderlas como cosas propias de la vida guerrillera, nos acostumbrábamos a las dificultades. El hecho de poder contar con una posición segura y defendible, la necesidad de alimentarnos todos y la solidaridad de contribuir a mejorar lo más posible nuestras condiciones hicieron que asumiéramos dichas tareas con dedicación y disciplina. Grupo pequeño, apoyo grande. Recuerdo que ése fue el periodo más largo de mi vida en montaña en que no pude bañarme, costándome incluso soportar mis propios olores. Cuando pude lavar mi ropa, pasados dos meses de no hacerlo, el jabón penetró las prendas hasta el tercer enjuague.

De ese lugar –aún no se sabía qué nombre llevaría– una patrulla bajo mi responsabilidad salió hacia el este para alcanzar la carretera asfaltada de Cocales-Godínez, con la misión de recibir el primer desembarque proveniente de nuestra retaguardia mexicana, superando el largo periodo de suspensión de dichos operativos desde 1981, a raíz de los golpes en el Frente Urbano.

El comandante Abimael y Camilo atendieron algunas de nuestras necesidades logísticas de 1981 a 1984, con admirable osadía pero con insuficiencia. Lo hicieron de forma rudimentaria y arriesgada, ya que contaban con un vehículo de exploración para detectar retenes y una pick-up o un camión que con media hora de diferencia transportaba los pertrechos debajo de quintales de granos o cargamentos de frutas y vegetales.

También habíamos recibido, en los contactos establecidos en pueblos y carreteras radios walkie-talkies y presupuesto enviados desde Tapachula, donde funcionaba la retaguardia.

Ese año iniciamos un plan de desembarques para los frentes guerrilleros con el fin de garantizar y sistematizar la entrega de material bélico, político, de radio y médico en mayores cantidades y de forma regular.

Desde el oeste tuvimos que ascender hasta entroncar con la ruta que teníamos establecida en la parte más alta, y descender atravesando la imponente garganta pedregosa y arenosa formada desde tiempos inmemoriales cuando el volcán hizo erupción, hasta llegar a sus faldas y, por último, al tramo deseado. Si bien íbamos algunos viejos compañeros, la mayoría eran nuevos, por lo que esta misión también era una prueba de adaptación para ellos.

Las marchas prolongadas y los desembarcos suponían actividades físicas intensas, muy convenientes para templar y moldear a los nuevos combatientes. No era la misión en sí lo único que interesaba cumplir, sino también lo que se debía hacer antes y después de ella.

Lo primero en las marchas era respetar su orden. Una columna se numeraba desde el primero hasta el último de sus integrantes, y se dividía en extrema vanguardia, vanguardia, grueso, retaguardia y extrema retaguardia. Las medidas de seguridad comenzaban por el silencio verbal, el lenguaje de manos y la debida distancia entre combatientes, seguida por los relevos de seguridad en cruces de caminos, las exploraciones en tramos peligrosos del recorrido y el borrado de huellas. Si eran nocturnas, las características del terreno establecían si se hacían con luz o sin ella, o bien con la llamada luz opaca, que consistía en colocar los dedos sobre el foco, dejando pasar apenas una delgada franja de su resplandor hacia abajo. En avances de total oscuridad, se hacía necesario tomar la mochila del compañero de enfrente para no perderse. Saber comportarse con campesinos que encontrábamos en la ruta para obtener información podía llegar a evitar combates no deseados.

En relación con las posiciones ocupadas, participábamos en las tareas de vigilancia perimetral, obtención de agua y elaboración de comida de la unidad. En cuanto a la carga a transportar, la distribución adecuada en las mochilas evitaba que la espalda se resintiera, muchas veces reforzada por un mecapal para distribuir el peso entre la cabeza y los hombros.

Si teníamos un combate en campamento ocupábamos las posiciones asignadas en el correspondiente plan de defensa previamente establecido. Si era un choque de encuentro aplicábamos el despliegue pertinente, en el que los números pares a la derecha y los impares a la izquierda se ubicaban para combatir y, con ello, evitar herir al combatiente que estaba adelante. En ambos casos, se requería una retirada establecida y escalonada.

En esta oportunidad no hubo inconvenientes y el operativo se desarrolló sin problemas, ayudados por la oscuridad y el aislamiento del acceso seleccionado. Lo primero que hicimos fue salir de la orilla de la carretera, distribuyendo entre todos una carga de considerable volumen y peso que llevamos al campamento de paso. Mientras todos dormían, Oliverio y yo hicimos el recuento de lo recibido y determinamos lo que debía quedarse en el sector, principalmente munición, con lo que iniciamos una práctica habitual de almacenaje en distintos lugares de desembarques, que nos garantizó recursos y pertrechos a lo largo de esos años. A la mañana siguiente, emprendimos el regreso al campamento principal.

Llevábamos fusiles automáticos, municiones y granadas de mano, radios de comunicación, uniformes, gorras, medicamentos, materiales de estudio y estímulos, radios, relojes y navajas. Un trabajo de grandes proporciones y semejantes resultados.

Obteníamos los recursos económicos (presupuesto), el armamento y las comunicaciones del trabajo externo coordinado por el comandante Gaspar, a través de las unidades especializadas que se constituyeron en territorio mexicano y en otros países. En el Distrito Federal y en varias ciudades de los estados de Chiapas, Quintana Roo, Campeche y Yucatán, en el sureste mexicano, se acondicionaron casas de seguridad e instalaciones, a fin de desarrollar las diferentes tareas que impuso la guerra. Me refiero a las redes que proporcionaron los equipos de comunicaciones, las unidades de fabricación de armamento casero, los constructores de berretines (buzones) en casas y vehículos, los encargados de la obtención de armamento y quienes se ocupaban de su almacenamiento, además de los que atendieron las casas de descanso para combatientes y la recuperación de los heridos.

Las tareas logísticas bélicas tuvieron una importancia de primer orden. Los compañeros que construyeron y cargaron los buzones especiales acondicionados en los carros a centenares de kilómetros, y los arriesgados conductores que sortearon registros –muchas veces minuciosos– en pasos de frontera y retenes militares para introducirse a Guatemala dieron una contribución importante a nuestra lucha. Esta labor anónima fue fundamental para cumplir las misiones de combate. Gracias a su esfuerzo y dedicación planificamos operaciones y preparamos golpes, cuya contundencia y resultados hubieran sido impensables de no contar con lo que nos trajeron. El trabajo perfeccionista que realizaron acondicionando varios vehículos de distinto tamaño, con una serie de compartimentos, aprovechando su carrocería, tapicería y decorado, fue impresionante. Ello nos permitió recibir muchos cargamentos, alrededor de los cuales se tejieron historias admirables y poco conocidas de la guerra. Su condición de guerreros silenciosos así lo requirió.

Desde El Mirador Pino, punto de contacto que marcaba la culminación del ascenso de la ruta y a la vez el inicio del descenso al campamento, en medio de una fuerte neblina, una lluvia pertinaz y un chocolate caliente, comuniqué al comandante Pancho que el desembarque había sido un éxito. La novedad de nuestro regreso con un cargamento de esa calidad nos alegró y estimuló.

Al mostrar a Pancho uno de los fusiles G-3 alemanes que llevamos, rastreé (metí tiro en recámara) uno de ellos y jalé el gatillo creyendo que estaba con seguro, escapándose una ráfaga que perforó la champa general. Así comprobamos que a algunas armas se les habían hecho modificaciones para que funcionaran en las dos modalidades de tiro, simple y en ráfaga, cambiando el orden conocido de la pieza de graduación, de tal forma que el sitio del seguro correspondía a la ráfaga y viceversa. Fue así como a dicho campamento le dimos el nombre de El G-3 y aparte de lo anecdótico del acontecimiento, también sirvió para evidenciar nuestra posición.

En esa oportunidad, el comandante Pancho me dio un reloj Seiko de carátula negra y pulsera metálica. Recordé que al subir a la montaña tenía un sencillo reloj digital de marca desconocida pero de gran significado, por ser un regalo de mi hermana Carlota Ileana. Al iniciar mi residencia en el Hospital General, me sorprendió gratamente con el regalo y me dijo: "Siendo ya un médico debes contar con un buen reloj". Se echó a perder muy pronto, por las lluvias y los trajines de las marchas, y en diciembre de 1980 el comandante Everardo me entregó otro. Varios compañeros recibimos un reloj marca Timex, de carátula azul, que tuve pocos meses, pues se lo entregué a Pancho a cambio de otro de cadena que recuperamos en una finca el año siguiente, y que también se dañó poco después. Cuatro años más tarde me beneficié de nuevo con un medidor del tiempo.

Esto lo recuerdo muy bien, porque las pertenencias eran escasas y lo suntuario más que limitado. Nuestras mudas así lo atestiguaban: un juego de camisa y pantalón (dos en momentos favorables), una gorra, dos a cuatro pares de calcetines, una o dos piezas de ropa interior (para quienes las usaran), un par de botas, un suéter (chumpa), una cobija, una carpa (champa), dos náilon, uno para dormir y otro para resguardarse de la lluvia. Y todo se llevaba en nuestra casa a cuestas: la mochila. La carga se completaba con alimentos, munición o explosivos, que daban a nuestros morrales guerrilleros un peso promedio de 22 a 35 kilos, que podía ascender a cien en misiones de traslado alimenticio o de material diverso inherente a la vida en guerra.

Al ajuar sustancial del guerrillero se agregaba el equipo militar propiamente dicho, que consistía en el fusil con tahalí, y con él sus tres a cinco cargadores, una dotación de trescientos a quinientos cartuchos y una o dos granadas de mano en el cinturón. Los coheteros y los ametralladoristas portaban armas cortas. Con base en lo anterior, podemos concluir que un combatiente promedio tenía un peso agregado a su cuerpo de alrededor de 45 a 60 kilos, con el que se desplazaba y muchas veces combatía.

Había consideraciones especiales para las necesidades de las compañeras: toallas sanitarias, cosméticos, ropa interior, lencería y espejos. Su condición de guerreras no reñía con su interés por arreglarse.

Disponíamos también de un radio, algo muy especial en un principio, pero más generalizado y regulado después. El radio se convirtió en un buen acompañante, porque con él captábamos datos operativos, nos informábamos del clima, nos poníamos al corriente de las noticias nacionales e internacionales, escuchábamos música, y en síntesis, era el que nos vinculaba a una realidad.

Hasta finales de 1982 tuve un radio National Panasonic ya usado, que me fue asignado por corto tiempo, ya que sirvió para enviar un correo en su interior. Al poco tiempo me dieron uno nuevo, de la misma marca, que me acompañó varios meses, hasta que en diciembre del siguiente año el capitán Alejandro me heredó un radio Sony de banda múltiple, por haber sido el destacado del año por elección de los mismos compañeros, según una complicada tabla que consideraba aspectos de la vida guerrillera.

No teníamos noticias de la fuerza operativa al mando del primer teniente José desde hacía dos días, lo cual era anormal ya que habíamos establecido tres comunicaciones radiofónicas diarias. Informó de la toma del municipio de San Miguel Panán, de un combate sostenido en sus alrededores y de las operaciones en el noroccidente del valle de Chicacao. Sus partes de guerra anunciaban presencia en muchas fincas y los mensajes cifrados del teniente José nos indicaban sobre destacamentos y fincas hostiles con seguridad privadas, ligadas al ejército, lo que las convertía en objetivos militares. Pero no habíamos recibido reportes sobre las últimas operaciones que pensaba efectuar. Por último, y en un horario inusual, supimos de ellos, y las noticias no eran buenas. Escuetamente y en clave numérica nos dijeron que el teniente José y dos combatientes (Humberto y Nicolás) habían caído en combate, y que el subteniente Mincho estaba malherido. Les dimos la orientación de trasladarse a un sector seguro para que yo pudiera bajar a evaluar al herido y coordinar su salida. Si bien en ese tiempo estaba cumpliendo tareas de jefe de personal y segundo al mando, no podía dejar de asegurar mis funciones médicas, y en este caso, el estado del compañero me obligaba a atenderlo.

A la mañana siguiente, cuatro compañeros, el teniente Cornelio, Santos, Luis y yo, emprendimos la larga jornada de descenso del volcán y salir más allá de sus faldas para reunirnos con los compañeros en un pequeño sector de montaña en medio de las fincas del suroriente del municipio mencionado. Salimos a las seis de la mañana y llegamos al punto de reunión acordado a las ocho de la noche, haciendo únicamente breves descansos para beber y comer. Una patrulla poco numerosa de buenos caminantes hace maravillas.

Fue muy grato volver a vernos con el pelotón después de varias semanas, a pesar de la tragedia. Mincho estaba estable, con una herida de bala en el tórax, que en ese momento no ameritó tratamiento, excepto limpieza, y preparamos su traslado a las cercanías de la carretera del Pacífico, adonde llegaría el carro para sacarlo del país. Los pormenores del contacto se establecieron desde el puesto de mando. La patrulla salió al caer la tarde del día siguiente, pues era una zona poblada y todo debía hacerse en secreto y utilizando la noche para evitar ser detectados. No hubo infortunios y el compañero pudo salir a reponerse.

Al querer informar a Pancho de lo realizado, no obtuvimos respuesta. "Salió a combate", era la frase que sintetizaba lo primero que pensábamos cuando no se cumplían los esquemas de comunicación radiofónica determinados. Dos días después ésta se restableció y confirmó la sospecha. Se trató de una penetración enemiga al campamento, que sirvió para foguear a un grupo de nuevos combatientes y además probar los nuevos fusiles G-3. Me acordé de la ráfaga, y cómo ésta nos pudo haber denunciado.

Por el informe de los oficiales conocimos detalles de lo sucedido en el periodo que estuvieron operando. Todos coincidieron en el hecho de que el teniente José era un jefe muy exigente y disciplinado, el primero en hacer las cosas y dar el ejemplo. Antes de iniciar la campaña, se encargó de entrenar fuertemente con todos. Después de ocupar varias fincas se aproximaron al municipio de San Miguel Panán, que ocuparon sin obstáculos, pero en su retirada tuvieron combate en los potreros de los alrededores. Al ser un terreno desventajoso, debieron moverse rápidamente a través de las alambradas, lo que se dificultó por las mochilas; Chepe perdió la suya en una de ellas y fue algo que no pudo perdonarse. Los compañeros comentaron que era notorio el malestar que tenía consigo mismo por haber cometido el error de perder su casa guerrillera. Esta apreciación demostraba el absolutismo que daba a sus actos, y, como jefe, se sentía más turbado. Era de esos compañeros que se exigía más a sí mismo que a los demás.

Al buscar la continuidad del accionar e intentando resarcirse del desafortunado incidente, decidió atacar la finca cafetalera de La Abundancia, custodiada por paramilitares. Ésta contaba con garitas de vigilancia distribuidas en los alrededores del casco de la finca, que permitían el control del perímetro. Al preparar el plan de ataque quedó claro que Chepe subestimó al adversario; frente a las opiniones de otros oficiales que recomendaron prudencia y cuidado ante lo desventajoso que se tornaba un ataque frontal, comentó que en el momento en que los vigilantes vieran un avance decidido y fuego masivo de nuestra parte saldrían huyendo.

No sucedió así. Las distintas patrullas fueron repelidas y tuvimos las primeras dos bajas, una mortal, la del salvadoreño Julián y el subteniente Mincho, herido de gravedad en el tórax. Al perder iniciativa y sorpresa, ordenó la retirada. Él mismo cargó al herido, quien se estaba asfixiando por el hemotórax resultante de la herida que perforó y colapsó un pulmón. Al notar el agravamiento de su estado, se dedicó a succionarle repetidamente la sangre a través del orificio de penetración del proyectil, lo que le permitió respirar a Mincho, con ello le salvó la vida.

Los paramilitares avisaron por radio al destacamento del ejército en la finca El Manantial, contigua a la que era atacada, y éste desplazó varias patrullas con francotiradores. Uno de ellos logró ubicar al compañero Humberto, quien fue alcanzado por un disparo en la cabeza. Chepe cargaba a Mincho y ascendía por una vereda con otros compañeros, cuando de pronto apareció arriba de él un soldado que disparó y corrió de inmediato, no sin antes lograr herirlo en la cadera. Al verse en esa condición dijo al compañero Abel que no quería que lo sacaran, que lo hacía responsable de sacar al herido, y que por favor le dijera al comandante Pancho que lamentaba haberle fallado en el cumplimiento de la misión encomendada. Sin que nadie tuviera tiempo de evitarlo, sacó su arma corta y se dio un tiro en el temporal.

Eligió morir con su dignidad indemne y sin buscar segundas oportunidades. En un acto extremo y tajante decidió sacrificarse antes que otros lo tuvieran que hacer por él. Los errores son parte de la condición humana, y en una guerra en la que se tienen combatientes a cargo, esos errores pueden costar vidas, pero no por ello los autocastigos deben ser tan severos. El promisorio primer teniente José fue valiente hasta el final y nos dolió mucho su partida.

1985 también fue aquel año en que el comandante Pancho propuso a los principales oficiales del Tambriz que lo apoyáramos, en sus intenciones de dar al FJT "el lugar que se merecía". La forma en que expuso los hechos fue hábil e inteligente, centrando lo principal de sus argumentos en la necesidad de ser apoyados con combatientes y armas. Abundó en detalles sobre lo injusto que resultaba que la mayoría de ellos, los entrenados en Cuba en primer lugar, se fueran al Frente Luis Ixmatá; que el mejor caudal logístico y económico se volcara hacia San Marcos, mientras que las operaciones en el centro del país sólo eran concebidas como de diversión y fijación secundarias, con menor apoyo y mayores exigencias.

Expresó que el concepto de lucha guerrillera que prevalecía en Guatemala no estaba funcionando. Crecer y fortalecerse en zonas rurales distantes y de difícil acceso para luego avanzar hacia los centros urbanos y culminar en la capital era una quimera. La experiencia cubana no podía repetirse; las condiciones eran diferentes y las fuerzas armadas eran otras. Consideraba que se debían concentrar esfuerzos en las áreas geográficas más importantes, privilegiando las franjas cafetalera, cañera y ganadera de la bocacosta y la costa sur, llevando la guerra al corazón de la economía nacional, en medio de los poblados y las carreteras estratégicas, en un afán por agudizar las contradicciones entre terratenientes y ejército, y, al mismo tiempo, facilitarnos las incorporaciones y el ansiado crecimiento.

Continuó explicando que ésta era una visión compartida por

muchos compañeros en la Organización y manifestaban estar dispuestos a apoyarla. En la medida que el frente demostrara con hechos y resultados la validez de la misma, se estaría en posibilidades de exigir al comandante Gaspar mayor atención y apoyo. Este nuevo enfoque nacía en quienes estaban dentro del país y en el terreno, algo que los del exilio acomodado dejaron de percibir y no querían admitir.

Nos lo decía nuestro comandante de frente, con quien compartíamos las vicisitudes y los peligros de la guerra. El compañero, que para mí había sido de los primeros en enseñarme cómo ser guerrillero y para todos un ejemplo de valor, decisión y acertada conducción. En ese momento estaba investido de la mayor autoridad moral que alguien puede tener, partiendo del hecho de estar con sus hombres, compartir sus privaciones y dirigirlos en los combates. A su favor tenía el tratar con un grupo de oficiales principiantes e incautos en esas lides. Julio, Hernán, Jeremías, Milo y yo fuimos fácil presa de un planteamiento que parecía objetivo y necesario, y obligaba a cerrar filas en su entorno. Contó con otra ventaja: nuestra lealtad hacia el dirigente inmediato prevaleció ante la de un comandante en jefe distante y desconocido.

Si el plan llegaba a instrumentarse, provocaría un cambio en la correlación de fuerzas y abriría la posibilidad de darle un giro a la guerra. No mencionó las consecuencias para su persona o para aquellas otras que en el exterior, en particular en México, estaban apoyando esta iniciativa. Nos pareció lo más justo y conveniente. Recuerdo que hasta se propuso un "pacto de honor" para no divulgar lo que nos proponíamos. Por supuesto que todo se hacía "por la causa".

El trabajo internacional, organizativo y logístico ya había arrancado desde hacía algunos meses. Comenzaríamos a recibir combatientes a partir de un trabajo de captación que se desarrollaba en el sureste de México, en los campamentos de refugiados en Quintana Roo y Yucatán, y en las comunidades de refugiados dispersas en Chiapas, así como con organizaciones populares en el interior del país. El armamento también estaba contemplado.

El objetivo de Pancho en la reunión con nosotros fue alinear a la oficialidad del frente, y así poder contar con un brazo armado que respaldara sus planteamientos políticos y enlazara con los trabajos externos adelantados al respecto. Lo logró aprovechando el aura de su condición de jefe guerrillero esforzado y tenaz, y la capacidad persuasiva que lo caracterizaba.

Llegamos a tener comunicación radiofónica paralela a la orgánica con el comandante Gaspar, lo que permitió contar con un canal oportuno y directo para coordinar lo conducente. Tres desembarcos con fusiles semiautomáticos Mini-14 de fabricación estadounidense y vituallas fueron los únicos que se recibieron por el trabajo de esta facción, en el lapso de seis años.

Esto funcionó de 1985 a 1992. Fue un periodo de engaños y estratagemas ante las explicaciones pedidas por el comandante Gaspar y otros miembros de la dirección y allegados, que mostraban su malestar ante el trabajo fraccionario. En los sitios de reclutamiento también trascendió. Se impulsaba la ida de combatientes al centro del país, en detrimento de otras fuerzas guerrilleras. El desenlace definitivo de este movimiento disidente se produjo en septiembre de 1992, con mucha pena y nada de gloria.

Las patrullas militares acentuaron las movilizaciones cautelosas, no respondieron de inmediato a las provocaciones y mejoraron la protección de sus acantonamientos. Las consecuencias políticas de una presencia guerrillera las compensaban llegando a dicho lugar varios días después y transmitiendo a los pobladores un mensaje que desvirtuaba nuestros planteamientos. Llegaron a utilizar términos progresistas y a mostrar malestar ante las condiciones laborales y salariales de los campesinos, pero al mismo tiempo no dejaban de advertirles lo que podía sucederles si nos apoyaban. No faltaba la referencia a lo que sucedió en el noroccidente del país, con su caudal de desapariciones, asesinatos y masacres, para que los aterrorizados trabajadores temporales provenientes de esa región y los lugareños enterados de lo sucedido desistieran de participar.

Una sola acción militar ofensiva tuvo lugar en varios meses. Consistió en una emboscada de hostigamiento con fusilería y minas, a un pelotón sobre una vereda que comunica las fincas Olas de Mocá (Santiago Atitlán) y Mercedes (Chicacao). Los ambiciosos planes de golpear con la nueva modalidad de emboscada de aniquilamiento y recuperación (EAR), probada en varias ocasiones y rutas, fueron improductivos. Desde la fuerte ofensiva sobre El Ranger en febrero, no volvieron a penetrar en montaña.

Los hechos comprobaron que no teníamos fuerza suficiente como para atraer a los militares donde se quería, ni para obligarlos a movilizarse donde convenía. En la medida en que mantuviéramos el esquema de pelear preferentemente en la montaña o sus cercanías, debíamos esperar la realización de sus contraofensivas para golpearlos, ya que el incremento de efectivos y desplazamientos sí multiplicaba las posibilidades.

Ante la impuesta inactividad militar, aprovechamos el tiempo para estudiar y entrenar. Los manuales del "Buen combatiente" y del "Oficial guerrillero", elaborados por el comandante Pancho, se sumaron a los materiales de formación básica de los recién incorporados y para quienes formaban parte de la columna vertebral de la fuerza, como eran sus oficiales. Ambos trabajos se hicieron tomando en cuenta las experiencias vividas en el frente y era inevitable no vernos reflejados en ellos, tanto en los señalamientos que ilustraban deficiencias y debilidades como en aquellos que resaltaban cualidades y virtudes.

Tras el enfrentamiento en el G-3, el puesto de mando se trasladó al noroeste del mismo volcán, en la zona del altiplano, donde la falta de agua, recolectada escasamente en las carpas, seguía siendo un serio problema. Necesitábamos trasladarnos a un mejor lugar después de un tiempo tan difícil, por lo que se enviaron exploraciones al sector occidental que comprobaron la ausencia enemiga, lo que permitió regresar a él cinco meses después. Su temperatura templada y las múltiples fuentes de agua nos ofrecieron una estancia más agradable. Muchas cosas vivimos e hicimos en El Rayo y Las Muelas, los dos campamentos que tuvimos en ese periodo. Casi todas ellas tuvieron que ver con definiciones de orden interno, estudio político, entrenamiento militar y atención a la Resistencia. Pero también superamos sustos, como el estruendoso rayo que cayó sobre el centro de comunicaciones, en medio de un aguacero, inhabilitando un radio y quemando el trasero del teniente Garo. Dimos también atención dental a los compañeros, gracias a un odontólogo que llegó y que extrajo una gran cantidad de piezas molares.

La política de preparación de cuadros de ORPA se mantenía. Dos destacados compañeros, los tenientes Héctor y Fausto (sobrevivientes del grupo de Nahualá), salieron para ir a Vietnam con los comandantes Everardo y Aníbal, sumándose a una delegación de URNG que incluía a varios compañeros más.

El comandante Pancho presentaba problemas de salud hacía varios meses. Una antigua lesión de disco en la región cervical de su columna le provocaba fuertes dolores y requería atención neurológica. Se lo informó al comandante en jefe y le propuso dejarme a cargo, a lo que él accedió, pero con la condición de que previo a su salida debía conocerme y tener una primera sesión de trabajo y evaluación personal conmigo.

Desde los cuatro días que estuve con mi hermano en la capital guatemalteca en enero de 1982, habían pasado tres años y medio. Ahora iba a Tapachula, Chiapas, a reunirme con Gaspar Ilom, pero también con la intención de aprovechar esos días para descansar y hacerme un chequeo dental. Agosto y septiembre fueron los meses escogidos.

Salí del campamento con una pareja a reunirme con la patrulla avanzada del teniente Polo, quien se encargó de llevarme al punto de recepción en la carretera de Santiago a San Lucas. El compañero Lin Chan, uno de los mejores responsables de Resistencia que tuvimos, se integró al operativo. Fue el encargado de poner las señas en el camino para que el piloto enviado confirmara nuestra presencia. La jornada de aproximación llevó medio día y en las últimas horas de la tarde una pick-up blanca llegó según el plan y emprendimos el recorrido hacia la carretera del Pacífico, pasando sin dificultad dos retenes militares para llegar a dormir a Retalhuleu.

Al día siguiente seguimos hacia la ciudad fronteriza de Tecún Umán, donde otro compañero se encargó de llevarme al lado mexicano, a través de las balsas que regularmente se utilizan para cruzar el río Suchiate.

Llevaba un pequeño paquete con información de comunicaciones, que no tuve el cuidado de ocultar debidamente. En el momento en que un agente de migración quiso registrar lo que traía y no permitírselo, me apartó del resto de la gente y me pidió papeles. Pensé, en esos momentos, lo triste que sería ser capturado en esas circunstancias y me lamenté por ello, pero por fortuna al consultar con su superior, éste minimizó las cosas y me dejaron partir.

Comencé a caminar por las calles de Ciudad Hidalgo, hasta que al final reencontré a mi acompañante, quien me llevó con un tercero encargado de trasladarme a mi destino definitivo. Se suponía que un vehículo conducido por un cuarto compañero debía llevarnos, pero se dieron errores de coordinación entre ellos, y no quedó más opción que hacerlo en autobús. No hubo problemas con los controles que las autoridades migratorias tenían instalados en el trayecto, y al caer la noche de ese segundo día llegué a Tapachula.

Pasé la mayor parte del tiempo en una casa de seguridad. No estaba autorizado a salir, a excepción de las horas en que debía ver al odontólogo o cuando uno de los dos compañeros con los que vivía me acompañaba por corto tiempo a Puerto Madero u otro lugar cercano para distraerme. En una ocasión acompañé a uno de ellos al D F, cumpliendo una tarea logística que nos ocupó largas horas de viaje terrestre, y el solo hecho de gozar de la libertad del movimiento lo hizo agradable. Casi todo el tiempo leía o veía televisión. La supuesta emoción de la vida militante contrastaba con estas tediosas esperas y encierros inevitables.

En septiembre me trasladaron a otra casa, en la que finalmente conocí al comandante Gaspar Ilom: un compañero de mediana edad, alto y fornido, con una calvicie notoria y barba canosa tenue, me estrechó en un fuerte abrazo y celebró conocerme. Logramos una empatía inmediata, que facilitó una buena relación política y personal a lo largo de muchos años, aquilatada en la prueba de muchas situaciones y diversas circunstancias vividas en común. Llegó con Manuela, su compañera. Con ellos compartí la vida esos días, incluidos los dos residentes de apoyo, aunque la mayor parte del tiempo transcurrió en pláticas de trabajo con él. Estuvimos enfrascados durante tres días en prolongados horarios diurnos y nocturnos. Conocernos y valorarnos mutuamente se convirtió en un ejercicio constante. Aquel 18 de septiembre, conmemoramos juntos el decimotercer aniversario de la fundación de ORPA y el sexto año de operaciones.

En Gaspar encontré a un ser humano de un optimismo extraordinario, proclive a proyectar control y dominio de las situaciones, dispuesto a tratar cualquier tema con propiedad y evitando traslucir resquicios de debilidad o inseguridad en sí mismo. Su acervo intelectual, sus conocimientos generales y su experiencia política me impresionaron gratamente. Su tendencia a tirar prosa podía cercarte y seducirte.

Pero antes de conocerlo en persona, otros se habían encargado de presentármelo, no sólo como el dirigente capaz de crear una organización guerrillera y agrupar a su alrededor un colectivo dispuesto a la guerra, sino también como un compañero con defectos y limitaciones, que me permitieron verlo, desde un inicio, a través de una óptica más humana y aterrizada.

Sus intenciones conmigo fueron cristalinas: ilustrarme sobre la Organización y compartir el esfuerzo integral que implicaba su condición de conductor de la misma. El análisis de la coyuntura que se vivía en aquel momento fue un tema largamente expuesto y pormenorizado. Lamentó los golpes recibidos en la ciudad pero los concebía y asimilaba como parte de los costos, y enfatizó que éstos no habían logrado acabar con nuestras posibilidades. De lo sucedido a mis hermanos y primos no tenía mayor información, limitándose a repetirme las generalidades que ya conocía. A modo de conclusión, me señaló:

• No podía negarse los golpes recibidos, pero tampoco debía dejarse de valorar nuestras capacidades de recuperación y desarrollo.

• ORPA tenía un importante papel que jugar en el marco de URNG. Retomar la iniciativa estratégica era el principal objetivo.

- La preservación de los frentes guerrilleros fue un importante logro; teníamos que reforzarlos, mejorar su capacidad combativa, coordinación operativa y poder de fuego.
- Era necesario mantener la unidad y fortaleza de la Organización. La división en el Frente Javier Tambriz había sido superada y los instigadores expulsados.

El tema de la unidad del movimiento revolucionario y los liderazgos múltiples que lo caracterizaban no figuraron esta vez en la agenda.

Antes de regresar pude ver a mi primo Camilo, quien al igual que mi hermano había adoptado el sobrenombre del famoso y legendario revolucionario cubano Camilo Cienfuegos. Juan Carlos Santa Cruz Molina no transitó por luchas estudiantiles, pero sí tuvo el grado de conciencia suficiente para indignarse ante las injusticias y repudiar el asesinato del joven dirigente estudiantil de nivel medio Robin García, lo que aceleró la evaluación de sus opciones y decidió su paso a la clandestinidad a mediados de 1977.

En marzo de 1979, viajó a Cuba a recibir entrenamiento. Fueron ocho compañeros los que el 6 de abril iniciaron su preparación: Aníbal, Everardo, Ariel, Ishvet, Rubén, Virgilio, Valerio y él. Todos llegaron a ser parte de la oficialidad de ORPA y su trayectoria y participación fue distinta en tiempos, resultados y desenlaces; pero en ese particular momento, se convirtieron en parte de la historia y lo que hicieron los engrandecerá siempre. El 20 de mayo recibieron la propuesta de unirse a la lucha nicaragüense por parte de dos oficiales cubanos y la respuesta de aceptación fue unánime. La decisión política de participar ya había sido tomada por Gaspar y sólo se esperaba conocer la disposición de quienes podían sumarse al esfuerzo desde la isla. Reunieron a veintiocho compañeros de la Organización, que se preparaban en cuatro grupos distintos, y se les entrenó poniendo énfasis en el armamento artillero, específicamente en los morteros.

El 17 de junio se integraron a la brigada internacionalista, que conducida por compañeros argentinos, chilenos y uruguayos se encontraba en Peñas Blancas, zona fronteriza entre Costa Rica y Nicaragua. Estuvieron en Sapoa /Loma 50, contribuyendo a la dispersión enemiga y asegurando la cabeza de playa para el avituallamiento, combatiendo contra los "chigüines", las tropas especiales de la Escuela de Enseñanza Básica de Infantería (EEBI) de la Guardia Nacional somocista durante más de un mes.

Camilo fue el jefe de una pieza de mortero 82 milímetros, que lanzó centenares de proyectiles cumpliendo la misión de defender varias posiciones. El 19 de julio, ingresaron a Managua y compartieron con combatientes sandinistas e internacionalistas el estremecedor triunfo de la Revolución nicaragüense.

Regresaron a Cuba a terminar su curso, donde recibieron la noticia del surgimiento público de ORPA, en cuya primera acción armada había participado Ernesto, su hermano mayor, y leyeron por primera vez los materiales formativos internos de "Erupción" y "Siembra". Fue así que en la finca Mujuliá un hermano anunciaba un sueño guatemalteco, y en La Habana, otro se regocijaba al haber participado en la concreción del sueño nicaragüense.

El 10 de noviembre llegó al volcán Tajumulco y estuvo en esa fuerza cinco años. En mayo de 1980, cuando realizaba tareas de exploración previas a un ataque a un centro militar de educación media en la cabecera departamental de San Marcos (Instituto Adolfo V. Hall), fue capturado y trasladado al destacamento de Santa Ana Berlín en Coatepeque, Quetzaltenango, donde fue torturado con golpes, picana eléctrica e inmersiones asfixiantes en agua, sin claudicar. Logró evadirse a los diez días y lo que hizo fue buscar a sus compañeros en el volcán.

Cuando el comandante en jefe Gaspar Ilom llegó al Tajumulco en julio de 1981, después de los sucesos en el Frente Urbano que lo obligaron a dejar la ciudad, integró la unidad que se encargó de su protección durante los nueve meses que permaneció en la montaña, y lo acompañó en sus últimas marchas a la frontera mexicana, por donde salió el 15 de abril de 1982.

Camilo tuvo la buena fortuna de salir vivo de una emboscada, en noviembre de 1982. La herida sufrida exigió un periodo de dos meses de restablecimiento en Tapachula. La relación personal y política con sus responsables fue adversa y desafortunada, hubo desacuerdos en relación con el manejo y disposición combativa de la fuerza, que culminaron con su salida de la montaña en 1984. Fue integrado al equipo de comunicaciones de la retaguardia sur hasta 1987, pero los problemas continuaron. Renunció el 4 de abril de 1988.

Volví al frente en octubre, con el visto bueno de Gaspar, patentizado por el ascenso a capitán, lo que permitió la salida del comandante Pancho. Acordamos planes para terminar el año operando, y a partir de ese momento mis actos empezaron a juzgarse desde una perspectiva diferente. Desde mi nueva condición de jefe tenía que demostrar capacidad de planificación y destreza en el trato con los compañeros y compañeras a mi cargo, ya no como el médico combatiente que un lustro atrás pisó la tierra volcánica del Atitlán, aliviando enfermedades y curando heridos, ni como el oficial operativo que recorrió la zona aprendiendo a pelear y a respetar las órdenes de sus superiores.

La primera operación fue la ocupación del municipio de Santa Bárbara, Suchitepéquez, que nos sacó del volcán y nos llevó a las planicies costeras del sur, tras varias jornadas de camino. Sin presencia policial ni militar, desarrollamos reuniones políticas con los pobladores, sin inconvenientes.

De regreso, realizamos un sabotaje a la avioneta de un colaborador del ejército, el estadounidense Owen Smith, propietario de la finca Panamá, quien era un enemigo declarado. La mina colocada en la pista de aterrizaje destruyó el medio aéreo, pero en él no se encontraba el individuo buscado, sino el señor Norman Lynn, propietario de la finca vecina de Santa Adelaida y cónsul honorario de Noruega. Fue un error lamentable que me enfrentó a la penosa situación de ver convertida una acción de escarmiento, perfectamente válida en tiempos de guerra, en un hecho trágico e inesperado. Un comunicado de la Organización expresó condolencias hacia el gobierno nórdico y la familia del diplomático.

En Santiago Atitlán, el ejército también organizó las Patrullas de Autodefensa Civil. Nicolás Pedro, el jefe de comisionados militares, apoyaba esos planes y por ello enviamos un comando al pueblo para ajusticiarlo. La represión selectiva, nunca indiscriminada, fue parte sustancial de la política de combate contra los miembros del aparato de inteligencia militar.

Consumado el hecho, se desmoronó el esquema de participación civil en acciones contrainsurgentes del enemigo en dicha comunidad. Ello permitió que las numerosas unidades de Resistencia realizaran sus tareas sin correr tantos riesgos, ni tener que evadir muchos controles. En diciembre cambiamos de sector montañoso al ir del volcán Atitlán al cerro Paquisís para pasar las fiestas de fin de año en un lugar nuevo y aprovechar las bases y rutas de Chicacao, ya que las de Santiago y fincas aledañas habían sido muy exigidas durante los últimos dos años y medio.

Era el quinto año en montaña y el viraje de mi vida se consolidó ante una militancia cada vez más comprometida. La transición de médico a jefe guerrillero fue un cambio de profesiones humanitarias. La primera me preparó para tratar al individuo, la segunda me brindaba la oportunidad de participar en un cambio social.

La militarización del poder oligárquico se inició en 1963 con el golpe de Estado dado por el coronel Enrique Peralta Azurdia contra el general Miguel Idígoras Fuentes. A éste lo sucedió un gobierno civil condicionado, administrado por Julio César Méndez Montenegro. Los periodos presidenciales de los generales Carlos Manuel Arana Osorio (1970-1974), Kjell Eugenio Laugerud García (1974-1978) y Romeo Lucas García (1978-1982) la completaron.

El golpe de Estado de marzo de 1982 por oficiales jóvenes fue el principio del fin de los militares como figuras presidenciales. La última fue el general Efraín Ríos Montt, quien con su antecesor fueron los principales responsables de la estrategia de masacres y tierra arrasada.

La siguiente iniciativa golpista, en agosto de 1983, encabezada por el general Óscar Humberto Mejía Víctores, defenestró a Ríos Montt, dictador mesiánico e intransigente, que incumplió lo pactado y se empecinó en seguir teniendo a los militares en el ojo del huracán. Su salida permitió la continuidad de la estrategia de repliegue requerida, ante su galopante desgaste político.

El ejército debía derrotar a la guerrilla o debilitarla lo más posible para que las alternativas pacíficas que se avizoraban le fueran favorables. Por eso, sus esfuerzos se centraron en la realización de operaciones definitorias.

A finales de 1985, fue elegido presidente el licenciado Marco Vinicio Cerezo Arévalo, del Partido Democracia Cristiana, en medio de grandes expectativas. Para el ejército, la lucha contrainsurgente seguía siendo una prioridad y el cambio de régimen no lo desviaba de ese objetivo fundamental. La independencia del poder civil de los designios de los militares fue parte del discurso demagógico en la campaña electoral, pero estuvo ausente en la realidad. Para nosotros, representó el inicio de un periodo de la guerra, cuya intensidad y complejidad son poco conocidas.

Vinieron los gobiernos civiles y el apoyo a elecciones pesaba más que las imposiciones autoritarias. Sin embargo, durante el gobierno de Cerezo el ejército desarrolló el mayor y más intenso accionar. A la ofensiva final que anunciaban, había que contraponer una reacción contundente e irrefutable de nuestra existencia e incidencia.

8. Títulos sin diplomas

Emprendimos esta nueva etapa dejando el puesto de mando a mi cargo en el cerro Paquisís y dislocando dos patrullas: una que regresó al volcán Atitlán, y otra que retomó el área de Pochuta-Patzún. El capitán Hernán y el primer teniente Polo fueron sus jefes.

Los responsables de las comunicaciones radiofónicas, teniente Garo y subteniente José Miguel, desarrollaron cursos de capacitación para varios compañeros, que luego formaron el cuerpo de radiooperadores. Esto agilizó la dinámica interna y la coordinación operativa. Roberto y Gabriel se les sumaron, integrando el grupo principal y más confiable. Ese año, proporcionamos a las patrullas mencionadas un radio de comunicación y el compañero competente para dicha labor.

El nuevo gobierno trajo consigo cambios en el alto mando militar. Fue nombrado ministro de la Defensa el general Héctor Alejandro Gramajo Morales, defensor de la estrategia de estabilidad nacional y de la aplicación de la variante táctica de las ofensivas permanentes. Con ella, los militares fueron capaces de rotar y relevar unidades al nivel de batallones y compañías, que realizaban patrullajes continuos. Los tres anillos concéntricos de puestos fijos establecidos en los últimos años, desde las ciudades hasta las orillas de montaña, facilitaron esta modalidad, que buscaba multiplicar su capacidad de control y presión sobre los frentes guerrilleros, aunque les llevó varios meses prepararla.

El primer semestre del año no sostuvimos combates; nos concentramos en tareas internas y preparación de los nuevos combatientes. Desarrollamos campañas políticas en fincas y municipios, sin que las unidades militares reaccionaran. Sabíamos que se preparaba algo grande, pero hasta ese momento no detectábamos ninguna movilización considerable que lo confirmara. El enemigo recababa información para concentrarse convenientemente en un área que le pudiera garantizar resultados.

Recibimos algunos golpes sensibles. Uno de ellos fue la captura de dos compañeros (Esperanza y Moisés) y un camión, detectados en una misión de abastecimiento para el teniente Polo. Era una unidad logística especial formada por el frente, que dependía directamente del mando. Sus miembros recibían presupuesto de manutención y el vehículo nos pertenecía. La idea era disponer de ella a discreción y usarla en sectores en los que interesaba operar y no había bases de apoyo. La profesionalización de algunos miembros de la resistencia permitió contar con ellos de tiempo completo, y fue un modelo que aplicamos en distintos momentos.

Otro golpe fue la triste caída de dos veteranos, el teniente William y Augusto, en una acción fortuita, en la que su presencia en una finca coincidió con la llegada del propietario y su cuerpo de seguridad, cuyos miembros vestidos de civil les permitieron acercarse a las oficinas, donde fueron ultimados sin oportunidad de defenderse.

No podría enumerar las ocasiones en que la sobrevaloración de las propias posibilidades y los excesos de confianza provocaron la pérdida de valiosos compañeros. También aprendí que la guerra cansa, su prolongación embota y el descuido acecha.

Otra novedad fue que el teniente Polo contactó en Chimaltenango a tres compañeros del Frente Tecún Umán de FAR que nos andaban buscando. Sheno, Ofelia y Jaime informaron de la expulsión de Juan Bravo, la caída en combate de Ayala y un nuevo desalojo de su zona por acoso operativo, que los llevó de regreso a Patzún. Su accionar militar era muy pobre y sus resultados escasos, sin llegar a ser una amenaza real para el ejército. Debido a problemas internos, ocho compañeros desertaron, cinco de los cuales optaron por salir de la zona y tres de ellos decidieron buscarnos, mostrándose satisfechos de haber sido aceptados.

Al campamento que ocupó el puesto de mando durante ese largo periodo lo llamamos La Piscina, porque el teniente Jeremías tuvo la ocurrencia de construir una utilizando costales de arena para disponer de una rudimentaria represa y contar con un agradable lugar para bañarse, en el que, incluso practicamos clavados. Asimismo construimos un rancho como área común de reunión y cocina, diferente de la tradicional champa general de pliegos de tela náilon impermeable.

La situación era tan tranquila que hasta me fue posible ver todos los partidos del mundial de futbol, México 1986, en el que Argentina se coronó campeón, gracias a la magia de Maradona. Para ello conté con un pequeño televisor en blanco y negro, de una pulgada cuadrada, marca Sony. No me perdí un solo partido. Colocábamos el televisor en uno de los parales del rancho, amarrado con un paliacate, y dada su buena calidad recibimos una nítida señal de los canales locales. Los compañeros que no tenían asignadas tareas se reunían conmigo, y juntos disfrutábamos de ese paréntesis deportivo, que parecía suspender el conflicto bélico.

En un desembarque recibido por el capitán Hernán en las cercanías de Santiago Atitlán, ingresó una importante cantidad de armamento y municiones. Incluía un cañón de 55 milímetros con el que se podrían atacar posiciones a mayor distancia, con menos riesgos y mayor capacidad destructiva. También venían relojes y navajas que, con los nuevos fusiles y vituallas, serían parte de los estímulos materiales para compañeros destacados, como ya era tradición. Para ello me trasladé al volcán, con la intención de aprovechar dicha oportunidad para realizar una evaluación personal del estado de la fuerza y determinar la distribución de lo recibido.

La visita me ayudó a darme cuenta de algunos aspectos internos que no funcionaban del todo bien y de la repetición de ciertas conductas equivocadas que se creían superadas. El teniente Otto, responsable del trabajo con la resistencia, cumplía con el esquema de relación y funcionamiento establecido con las unidades de Santiago desde hacía varios años. Eso permitía resolver de forma más que favorable necesidades y requerimientos, ya que la amplitud y calidad de la estructura organizativa lo propiciaba. Sin embargo, Hernán no dejó de aprovechar esa ventajosa posición y autorizó a Otto a comprar licores y alimentos para consumo exclusivo del grupo de mando.

Lo que no terminaban de entender Hernán y Otto era que, como oficiales, debían ser los primeros en evitar prebendas. La jerarquía en un frente guerrillero no radica en tener privilegios, sino obligaciones. El igualitarismo exigido por la mayoría, por historia y condiciones de lucha, hacía que los compañeros fueran muy celosos de la distribución de las cosas materiales, y veían muy mal que un responsable actuara aprovechándose de su cargo y creara un círculo reducido de beneficiados. Un mal ejemplo justificaría desviaciones de otros responsables, al momento de enviarlos a misiones independientes, y no se tendría la solvencia moral para sancionarlos.

Primero a los oficiales y luego, en formación general, a todos los compañeros, informé y expliqué lo sucedido, dejando claro que dichas libertades no eran correctas y yo no las avalaba. Prohibí expresamente hacer compras de esta naturaleza, con la clara advertencia de que quien las promoviera sería sancionado por hacer un uso indebido de los contactos y los recursos económicos, según el reglamento vigente que regía nuestras actividades internas desde 1982.

Esto lo aprendí de mis propios errores, porque también fui un responsable organizativo que incurrió en fallas semejantes. Enviar a humildes campesinos a comprar licores importados, cuyo costo excedía por mucho sus exiguos ingresos, no fue una buena decisión. Hacia afuera dimos una mala imagen realizando esos gastos y hacia dentro propiciamos el malestar y el mal ejemplo. Fue una lección aprendida y transmitida. Recuerdo que a partir de entonces se estableció una modalidad que seguí respetando y que respondió al elegante nombre de "valija diplomática". Ésta consistía en una carga incluida en la correspondencia enviada por el comandante en jefe o bien obtenida cuando un recurso confiable y comprensivo la proporcionaba, y contenía una botella de buen whisky y algo para picar. Contar con ella, de forma ocasional y discreta era un deleite extraordinario.

Terminada la jornada en el volcán Atitlán regresé al cerro

Paquisís, teniendo que recorrer de nuevo el cerro Cabeza de Burro (1 903 metros) que enlazaba ambos lugares y nos servía para realizar contactos en un punto intermedio. Quise mantener la distribución del frente en los mismos términos y La Piscina nos recibió de nuevo. A los pocos días enfrentábamos la primera contraofensiva durante el gobierno civil de Cerezo Arévalo. La operación Estabilidad 86 se inició en julio sobre varias fuerzas insurgentes del territorio nacional.

Ésta fue mi primera gran prueba de conducción. Contrarrestar la acción militar, resultado de una rigurosa y metódica planificación, tal como el alto mando enemigo lo había concebido, se convirtió en el primer objetivo del Frente Javier Tambriz.

En nuestra zona, las operaciones no se iniciaron con bombardeos aéreos ni ablandamientos artilleros, como en otras ocasiones. En esta oportunidad, fuerzas especiales de infantería realizaron penetraciones sigilosas a la montaña. Una cazabobos instalada en el perímetro del puesto de mando, parte del sistema de aviso temprano, detectó su presencia. No avanzaron de inmediato, y se dedicaron a atender y evacuar al herido; la ausencia de huellas y la explosión aislada los confundió. El campamento se situaba al pie de una ladera y su ventaja la daba el secreto de la ubicación y no sus condiciones de defensa. Por eso optamos por movernos a un filo alto de bordes estrechos, donde pasamos la noche en espera de los acontecimientos.

Al día siguiente, el capitán Hernán informó de la ocupación del Mirador por una compañía y de los preparativos que realizaba para atacarla, como parte de la defensa activa establecida. Las exploraciones ayudaron a determinar posiciones favorables. Con ello, nos adelantamos a la intención que tenían de incursionar inmediatamente después de instalado su puesto avanzado de combate, en esa posición cercana a la montaña. Fue un ataque de madrugada, con todo el poder de fuego que teníamos, incluyendo el cañón 55. Varias cargas impactaron de lleno en medio de las posiciones, causando numerosas bajas. Los informes que dio la resistencia indicaban que los muertos llenaron un camión y los heridos eran muchos. Según comentarios de los sobrevivientes, El Mirador se convirtió en un infierno ante el contundente e inesperado ataque guerrillero. Éste los obligó a abandonar la idea de instalarse en el lugar, de modo que los patrullajes e incursiones partieron del destacamento cercano al pueblo.

En un primer momento pensé en trasladarme al volcán, pero había tareas pendientes, en particular la recepción de un grupo de nuevos combatientes que arribarían por Chicacao, y como después del incidente de la trampa personal no hubo consecuencias inmediatas, permanecimos en el sector. La falda oriental del filo ocupado tras la incursión del día anterior la formaba un pronunciado declive que, según los parámetros habituales, no permitiría la instalación de un campamento.

Encontramos una pequeña fuente de agua cercana y resuelto lo fundamental para alimentarnos, trabajamos para arreglar el terreno. Los días siguientes elaboramos el plan de actividades colectivas y cocina. Las posiciones personales requirieron un trabajo de ingeniería considerable, porque tuvimos que remover mucha tierra, troncos de madera y piedras, que sirvieron para hacer las empalizadas de sostén. Las rutas de acceso establecidas por los flancos se prepararon para la defensa y sellamos la brecha de llegada por arriba. Llegamos a ser expertos constructores de campamentos en los lugares más insospechados. Junto al ejercicio de borrado de huellas, nos permitió permanecer en el lugar conveniente y burlar los rastreos. Habíamos creado un protocolo para esta actividad. Su elaboración indica la importancia que tenía y la seguridad que nos daba.

El puesto de mando era un objetivo estratégico permanente. La interceptación de sus comunicaciones y el trabajo radiogoniométrico para descifrar y ubicar las señales de emisión se transformó en una constante. Por eso mismo llegó a ser también la principal atracción. En varias ocasiones esta táctica de mantenerlo en medio de los combates tuvo ventajas y resultados favorables. Facilitó una comunicación fluida, permanente e inmediata con las unidades operativas, agilizó la concentración y la dispersión, y ofreció un mejor reabastecimiento alimenticio y de municiones para quienes combatían a su alrededor.

El campamento acondicionado en esa ladera tan empinada

aún no tenía nombre, hasta que un hecho trágico se encargó de bautizarlo.

En situaciones de ofensiva, con probabilidades altas de librar combate en cualquier momento, establecíamos horarios nocturnos para bañarnos. Ese 2 de noviembre ya había oscurecido y se cocinaban los alimentos, mientras varios compañeros rodeaban la fogata para poder secar su ropa. Uno de ellos, el subteniente Alfredo, se quitó el cinturón militar y lo colocó en un extremo del paral que sobre dos horcones sostenía la olla, y pudo ver cómo el seguro de su granada bruscamente se liberaba y ésta caía al suelo; su primera reacción fue gritar para alertar al resto y salió corriendo para protegerse. Podría haber evitado el lamentable accidente si la hubiera tomado y lanzado al barranco, pero los nervios lo traicionaron. La explosión alteró el silencio que se mantenía ante la cercanía de las patrullas militares y el estruendo se difundió a lo largo de la profunda hondonada.

Estaba en mi posición escuchando un radionoticiero local, cuando vi aproximarse un haz de luz que luego se convirtió en la alterada voz de un joven combatiente, Chusito, quien me informó de lo sucedido. Fueron varios heridos, incluido él. En ese momento se quitó la mano de su muñeca derecha, de la cual brotó un chorro de sangre arterial que se impulsó hacia arriba de forma impresionante. Con mi paliacate le hice un taponamiento y, al verlo estable, me dirigí con prontitud a la champa general. La escena era impactante, ya que en medio de la oscuridad algunos de los heridos gritaban de dolor, y reinaba la confusión. Lo primero fue atenderlos y pedirles que no gritaran para no ser descubiertos, comenzando por determinar su número y la gravedad de las lesiones. Alfredo estaba pálido e intentaba darme una explicación, pero no era el mejor momento. Lo más apremiante era dar los primeros auxilios.

En total fueron siete los afectados por las esquirlas: Juvín, Chusito, Abel, Alfredo, Mariano, Arnoldo y Javier. Contener hemorragias y extraer esquirlas, administrar analgésicos, tranquilizantes y antibióticos ocupó buena parte de la noche. Los más delicados fueron Abel, con una lesión arterial en un miembro inferior, y Arnoldo, con una pequeña metralla incrustada en el ojo derecho. El resto presentó múltiples lesiones en diferentes partes del cuerpo, pero leves.

Al día siguiente, lo notifiqué a los comandantes Gaspar y Pancho, quienes me dijeron que no había posibilidades de evacuar a ninguno. Tenían que recuperarse allí mismo. Le pedí al capitán Hernán que me enviara al médico para que se hiciera cargo de los heridos, con otros compañeros de refuerzo, para mejorar la defensa de la posición.

Alex, el médico, era un compañero internacionalista mexicano que en esta oportunidad hizo un gran trabajo de atención y apoyo. Extrajo la esquirla del ojo de Arnoldo y se encargó de restablecer a todos los compañeros heridos. Por fortuna contamos con el tiempo para que eso sucediera, antes de sostener combates en esa posición, que no pudo recibir otro nombre más propicio que La Granada.

La fuerza asentada en el volcán Atitlán no tuvo problemas de abastecimiento, gracias al excelente trabajo de la fogueada Resistencia de Santiago. La patrulla en Chimaltenango tampoco lo padeció; era pequeña y su misión de retomar, ampliar y desarrollar el trabajo organizativo la obligaba a mantenerse oculta. El puesto de mando sobre Chicacao fue el que presentó la situación más complicada y peligrosa ese año 1986, incluidas las privaciones alimenticias.

Una regla general y permanente, enfatizada en momentos de ofensiva, era el estudio de las rutas. Teníamos cuidado de alternarlas, insistiendo en la necesidad de respetar los distintos trayectos de ida y vuelta para evitar emboscadas o combates desventajosos. Las patrullas salían del campamento al caer la tarde, aprovechando las últimas horas de luz para movilizarse en la montaña y luego en horas nocturnas por cafetales. Revisábamos cuidadosamente los atajos de salida de la montaña, los cruces de caminos, las sendas con paredones, los puntos de contacto y los lugares de aproximación a los poblados.

El aseguramiento de los desplazamientos se completaba con un plan de contactos que permitía a todo combatiente o unidad restablecer la comunicación dentro y fuera de la zona en caso de pérdida después de un combate. La población organizada también participó activamente en él.

Lo anterior formaba parte de las instrucciones dadas a toda patrulla, pero la prueba definitiva de su cumplimiento tenía lugar en el terreno y en el resultado de las misiones asignadas. El oficial operativo era el responsable de la conducta y disciplina de sus combatientes, aunque no siempre pudimos lograr la correspondencia debida entre prevención y ejecución. Hubo situaciones adversas, con bajas de por medio, debido a faltas y descuidos de seguridad nuestros y no por causa del enemigo.

En esas duras semanas de ofensiva, las patrullas reportaban huellas enemigas en distintos puntos de la montaña. Por eso, las obligadas movilizaciones para operar, abastecerse y mantener contactos requerían mucho cuidado... y no todos cumplieron.

El subteniente Pacífico, joven kaqchikel, originario de San Andrés Itzapa, Chimaltenango, comandaba una patrulla de cuatro integrantes que se dirigía al cerro Cabeza de Burro. Junto a Jacinto, en la vanguardia, y él que lo seguía, iban hablando en voz alta y riéndose, desestimando la presencia militar. Fue un fatal error. Una patrulla que descendía y que en ese momento se encontraba descansando sobre el filo los escuchó y se preparó para repelerlos. Lo que pudo haber sido un choque de encuentro se convirtió en una emboscada y ambos fueron eliminados; los otros dos compañeros, Juvín y Quincho, sin conducción y en desventaja, regresaron al campamento.

Los cuerpos de los caídos fueron trasladados al destacamento de Chicacao. Los oficiales y especialistas estaban obligados a mostrar a sus superiores los cadáveres de los guerrilleros. La falta de correspondencia entre el abultado gasto de munición y los reportes de muchas bajas no comprobadas los obligó a hacerlo.

En muchas ocasiones, no hubo forma de saber con exactitud el número de bajas causadas al contendiente. Razones psicológicas y de moral combativa de por medio determinaban que esos datos se manejaran con celo y cuidado. Más de parte del ejército, obligado a desmentir lo que reducidos y dispersos grupos de "delincuentes subversivos o delincuentes terroristas (DT)" –como acostumbraban a declarar– pudieran hacerle. Por nuestro lado, también tuvimos compañeros que magnificaban los golpes y exageraban los muertos y heridos, realidad que se expresó en nuestra propaganda y boletines. Aun así, haciendo honor a la leyenda del guerrillero que vale por diez soldados, era notoria la satisfacción enemiga cuando podían presentar a uno de ellos.

Se burlaron muchos patrullajes cercanos al campamento. La huella borrada en los accesos, el silencio y hablar quedo, el ocultamiento del fuego, con carpas puestas a su alrededor evitando el resplandor, fueron efectivos. Aun así, apoyados por la radiogoniometría, la infantería se mantuvo en el sector.

Una noche, se desencadenó un cañoneo sistemático con las baterías de obuses 105 milímetros que tenían en Chicacao. Varios impactos cayeron en la posición con el silbido y los deslumbrantes fogonazos, característicos de las explosiones cercanas. Las trincheras y los refugios preparados evitaron bajas. La situación se tornaba insostenible, y al día siguiente se entabló combate en una contención que determinó la retirada hacia el volcán Atitlán.

Había que descongestionar el área del cerro Paquisís y Chicacao, y dar un respiro a las bases que apoyaron en los días difíciles de la contraofensiva. La retirada del puesto de mando fue la primera medida, seguida de la realización de operaciones en un sector distinto y distante. La variable táctica consistió en enviar al capitán Hernán a Chimaltenango, quien con el teniente Polo desarrollaría operaciones sobre la ruta Interamericana.

Esta decisión hizo que, por primera vez en siete años, no pudiéramos pasar un final de año concentrados. A pesar de ello, tuvimos algo especial que celebrar conjuntamente en Sololá y Chimaltenango. Entre incorporaciones de la zona, de la organización y del trabajo particular impulsado, el Frente Javier Tambriz llegó a tener por primera vez cien guerrilleros, un número nunca antes alcanzado. La preparación y crecimiento para enfrentar mayores retos continuaba.

En los meses finales de 1985 se comenzaron a crear las condiciones para un cambio regional que desembocaría irremisiblemente en las soluciones políticas negociadas de los conflictos armados. En Guatemala, la llegada de un civil al poder a través de un proceso electoral tradicional fue seguida de esfuerzos centroamericanos por lograr la paz, reflejados en los Acuerdos de Esquipulas I y II.

Al poder económico estadounidense y a su ejército se les agotaba la estrategia de dominio implantada durante más de dos décadas. Los estadounidenses tenían claro que los militares guatemaltecos ya no eran los socios idóneos de ayer a quienes debían apoyar. Ahora correspondía sacarlos de la escena política, pero sin descuidar la lucha contrainsurgente.

El curso de los acontecimientos obligó a la máxima dirigencia guerrillera a pasar de las palabras a los hechos. No era suficiente mantener el discurso de la existencia de URNG anunciada el 7 de febrero de 1982, en gran parte debido a presiones externas. Ahora debían articularse acciones conjuntas que demostraran coherencia y funcionamiento en ese sentido. En 1986, más de cuatro años después de su surgimiento, se constituyó la Comandancia General (CG), hecho que permitió desarrollar iniciativas que ayudaron a constituir un frente común ante la nueva situación regional, continental y mundial.

9. La otra cara: enseñanzas fundamentales

En los primeros meses de 1987 regresaron el comandante Pancho y la teniente Ana, había pasado casi un año y medio desde su salida. A través del trabajo de reclutamiento que proporcionó nuevos combatientes y las consideraciones expuestas por ambos en las sesiones de intercambio, se confirmaba la determinación de continuar el fraccionamiento. No faltó la degradación política ni la denigración personal del adversario, como suele suceder en estas luchas. Parecía que todo marchaba bien y por tanto, seguíamos en la misma línea, a pesar de que en ese momento yo ya tenía claro que no todas las razones ni todos los intereses que lo motivaban se estaban mencionando, y que me llevaría más tiempo conocerlos.

También llegó al frente mi prima Gloria Lycaste, "Sofía", la más pequeña de los hermanos Santa Cruz Molina. Mi hermana Carlota Ileana la incorporó en 1979 a sus escasos trece años y debió salir con sus padres y su hermana a la ciudad de México en julio del 1981, orientados por mi hermano Camilo, luego de los golpes en el Frente Urbano. Allí perdieron contacto con la Organización y tuvieron que buscar trabajo. Cuando lo retomaron, por las distintas tareas asignadas debieron separarse en el transcurso del año 1982. Raúl, el tío, regresó a Guatemala, desligado de la lucha; Marina, su madre, fue asignada a Nicaragua y las dos hermanas a distintas estructuras de apoyo logístico en México.

Sofía fue trasladada a Tapachula y a finales de 1983 enviada a Cuba, donde recibió un curso sobre desarrollo de actividades urbanas que duró un año y luego otro más especializado sobre documentación, que le tomó ocho meses. Su juventud y los golpes que desarticularon de nueva cuenta el Frente Urbano en 1984 impidieron su regreso a la ciudad. Fue trasladada a Nicaragua sin tareas definidas, pero disfrutando la dicha de poder estar con su madre luego de cuatro años de no verse. Pero luego Natalia fue reubicada en Costa Rica y enviada de nuevo a la retaguardia sur en Tapachula, en 1985. Allí se integró a una unidad encargada del almacenamiento y preparación de armamento. Finalmente, planteó su integración al Frente Javier Tambriz, en el que permaneció de 1987 a 1989. Al retirarse de la Organización en ese año, estuvo con su familia en Costa Rica y, por primera vez desde su adolescencia, retomó sus estudios.

Fue combatiente y radiooperadora, de pequeñas patrullas primero y de unidades más importantes después, incluido el puesto de mando. Es de las contadas compañeras urbanas, que conocí con la valentía de pedir subir a la montaña, de adaptarse a las difíciles condiciones y exigencias físicas que la caracterizan y, a la vez, de ser capaz de integrarse a tareas trascendentes. Los compañeros de comunicaciones siempre fueron los primeros en saber lo que sucedía, y la confianza política era fundamental. Además necesitaban firmeza, ya que muchas veces transmitieron noticias dolorosas y fatales. La prima pasó las pruebas y enorgulleció a la familia.

Después de realizar la campaña en Chimaltenango, el capitán Hernán retornó con nosotros. Esto fue providencial para lo que se avecinaba. El enemigo comprobó que estábamos en el volcán y preparó otra operación. De enero a mayo seguí en el frente, traspasando el mando, el trabajo de resistencia y dando los respectivos informes. Esto permitió que junto con Pancho constatáramos lo que se le anunció en los reportes radiofónicos desde el año anterior, respecto a la mayor agresividad y continuidad de las incursiones enemigas.

Los combates se iniciaron en la contención superior del campamento La Emergencia. La sorpresa fue nuestra debido a que la patrulla adversaria avanzó por un filo sin huella, pues seguíamos respetando la regla de los accesos laterales o inferiores. Al abrirles fuego de fusilería se desplegaron y se parapetaron en los árboles, varios de los cuales contaban en su base con trampas de presión, que fueron activadas. Tuvieron que dividir esfuerzos en mantener el combate y atender a sus primeros heridos. Ganamos valioso tiempo al golpear primero y realizar una retirada ordenada, sin dejar pertenencias ni suministros.

Todo ello obligó al traslado hacia una nueva posición, desde la cual seguimos reaccionando. La llamamos El Circo por la semejanza que la champa general tenía con el toldo de dicho espectáculo, al acondicionarla no sólo por arriba, sino por los lados, para evitar que el fuego se detectara. Las patrullas enemigas se posicionaron dentro de la montaña y en sus alrededores, además de dejarse sentir un intenso acompañamiento artillero en el sector. Quienes rastrearon el campamento anterior tuvieron que evacuar más heridos, producto de las trampas que plantamos. Una unidad enviada a las líneas exteriores del operativo emboscó a un convoy que salía de la zona en las cercanías de Cerro de Oro. La ejecución de estas celadas distantes a los combates en montaña dio resultado en varias ocasiones. Seguían sin poder propinar el golpe mayor que buscaban, y se replegaron a sus bases a planificar su próxima incursión.

Esa calma relativa y temporal contribuyó a organizar mi salida. Se programó por Chicacao, adonde me aproximé acompañado de Chusito, Santos y Víctor. Un vehículo llegó a recogerme y salí de la zona sin incidentes; pernocté en las afueras de Retalhuleu y al día siguiente estaba en el cruce de Santa Marta Meléndez, San Marcos, una población cercana a la frontera. Otro compañero me recibió y guió hacia el río Suchiate para vadearlo e ingresar a territorio mexicano. Después de una marcha entre potreros y cercas me entregó a otro compañero que me llevó en carro a Tapachula. Con documentación pertinente me trasladé al Distrito Federal por vía aérea e inicié una interesante y emotiva vivencia. Fue la única experiencia formativa en el extranjero durante mi militancia clandestina.

Me entrevisté con el comandante Gaspar en el restaurante Hoyo 19 en Insurgentes Sur, donde quiso festejar mi llegada y celebrar un hecho que no dejaba lugar a dudas: el frente había crecido, en número y en experiencia.

Fui ascendido a primer capitán y recibí un reloj Seiko, distintivo de los que alcanzaban ese grado militar en ORPA.

Tuve la oportunidad de celebrar con él un hecho importante: el 22 de mayo había salido al aire la "Voz Popular", proyecto radiofónico de la Organización que buscaba contribuir a romper el cerco informativo que el ejército imponía. La radioemisora fue instalada en una zona montañosa del volcán Tajumulco y se convirtió en un vínculo entre todos los frentes de URNG, a la vez que en una expresión de unidad. Además, sirvió como una atracción permanente para las unidades militares destacadas en San Marcos, que la bombardeaban periódicamente. Sus incursiones de infantería fueron repelidas valientemente por la patrulla guerrillera a cargo de su protección, apoyada por campos minados que se instalaron a su alrededor. El enemigo no pudo ubicarla en sus largos años de existencia ni impedir su funcionamiento, aunque logró limitar su escucha a través de una fuerte interferencia que superó su capacidad de transmisión. El equipo de compañeras y compañeros que se encargaron de su programación hicieron un encomiable trabajo, con gran entrega y profesionalismo.

Di un informe detallado de lo realizado en los dieciséis meses que estuve a cargo del frente y, por su parte, me explicó en qué consistiría mi periodo de preparación. Habría tres destinos: Nicaragua, para compartir la experiencia del Ejército Popular Sandinista (EPS) en su lucha contrarrevolucionaria; Cuba, donde recibiría un curso de métodos conspirativos, charlas con analistas especializados en la región centroamericana, una reunión con los vietnamitas y visitas a lugares promocionales de los logros de la Revolución; y, por último, la Unión de Repúblicas Socialistas Soviéticas (URSS) para una corta visita que la delegación de URNG en Cuba se encargaría de organizar y detallar en su momento.

En espera del viaje, me mantuve en la capital mexicana, no en casas de seguridad, sino en hoteles, que cambiaba cada dos o tres semanas, a medida que la estancia se prolongaba más de lo esperado por la imposibilidad de obtener los documentos, concretamente un pasaporte, para poder salir del país. Estuve en el D F de mayo a octubre.

El gusto de poder movilizarme sin restricciones me favoreció para conocer mucho de una ciudad cuya historia, encanto y atracción la hacen especial. Sus grandes dimensiones, que la convierten en la más grande y poblada del mundo, son impresionantes. Pero lo más importante fueron los contactos con muchas compañeras y compañeros mexicanos integrados al esfuerzo de la lucha guatemalteca, y con colaboradores y simpatizantes que demostraron de muchas y variadas formas, cariño, respeto y solidaridad con nuestra causa.

Esta salida me permitió conocer, con mayor amplitud, la conformación de la Organización a la que pertenecía. Recibí la información y las explicaciones pertinentes de varios responsables de estructuras. El esfuerzo de guerra tenía en los frentes guerrilleros su baluarte principal, a partir de la decisión política de enfrentar militarmente al sistema. Pero si bien eso era axiomático, también lo era el hecho de que para lograr avances y victorias debían fusionarse otras iniciativas y voluntades adjuntas, en apoyo al principal factor estratégico militar.

El frente internacional, encargado del trabajo político-diplomático, ayudaba a contrarrestar la desinformación y el ocultamiento que se cernía sobre la lucha, sus causas y razones. Garantizaba las relaciones y la vinculación con organismos internacionales, países, partidos políticos y diversas organizaciones, con quienes se podía compartir el enfoque y los planteamientos que fundamentaban las acciones revolucionarias.

La estructura económico-financiera, a través de distintas organizaciones no gubernamentales (ONG), lograba la obtención de fondos que se dividían entre el cumplimiento de los compromisos de investigación y servicio, y las necesidades de las estructuras clandestinas.

La estructura logística se encargaba de la obtención, almacenamiento y distribución del material de guerra y rubros complementarios, todo lo relacionado con armamento, munición, explosivo y armamento casero, además de los materiales de estudio, medios de comunicación, medicamentos y vestuario. Contaba con una red de viviendas encubiertas, en diferentes ciudades y países, para ocultar esos valiosos recursos. Esto era fundamental para atender las necesidades en el interior.

La lucha de masas, concebida para mantener relación y vinculación con organizaciones populares diversas, era atendida por responsables que mantenían contactos con dirigentes sindicales y campesinos, con quienes se acordaban planes de lucha abierta y se solicitaban combatientes.

La comunicación y la propaganda, la elaboración de materiales orgánicos, el trabajo de los derechos humanos y el derecho internacional humanitario, la atención de la salud –física y mental– de combatientes, el tratamiento de los heridos y muchas otras actividades anónimas dan una idea de la dimensión de lo que había detrás de los combates y los partes de guerra.

El EGP y FAR tenían estructuras similares y desarrollaban su trabajo proyectando mucha fortaleza que, a la vez, constituía la mayor debilidad del movimiento revolucionario, en la medida en que se seguía respondiendo a varias iniciativas particulares. Condiciones de unidad más evolucionadas pudieron haber garantizado un mejor uso de los recursos humanos y materiales con los que llegamos a contar. En retrospectiva, no hay duda de que el mantenimiento de diferentes proyectos y prácticas no ayudó a obtener mejores resultados.

En lo personal, estas vivencias y conocimientos me ayudaron a posicionarme más correctamente en lo que hacía y a valorar mejor la contribución que podía dar. También me sirvieron para aprender y comprender mejor las luchas de poder, acentuadas por el prolongado proceso, los efectos del exilio, los costos de la conducción a distancia y el desgaste propio de una guerra marcada por flujos y reflujos.

Los golpes de 1981 a 1984 marcaron el último descenso y las energías se concentraban en remontarlo. Recuperar iniciativa, calidad y contundencia requirió años, y apenas estábamos comenzando a preocupar de nuevo al ejército. El mayor problema era la falta de crecimiento sustancial de los frentes guerrilleros. Para el EGP, esos golpes habían significado una derrota militar estratégica para la toma del poder por esa vía. La represión, el terror y el control de la población disminuyeron en forma dramática esa posibilidad. Los esquemas de reclutamiento variaron y el hecho de no poder suplir bajas con seguridad y celeridad determinó las características cautelosas de las operaciones.

Llegué al aeropuerto Augusto César Sandino de Nicaragua en octubre de ese año. El gobierno sandinista era acusado por la administración Reagan de apoyar a los movimientos armados de la región, y toda información al respecto reforzaba su guerra de agresión. Por eso, una de las principales recomendaciones recibidas al llegar al país fue mantener el secreto y la compartimentación de la nacionalidad y de las actividades a emprender.

A partir del triunfo de la Revolución, Nicaragua se convirtió en un lugar amistoso y favorable para los revolucionarios del continente y del mundo, pero no todos podían difundirlo abiertamente.

En paralelo a las relaciones diplomáticas con representaciones oficiales de los países, también se tenían con las organizaciones guerrilleras. Sus representantes eran atendidos por compañeros designados por el Frente Sandinista de Liberación Nacional, que servían de enlace con el gobierno y el partido.

En el caso guatemalteco, cada organización de URNG contó con la seguridad y las facilidades necesarias para establecerse y crear sus estructuras. ORPA tenía dos responsables, Yalí y Enrique, y ambos se encargaron de apoyarme durante los tres meses de mi estancia, haciendo los arreglos debidos para vincularme con el Ejército Popular Sandinista (EPS).

Poco tiempo después de mi llegada fui llevado a Matagalpa, sede de la VI Región Militar al norte del país, una de las zonas de guerra más importantes por su frontera con Honduras, en donde los Contras tenían sus campamentos de retaguardia y disponían de un abastecimiento aéreo que les facilitaba irrumpir y maniobrar con grandes unidades.

Me recibió el coronel Manuel Salvatierra Rivera, jefe de dicha región. Lo primero que hizo fue reiterar la necesidad de la discreción, proponiendo el nombre de José Mendieta para identificarme, y preguntarme qué quería hacer. Esa libertad de decisión fue muy conveniente.

Le dije que lo que más me interesaba era aprender lo concerniente a las ventajas y desventajas de un ejército y una guerrilla, por lo que elaborar un plan de actividades para conocer el funcionamiento de las fuerzas regulares e irregulares del conflicto nicaragüense era lo que más se ajustaba a mis propósitos. La primera parte de la preparación me permitiría rotar por las diferentes secciones que constituían su estructura militar; además, acordamos que lo iba a acompañar a él o al mayor Rodrigo González García, el segundo al mando, en las giras de supervisión y evaluación motorizada que realizaban a las diferentes unidades dislocadas en el extenso territorio que defendían.

La segunda parte consistiría en la integración a un batallón de lucha irregular (BLI), una de las unidades especiales que se habían formado para combatir a la contrarrevolución. Buscaba, con ello, compartir conocimientos y experiencias con los oficiales operativos que sobre el terreno enfrentaban directamente a las patrullas enemigas y eran capaces de recrear, con detalle y minuciosidad, aspectos tácticos, así como de uso de armamento y explosivos, que podían marcar la diferencia entre una victoria y una derrota.

Roté por todas las secciones que conforman una fuerza armada: personal (S-1), inteligencia (S-2), operaciones (S-3) y logística (S-4). Los oficiales designados para acompañarme se encargaron de responder a todas mis interrogantes y explicarme particularidades del funcionamiento y coordinación entre ellas.

Conocí de medios de transporte y combate, tanto terrestre como aéreo; piezas artilleras simples y múltiples, fijas y móviles, además de un variado armamento de infantería y artillería ligera, todo de fabricación soviética. Era un ejército dotado con un armamento de la mejor calidad.

Los batallones de lucha irregular (BLI), respondían a los nombres de destacados lugartenientes del general Augusto César Sandino. Estuve con el batallón considerado vanguardia, el Juan Pablo Umanzor (el JPU), condición ganada frente a sus pares por combatividad y victorias. Su jefe era un joven oficial originario de Estelí, el capitán Carlos González; con dicha unidad de combate recorrí un extenso territorio, llegando hasta el poblado de San Rafael del Norte (donde se casaron Sandino y Blanca Arauz), la sierra del Kilambé (el pico más alto del país, de 1 750 metros de altura) e incluso a la frontera con Honduras, en un extenso patrullaje que se alternó con movimientos vehiculares y largas marchas de rastreo, atravesando ríos caudalosos como el Coco, el Rama y el San Rafael. La deficiente calidad de las botas provocó escoriaciones en los pies de la mayoría de los "cachorros", nombre dado a los jóvenes reclutas que realizaban el servicio militar patriótico (SMP).

La Contra contaba con todo el apoyo estadounidense. Su fusilería también era de fabricación soviética o de otros países del bloque europeo oriental; se complementaba con los lanzacohetes desechables (Law) y los misiles Stinger (Red Eye) de manufactura estadounidense. Con estos últimos podían derribar aviones y helicópteros. Su vestimenta y vituallas eran mejores que las del EPS. Presencié un caso paradójico: un ejército era el que se preocupaba por recuperar de una guerrilla los cinturones, los arneses, los portatolvas, los uniformes y hasta las botas, todo de una calidad muy superior a lo que se podía fabricar en el país. El bloqueo económico impedía la obtención de materiales más adecuados. Mantener a un ejército de más de cien mil efectivos, en todos sus aspectos y necesidades, era una inversión monetaria difícil de costear.

En las afueras de Jinotega, ciudad vecina de Matagalpa, se encontraba una base militar donde estudié las propiedades combativas y las prácticas de tiro de variado armamento de infantería. Hubo cajas de munición en abundancia, lo que hizo el ejercicio muy productivo y me sirvió para conocer y valorar mejor esas herramientas.

Viví las limitaciones de la crisis económica y las carencias de la tropa. Las sardinas soviéticas y el pinolillo (bebida a base de maíz tostado y molido) fueron parte de la dieta habitual. Los riesgos que, aunque por breve tiempo, compartí junto a ellos ayudaron a templarme. Las jornadas de patrullaje siempre fueron tensas, pero también tuvieron sus paréntesis sociales.

Recuerdo de manera especial el que se dio en una humilde vivienda de un paraje lejano y desconocido, en cuya ocasión escuché a una orgullosa madre campesina pobre, con muchas arrugas y pocos dientes, decir que su hijo estaba estudiando en la Unión Soviética y que como él había muchos. Esto era impensable para alguien del área rural en una sociedad capitalista subdesarrollada como la nuestra. De igual forma se me grabó la alegría característica del nicaragüense, sus bromas y su exclusivo léxico, exacerbados en los festejos y aún más con algunos "nicas libres".

En su misma tierra evoqué cómo, en las montañas de Guatemala, elogié su campaña de alfabetización, el trabajo voluntario en las fincas, la música de los hermanos Mejía Godoy y los discursos de los dirigentes sandinistas, a través de Radio Sandino y La Voz de Nicaragua. Las noticias presentadas y analizadas desde una óptica revolucionaria fueron estímulos permanentes en todos esos años, que nos reconfortaban y motivaban para buscar un desenlace tan glorioso como el que ellos habían alcanzado.

Ningún movimiento revolucionario del continente, incluidos el salvadoreño y el guatemalteco, fueron capaces de avanzar a las fases que los compañeros nicaragüenses concretaron. Aun así, hay quienes desde fuera pueden llegar a ser más severos para con ellos que para sí mismos, a pesar de que sus resultados fueron inferiores. Pienso que más allá de los desaciertos –que todos los hemos tenido–, o la regresión que vivió después el proceso, nada puede opacar la victoria del Frente Sandinista de Liberación Nacional del 19 de julio de 1979.

Managua sirvió también para un reencuentro familiar. Con Marina pasamos juntos la navidad, y en el año nuevo se sumó Valentina, embarazada de ocho meses. Madre e hija, tía y prima muy queridas, llegaron de Costa Rica y Cuba. Habían pasado más de siete años desde que nos vimos la última vez. Nuestras familias fueron muy unidas en la vida civil y lo continuaron siendo en la militancia, debido a que no sólo compartimos ideales, sino también desdichas.

Marina Molina, "Natalia", ex esposa de mi tío Raúl, lo había acompañado en sus ideas y su exilio. Fue militante urbana de las FAR de 1963 a 1970 y se incorporó a ORPA en 1978. Concibieron cinco hijos, y todos se integraron a distintas estructuras de la misma ORPA. Uno de ellos, Estuardo, fue el que cayó en combate en el Frente Javier Tambriz.

Marina Valentina Santa Cruz Molina, "Anabella", se unió a la lucha en 1979. El hecho de abandonar el país en 1981 junto a su hermana y padres, y verse obligadas, por razones militantes, a separarse de ellos en la ciudad de México provocó que las dos adolescentes tuvieran que aprender y madurar de forma acelerada.

En la frontera sur, desde el poblado de Cacahuatán, Anabella participó en el trabajo de apoyo a los frentes. A mediados de 1984, un error operativo alertó a la policía judicial federal mexicana de la presencia de la Organización en la zona fronteriza y llevó a la captura de buena parte de dicha estructura, incluyéndola a ella. Las autoridades del vecino país accedieron a enviar a los infractores a Cuba, consecuentes con su conducta solidaria hacia las luchas antidictatoriales en el continente y su disposición a no entregar prisioneros políticos a gobiernos represivos. El trato inicial por parte de los federales no se correspondió con ese espíritu. Con otra compañera fueron detenidas, les vendaron los ojos, las llevaron a alguna cárcel clandestina y las torturaron toda la noche, antes de enviarlas a la mañana siguiente a la ciudad de México.

Fue maestra en la Isla de la Juventud, donde el gobierno cubano tiene centros educativos para extranjeros. Dio clases a niños cubanos de primer y tercer grado en la escuela primaria Abel Santamaría de Gerona, durante un año, y luego fue trasladada a La Habana. Vivió en Cuba once años y tres meses. Su participación en la lucha guatemalteca se acabó después de no ser aceptada su solicitud de integrarse al Frente Javier Tambriz, hecha a finales de ese mismo año 1984, pero militó con cubanos y sandinistas. Al mismo tiempo, se dedicó a su formación profesional y su condición de madre. Valentina estudió Bibliotecología en la Universidad de La Habana, donde se graduó en 1995. Celia Marina nació el 7 de abril de 1989.

A Marina le notificaron el deceso de su hijo poco después de ocurrido, pero no había podido conocer pormenores del hecho ni de los dieciocho meses que compartimos en las montañas y áreas rurales de Guatemala. Son situaciones cargadas de mucha emotividad y rabia las que se desencadenan cuando se recapitulan eventos de esta naturaleza, pero ella demostró gran entereza y dominio.

Vivimos una catarsis largamente deseada y por demás necesaria. Aunque en forma fragmentada e incompleta, pudimos reconstruir los hechos que llevaron a la captura, desaparición y muerte de los miembros de la familia y amigos cercanos. Coincidimos en que al incorporarse se cree estar consciente de los riesgos y las consecuencias, pero cuando éstos nos tocan tan cerca, el dolor es distinto. También armonizamos en nuestras apreciaciones hacia los caídos, al considerarlos seres especiales ya que más allá de las circunstancias fueron capaces de hacer valer el significado de la frase "hasta la muerte si es necesario". La consigna de "patria o muerte" para ellos cayó en terreno fértil.

10. Rebotes trágicos

Estuve en Cuba de enero a marzo de 1988, descontando ocho días en que, con Juan Tuyuc (capitán Peter) del EGP y Luz Méndez del PGT, viajé a la Unión Soviética.

Una invitación de la Juventud Comunista de Smolensk fue la actividad idónea para que los responsables de URNG en la isla integraran a dos jefes guerrilleros a un corto periplo por ese gran país. Viajamos por Aeroflot, del aeropuerto José Martí de La Habana al aeropuerto de Shannon, en la República de Irlanda, donde se relevó tripulación y se recargó combustible para realizar el segundo trayecto hasta el aeropuerto de Sheremetzevo en Moscú. Un largo recorrido de catorce horas.

Era febrero y la época invernal estaba en su mejor momento, atestiguado por los veinte grados bajo cero de temperatura ambiente y una ciudad pintada de blanco.

Una de las cosas que más me impresionó de Moscú, que comencé a visualizar desde que el avión circulaba para aterrizar y terminé de comprobar al recorrer la ciudad, fueron las enormes dimensiones de las construcciones, calles y monumentos. Definitivamente, los soviéticos estaban influidos por su enorme territorio y pensaban en grande.

Nos fueron asignados un traductor y una guía. Eran los tiempos de Gorbachov y su estrategia de renovación socialista. Los términos *perestroika* (transformación), democratización (poder del pueblo) y *glasnost* (transparencia) fueron parte central de la primera charla que nos impartieron.

En la capital moscovita visitamos la Plaza Roja, el Kremlin, la Catedral de San Nicolás y el Museo de Lenin. También conocimos la casa de campo (*dacha*), en la que Vladimir Ilich Uliánov pasó sus últimos días.

A Smolensk llegamos en un tren nocturno, con sus camarotes literas y el samovar en los pasillos para degustar el té. Esta ciudad, cercana a la frontera es conocida como "la puerta a Occidente", y fue declarada "ciudad héroe" porque todo invasor europeo fue derrotado en ella. Ubicada en la ruta de aproximación a Moscú, era un paso inevitable de los ejércitos con pretensiones de conquista. Los casos más notables fueron las fallidas invasiones, la napoleónica en el siglo XIX y la alemana nazi en el siglo XX, durante la segunda guerra mundial.

En esta ciudad visitamos una iglesia ortodoxa, una fábrica de textiles, un círculo infantil y un palacio de pioneros. Allí cumplí treinta y dos años y ni una fuerte amigdalitis pudo empañarlos.

Fue un país y un pueblo que me inspiraron respeto y admiración por todo lo que han vivido, por sus grandes sacrificios y sus gestas heroicas. Y también por ser el lugar más distante y frío en que he estado.

De la gélida Moscú regresé a la calurosa Habana, y después de esa fugaz y distante aportación diplomática, me concentré de nuevo en aquellos temas vinculados al conflicto bélico, que fueron la razón principal de mi llegada.

Mis actividades fueron muy concretas: un curso de inteligencia y contrainteligencia, al que se unieron los capitanes Polo y Peter, impartido por compañeros del Departamento de Operaciones Especiales (DOE). Lo recibimos en el céntrico barrio de El Cerro, en un apartamento del decimotercer piso de un edificio de mediados de los años cincuenta, desde cuyo balcón podíamos ver los juegos de pelota (beisbol) que se celebraban en el Estadio Latinoamericano.

Visité el Departamento de América, donde recibí charlas sobre la coyuntura centroamericana, consideraciones y perspectivas. Respondí a un cuestionario en el que solicitaban información sobre ORPA, el estado de la fuerza guerrillera a la que pertenecía, cantidad de combatientes, conducción y capacidad operativa. Sobre esto último, el comandante Gaspar me había instruido desde que trabajamos en México, y me explicó que era una deferencia con los cubanos, por el solidario apoyo que proporcionaban.

Realicé prácticas de tiro en un campo de entrenamiento en

Pinar del Río. Estuve en una de las instalaciones de la famosa área Punto Cero, que podía recibir un pelotón, pero estuve solo, atendido por un instructor. El interés se centró en repasar propiedades combativas de algunas armas y completarlas con pruebas de puntería.

También estuve en la embajada de Vietnam, y me honró compartir varias horas con un coronel, veterano de la guerra contra Estados Unidos. Es asombroso comprobar la sencillez y serenidad de los vietnamitas. Su alocución fue amplia e instructiva en diversos aspectos. Se refirió a la historia de su país y a la forma en que enfrentaron a tres imperios: China, Francia y Estados Unidos, en distintos momentos, para reafirmar su soberanía e integridad territorial. De lo histórico, pasamos a lo estratégico y a lo táctico, hasta llegar a la narración de sus acciones militares realizadas con tropas especiales, que tenían como consigna el "agarrar al enemigo por el cinturón".

De Guatemala me preguntó por el paradero de los numerosos compañeros entrenados en estas técnicas todos esos años, y no fui capaz de responderle. Luego me hizo una aseveración sorprendente: el movimiento revolucionario que contaba con el mayor número de combatientes formados en este tipo de destrezas era el guatemalteco. Muy respetuoso y en un tono suave y calmado de voz, pero contundente en su reclamo, me hizo saber que por lo que conocían no habíamos sido capaces de responder a esa gran inversión de tiempo y recursos compartidos con las distintas organizaciones de nuestro país.

En esos días, coincidimos con un selecto grupo de treinta combatientes, reunidos precisamente para entrenarse como comandos especiales. El pelotón contaba con diez del EGP y veinte de ORPA (diez del Luis Ixmatá y diez del Javier Tambriz). Eran veteranos, todos con larga trayectoria. El grupo de nuestro frente iba al mando del capitán Polo y lo completaban los oficiales y suboficiales Juvín, Mynor, Chusito, Vicente, Rogelio, Ervin, Alonso, Jaime y Luis.

Además de mi formación, conocí cosas interesantes de ese país. En La Habana y en las provincias de Matanzas y Cienfuegos visité obras y logros de la Revolución en campos tan diversos y complementarios como la salud, la educación, la vivienda, la energía hidráulica y nuclear, la infraestructura vial y el deporte.

Lo que encontré en Cuba no tiene parangón con ningún país del continente. El acceso gratuito a la salud y la educación, la seguridad y la limpieza, la tranquilidad y la solidaridad. Pero por encima de todo ello, y a pesar de las carencias, la dignidad de sentirse libres y soberanos.

Nada hará olvidar la disposición del pueblo cubano y sus dirigentes con los movimientos de liberación de nuestra América y del mundo. En relación con Guatemala, todo fue puesto a disposición para que cada una de las organizaciones pudiera nutrirse, en las ideas y en la práctica, de su experiencia guerrillera y de la revolución. Su influencia política es incuestionable, al mismo tiempo que su actitud de respeto frente a la independencia y decisiones tomadas en cada proceso.

A finales de marzo recibí la orden de regresar a México con urgencia. El escueto mensaje no explicaba razones y no tenía por qué preguntarlas; eran tiempos de disciplina y cumplimiento. No se podían cuestionar órdenes del comandante en jefe y él sabría por qué me convocaba con esa premura.

Regresaba de Cuba a Nicaragua después de mi última jornada formativa, de paso rumbo a México, cuando tuvo lugar una aventura imprevista. Una pareja de compañeros, miembros del Departamento de Relaciones Internacionales (DRI) del FSLN, designados para atenderme, me llevaron un domingo al balneario de Xiloá, en las afueras de Managua, con la ilusoria intención de escaparnos de las duras realidades de las guerras que compartíamos. Nos movilizamos en un Toyota Corolla viejito que me habían prestado. Tomamos mucho y hablamos más. No recuerdo cuántas botellas de Flor de Caña consumimos, pero lo cierto es que, en determinado momento, perdí la noción de lo que decía y hacía.

Max me contó después que me pidió manejar él de regreso, a lo cual me negué, e insistí en hacerlo yo, a pesar de mi estado de ebriedad. Recobré la conciencia en la carretera que nos llevaba a la ciudad cuando un policía sandinista me conminó a bajar del auto. Me registró y me indicó que la infracción cometida ameritaba mi traslado a sus dependencias. De nada sirvieron los vehementes pedidos de los compañeros, intentando explicar a los uniformados que era un jefe guerrillero guatemalteco, y que esa condición me hacía merecedor de cierta consideración. Los jóvenes policías –en momentos en que la guerra de agresión de la Contra era tan intensa– se esforzaban por cumplir con su deber. Un carro a toda velocidad, que no respetó señales ni altos, despertó sus sospechas. Y era lógico que pensaran en un infractor que pudiera cometer desde una imprudencia vial hasta un acto contrarrevolucionario con saldos lamentables.

Fui trasladado a la radiopatrulla y llevado al Departamento Central de Tránsito de Managua, frente al mercado Roberto Huembes. Allí se me terminó de pasar la borrachera y empecé a darme cuenta del problema en que me había metido. Pero Max no se dio por vencido. Condujo nuestro auto hasta estacionarlo frente a las instalaciones policiales, se cuidó de no entregar las llaves y se retiró. Regresó poco después y me indicó que cuando lo viera subirse al carro y ponerlo en marcha saltara la cerca, pues no estaba dispuesto a dejarme ahí. Lo pude hacer sin lamentar otros males y nos alejamos a toda velocidad del lugar, no sin antes observar que un camión se atravesó en la vía e impidió que cualquier carro policial pudiera perseguirnos. El compañero me comentó que se fue pensando en la necesidad de hacer algo. Casualmente, encontró a un amigo camionero a quien explicó la situación, y éste no dudó en integrarse al plan de fuga, que elaboró con mucha improvisación y buena dosis de audacia.

Felizmente, realizamos la temeraria e irresponsable acción, sin tener que lamentar una desgracia, ya que los policías estaban en el legítimo derecho de disparar ante dos individuos que habían violado sus instalaciones, además de dejarlos muy mal parados por la evasión de su principal recinto. Nos separamos y él se escondió en la casa de unos internacionalistas argentinos, aunque luego fue llamado a entregarse y estuvo en prisión por corto tiempo; mínima medida que se vieron obligados a instrumentar sus superiores, ante los airados reclamos de sus pares policiales.

Por mi parte, devolví el carro y me trasladé a vivir a la casa de otro compañero, esperando repercusiones y sanciones. Cuando fui a despedirme del coronel Salvatierra a Matagalpa, constaté que ya estaba enterado del hecho y ante su requerimiento de una explicación, decidí dársela sin ambages ni excusas. Manifesté mi pesar por lo sucedido y mi intención de no causarles problemas. Fue un exceso, un grave error y pedí disculpas. ¡Mendieta se había lucido! No dejó de mencionar los comentarios que circulaban en relación a que un oficial del EPS y un jefe guerrillero guatemalteco pusieron en ridículo a la policía de tránsito al haberse escapado. Los reclamos hacia el mando militar por parte de la policía, ante lo hecho por uno de sus oficiales, fueron enérgicos y reiterados, exigiendo una severa sanción. Él y otros jefes que seguramente lo supieron fueron comprensivos y solidarios con ambos. Gaspar recibió el informe respectivo y otros compañeros en México también llegaron a saberlo. No me quedó más que disculparme de nuevo con él, ya que el prestigio de la Organización fue puesto en entredicho, y, por fortuna, todo ello no pasó a más.

Así concluyó mi primera y única especialización en el extranjero. Mis notas manuscritas las pude hacer llegar a México y luego de transcribirlas, reducirlas y emplasticarlas, se empacaron para hacérmelas llegar en la primera oportunidad. Mi intención era compartir los conocimientos adquiridos, como lo hicieron conmigo otros que me antecedieron.

Crecí. Creo haber crecido como ser humano, como revolucionario y como jefe guerrillero. Lo que aprendí, en muchos y variados sentidos, me sirvió para enfrentar la etapa más difícil, intensa y peligrosa de la guerra y de mi vida.

Regresé a México en abril y el comandante Pancho me puso al tanto de los acontecimientos en el Frente Javier Tambriz desde mi salida.

La situación operativa requirió una amplia explicación. El volcán Atitlán había sido la principal retaguardia montañosa durante siete años, pero la dislocación de efectivos militares en sus alrededores dificultó en extremo la permanencia del puesto de mando. Por eso, Pancho decidió trasladarlo a Chimaltenango. Establecerse en ese territorio parcialmente conocido requirió varios meses, en medio del necesario trabajo con las bases, los desembarques y la preparación del terreno. Muchas penurias y pruebas de cohesión vivieron durante ese tiempo. Cuando el ejército confirmó la reubicación, por inteligencia y acciones en el área, situó destacamentos y regularizó patrullajes.

En el volcán se quedó una unidad operativa que pasó momentos muy difíciles. Comprobó de la forma más sensible, con muertos y heridos, que la mayor presión operativa le estaba funcionando al enemigo. Una desfavorable combinación de experiencias de conducción negativa por nuestro lado y las oportunas iniciativas del adversario ocasionaron varias bajas. Dos emboscadas, al ser ordenadas movilizaciones de patrullas en terrenos y horarios equivocados, nos hicieron perder al teniente Fausto, Juan Carlos, Miguel Ángel y Alex (el médico), y resultó herido Luis. El teniente Cornelio, oficial a cargo, fue relevado y llevado al puesto de mando.

La promoción del teniente Cornelio no tuvo los resultados esperados y hubo mucha diferencia entre su brillante trayectoria operativa y su deficiente prueba de dirección a mayor escala. Se sintió tan mal con lo sucedido que a los pocos días de encontrarse con Pancho en Chimaltenango, activó una mina de tracción de los alrededores del campamento, muriendo instantáneamente. La combinación de la frustración, el sentimiento de culpa y el orgullo desencadenaron, en este caso, un trágico desenlace.

En relación a la jefatura del frente, me informó que él había salido en enero de ese año, dejando a cargo al capitán Julio y como su segundo al capitán Hernán. Apoyando de forma temporal a ambos, por el conocimiento que tenía del trabajo de resistencia, logística y finanzas, también se quedó la primera teniente Ana.

Ese equipo de trabajo duró poco tiempo, porque Julio no fue capaz de soportar el peso de ser el primer responsable y solicitó su traslado. Ante este inesperado incidente Gaspar nombró a Hernán como responsable, lo que correspondió más bien a requisitos formales y nominales, pues quien realmente se encargó de la conducción, en esos meses, fue Ana.

Entendí el porqué de la orden de mi apresurado regreso. La negativa relación política y personal existente entre ella y Gaspar era un obstáculo para mantener dicho esquema. La desconfianza se acentuó con la propuesta de Hernán de ascenderla a capitana, hecho apoyado de inmediato por Pancho en el D F. Dicha promoción era impensable para el comandante en jefe, que no podía ceder la dirección del frente a alguien identificado con el movimiento disidente dentro de la Organización. A pesar de ello, se vio obligado a aceptarlo para no ahondar diferencias.

Gaspar tenía una manera muy particular de manejar los problemas delicados. En lugar de enfrentar y romper, neutralizaba y conciliaba. El caso de Pancho fue uno de ellos. Miembro fundador del Frente Urbano, fue su chofer, guardaespaldas y asistente personal. Le demostró su lealtad en 1976, cuando optó por respaldarlo ante el movimiento fraccionario incitado por su hermano. Subió a la montaña debido a una sanción al cometer faltas en su desempeño como responsable en la ciudad, pero en menos de dos años ostentaba el grado de comandante guerrillero, señal de la confianza que le tenía. Sin duda, una relación cercana y afectuosa.

Una de las novedades que recibí en mi estancia en el D F fue que pasé a ser parte de la dirección nacional de ORPA, cuyos integrantes eran únicamente jefes militares. Si bien años más tarde se amplió y la completaron responsables de otras esferas de trabajo, hasta ese momento sólo la constituía el comandante en jefe y comandantes guerrilleros. Mi caso fue el primero y el único en que un primer capitán formó parte de ella.

En una casa de Cuernavaca asistí a mi primera reunión, en la que participamos Gaspar Ilom, Isaías y Everardo (del Frente Luis Ixmatá), Pancho y yo (del Javier Tambriz) y Aníbal de la retaguardia.

La Organización tuvo varios miembros de dirección a lo largo de su historia. Hay quienes dejaron de serlo por diferentes causas: caídos en combates urbanos y rurales, accidentes automovilísticos, incompetencia, conspiración y traición. Hechos funestos que fueron fortaleciendo la imagen de un único e indiscutido jefe, sin relevos definidos.

En los últimos años, los comandantes más cercanos a Gaspar habían sido Isaías, Pancho y Sergio; por tanto, eran mencionados como posibles sustitutos en las elucubraciones de personajes afines al círculo de poder. Sergio salió de esa supuesta contienda al tener desafortunados resultados cuando dirigió el Frente Luis Ixmatá. Ofuscación en el ejercicio de su autoridad, combates desventajosos, pérdida de patrullas y muchas bajas determinaron la suspensión de su cargo. Terminó siendo trasladado a la retaguardia mexicana, pero fue de mal en peor, perdiendo su posición en la dirección, primero y toda responsabilidad después.

Eso provocó que para 1988 hubiera sólo dos comandantes guerrilleros en condiciones de acceder a la ambicionada posición de ser segundo al mando. Isaías y Pancho lo negaban, pero sus actos los delataban.

Fue en esta reunión de Cuernavaca que pude comprobar personalmente la antipatía existente entre los dos compañeros. En ese entonces, había trascendido la búsqueda de combatientes que el FJT estaba intentando en detrimento de otras organizaciones, y las acusaciones de Isaías al respecto no hicieron más que empeorar su mala relación. El rechazo recíproco manifiesto no presagiaba nada bueno. Años después éste condujo a consecuencias dañinas, inadvertidas y devastadoras.

Uno de los puntos centrales discutidos en aquella oportunidad fue cómo llevar adelante el esfuerzo de guerra. Los conceptos estratégicos que Pancho e Isaías expusieron denotaron diferencias esenciales y era necesario lograr un consenso, por encima de la insistencia de ambos, intentando buscar cuál podía redituar los mejores resultados. Amerita explicar ambas posturas.

Si algo marcó a todas las guerrillas latinoamericanas fue el proceso revolucionario cubano. Fidel, Raúl, Camilo, el Che y el resto de fundadores del Movimiento 26 de Julio lograron crear las condiciones organizativas, políticas y militares que culminaron con la derrota de Batista y de su ejército, el primero de enero de 1959. Unificación del liderazgo y participación popular hicieron posible el victorioso desenlace.

En el caso de Guatemala, no se puede hablar de una sola estrategia para la toma del poder. Las tres organizaciones político-militares, desfasadas y con conceptos desiguales, a lo más que pudieron llegar fue a la coordinación de acciones militares, basadas en las posibilidades de cada una de ellas. Lo financiero y lo organizativo eran intocables. El quehacer diplomático fue parcialmente compartido y, por último, la negociación sí fue determinada por un esfuerzo colectivo de la Comandancia General, el equipo político diplomático y varios colaboradores.

El hecho de ser los primeros en el continente significó para los revolucionarios cubanos una ventaja irrepetible y un triunfo militar excepcional, sólo seguido, veinte años más tarde, por la victoria insurreccional sandinista en Nicaragua. Ninguna otra guerrilla en América Latina ha sido capaz de repetir esas dos hazañas.

La Sierra Maestra fue el bastión principal de los guerrilleros cubanos, de la que salieron Raúl, Camilo y el Che a formar nuevos frentes de lucha en otras montañas y el llano. Era un territorio distante de la capital, en el extremo oriental de la isla, en el que se fueron desarrollando y fortaleciendo hasta revertir la correlación de fuerzas a su favor e irrumpir en La Habana la noche de año nuevo. Los revolucionarios cubanos hablaron de territorios liberados, de campamentos principales permanentes, de hospitales de campaña, de radioemisoras y de estrecha vinculación con los movimientos populares del campo y las ciudades.

Las organizaciones guerrilleras guatemaltecas repitieron dicho esquema. Las FAR en Petén, el EGP en el Ixcán y ORPA en San Marcos consideraron que sus fuerzas militares, allí establecidas, estaban llamadas a ser las principales y determinantes protagonistas de la derrota militar del ejército.

Más adelante, se multiplicaron los frentes guerrilleros y las zonas de operaciones, pero la idea principal siguió siendo la de prepararse en territorios fronterizos de difícil acceso, poca población y retaguardia segura. Aunque luego surgieron variantes motivadas y obligadas por el desarrollo de los acontecimientos que enriquecieron la teoría y la práctica de las luchas irregulares, ese lineamiento estratégico prevaleció.

La apretada revisión anterior era necesaria para entender las diferencias de concepción de la guerra que prevalecían entre ambos comandantes.

El planteamiento de Isaías respondía, en cierta forma, al concepto tradicional implantado por los cubanos. Se vanagloriaba de tener un campamento base en el volcán Tajumulco, ocupado desde hacía varios meses y con instalaciones que denotaban su intención de hacerlo permanente. Esto permitía que los combatientes interiorizaran el concepto de "territorio liberado".

Sus operaciones se realizaban en sectores periféricos cercanos a este reducto y lograban sus mayores golpes cuando las patrullas militares incursionaban en la montaña. Se concentraban en los puestos fijos, cuyo terreno era favorable para atacar y emboscar.

El problema que se le señalaba era que, en la medida en que el dispositivo de protección centrara combatientes y medios, restaba operatividad hacia el exterior y restringía el contacto con la población. También permitía la instalación de destacamentos enemigos y la creación de redes de informantes y colaboradores alrededor de la zona montañosa, que hacían muy difícil y peligroso el desplazamiento de patrullas fuera de ella.

La variante de Pancho tomaba en cuenta su experiencia personal y los intercambios tenidos en el exterior con los cubanos, los nicaragüenses y, sobre todo, con los vietnamitas. En cuanto al manejo del terreno y la dislocación de la fuerza, expuso que los maestros vietnamitas recomendaban que, dadas las características de la guerra en Guatemala, convenía contar con varias retaguardias montañosas para cambiar en forma constante el teatro de operaciones. En el momento en que el ejército se posicionara alrededor de una de ellas, agotado un periodo conveniente de acciones militares, había que cambiarla. Con esto se evadían patrullajes más articulados, no se ponía en riesgo a la población y se ahorraban dificultades logísticas. Este constante movimiento aumentaba las posibilidades de atacar y emboscar. La combinación de combates de diferente magnitud fue uno de los aspectos más subrayados en las discusiones, lo cual satisfacía a Gaspar. Por lo mismo, no se inclinó por ninguno de los dos, sino propuso que se aprovechara lo mejor de ambas experiencias, y así el Frente Ixmatá podría diversificar su concepto táctico operativo en la disputa del terreno y la población, mientras el Tambriz agregaría contundencia a su constante accionar.

Esta reflexión sobre la operatividad de ORPA quedaría inconclusa de no considerarse la percepción de su primer responsable. Gaspar Ilom fundó la organización a partir del Regional de Occidente de FAR en 1972, debido a la ruptura conceptual y personal con Pablo Monsanto, quien se convirtió en comandante en jefe de la primera organización guerrillera en Guatemala siendo muy joven.

La muerte prematura de Luis Turcios Lima, la captura y la expulsión de otros dirigentes que lo precedieron –Camilo Sánchez y César Montes, entre los más conocidos–, fue lo que llevó a Monsanto a llenar, en forma temprana, un vacío de conducción, sin que su mérito y capacidad fueran suficientes para convocar a todos los revolucionarios. Habría que agregar que fue una época en la que se impuso como demostración de consecuencia el uso impulsivo de las armas y la desestimación del esfuerzo intelectual. Esta visión formó y deformó a muchos militantes y dirigentes, pero lo más significativo siguió siendo el hecho de que no existía una estrategia definida de lucha y toma del poder. Privaba el desconcierto ante la inexperiencia y la precaria formación político-ideológica.

En marzo de 1962, Rodrigo Asturias Amado participó en el primer intento de formación de un grupo guerrillero en Guatemala, con trágico desenlace. Fue en el municipio de Concuá, en el norteño departamento de Baja Verapaz, donde las fuerzas militares truncaron este improvisado movimiento, sorprendiendo a los alzados, matando a varios de sus integrantes y apresando a otros, él incluido. Fue liberado luego de un corto periodo carcelario y expulsado a México. En el país vecino trabajó para subsistir en la editorial Siglo XXI y a la vez aprovechó su tiempo para analizar y reflexionar sobre una nueva estrategia de construcción orgánica y lucha político-militar. Fueron varios años de estudio y preparación, de ordenamientos conceptuales y consideraciones literarias aplicables a Guatemala, que pretendían evitar los errores cometidos en la primera etapa. Fue un aporte intelectual incuestionable y de respetable valor, base formativa de muchos cuadros y militantes que creímos en él.

La idea de utilizar la Sierra Madre y poblarla con varios frentes guerrilleros para un inicio simultáneo del accionar fue parte importante en la estrategia de ORPA concebida, a principios de los años setenta, por sus fundadores. Por lo mismo, en 1987, el comandante Gaspar veía en los debates de Isaías y Pancho una contradicción complementaria y le interesaba que ambos enfoques pudieran aplicarse.

Los planes militares para los dos frentes en los próximos meses quedaron claros: mayor amplitud y frecuencia operacionales; combinación de pequeños, medianos y grandes golpes; buscar resultados desmoralizadores para el ejército; cambiar la correlación de fuerzas a nuestro favor y una mayor disputa territorial. Éstos fueron los objetivos que nos propusimos para contrarrestar los redoblados esfuerzos enemigos para derrotarnos. No se informó ni se profundizó sobre los golpes recibidos por otras organizaciones y sus posibilidades operativas.

Fueron momentos en que la Organización había recuperado las posibilidades de apoyo a sus frentes guerrilleros, pudiendo aprovisionarlos de un armamento cuya cantidad y calidad permitiría realizar operaciones importantes. Las comunicaciones radiofónicass estratégicas y tácticas, así como la radiocontrainteligencia, estaban garantizadas, aunadas a una asignación presupuestaria mensual para resolver las necesidades de abastecimiento.

A lo anterior se sumaba la preparación del grupo Comando en Cuba, que regresaría a principios del año 1989. Volvía al frente con planes muy ambiciosos, que pensábamos darían otra dimensión a la guerra. Las fuerzas guerrilleras de las organizaciones hermanas también se preparaban para ello.

Gaspar Ilom fue capaz de construir una organización guerrillera bien estructurada, en la que supo combinar una base teórica consistente con una acción militar consecuente. La atención diversificada a los frentes de lucha y la capacidad operativa alcanzaron niveles de excelencia. Durante los años de existencia de ORPA, se creó una logística de sustanciales dimensiones que dotó a las unidades militares de armamento, medios tecnológicos y electrónicos de punta, pertrechos e insumos intelectuales necesarios para preservar la moral y la motivación combativa. Los aportes humanos, económicos, materiales y bélicos procedieron de diferentes partes del mundo, incluyendo el territorio estadounidense.

En los días previos a mi ingreso recibí otra lección de humanidad y política. El interés de Gaspar por establecer una buena relación conmigo era notorio. Auténticas razones políticas, personales y aun conspirativas, respaldaban esta actitud. Para él estaba claro que la salida de Pancho por enfermedad y su propuesta de quedarse desempeñando tareas en el exterior, asociadas al hecho de que Ana se vería obligada a acompañarlo, determinaba que quien iba a tener el mando era yo. Ahí radicaba la importancia de establecer conmigo una mayor confianza y cercanía.

Pero esta situación afectaba mucho el ánimo de Pancho, temeroso de que pudieran cautivarme las atenciones y terminara por abandonarlo en su intento disidente. Tan inseguro se sentía, que no dudó en transmitir a Ana y Hernán su torcida conjetura. Ellos respondieron que si ése era el caso no permitirían mi llegada. Cuando me lo hizo saber, mi respuesta fue directa y enérgica, ya que su desconfianza era infundada. Le exigí que enviara otro mensaje despejando dudas, de lo contrario prefería solicitar otra ubicación, lo que provocaría problemas con Gaspar, puesto que le tendría que dar explicaciones de por qué no regresaba.

Me dijo que no tenía nada que ver con el ultimátum enviado por los compañeros, ya que ellos tenían su propio criterio y el derecho de manifestar sus reservas, lo cual me pareció burdo, y menospreciativo de mi entendimiento y percepción del juego que se estaba realizando. Lo cierto fue que el mensaje radiofónico que les envió los predispuso, les dio elementos de análisis erróneos y apreciaciones tendenciosas que lograron el objetivo de provocar una respuesta agresiva y amenazante. Fue un manejo hábil y calculado, buscando respaldo ante los fantasmas que lo acechaban.

Creo que éste es uno de los sucesos más significativos que fueron minando mi confianza y apoyo hacia Pancho; también puso al descubierto la necesidad de asumir una postura personal independiente, fuera de estas disputas de poder, cuyos verdaderos intereses y objetivos de fondo se ocultan.

La cena de despedida se convirtió en una tradición. Personas cercanas al círculo íntimo de Gaspar asistían, él mismo se encargaba de preparar una pierna de cerdo al horno, que decía ser su especialidad culinaria. El ofrecimiento de la silla a la cabecera –que por lo regular correspondía a su persona–, el brindis anticipado por los éxitos a obtener y el disfrute de una mesa bien servida culminaban el tiempo de estancia afuera y a la vez daban inicio al ritual de regreso a Guatemala y a la guerra.

En la confluencia montañosa de los municipios de Patzicía, Patzún, Pochuta y Acatenango retornaría al FJT. El traslado aéreo a Tapachula fue el primero de varios recorridos, completado por traslados vehiculares y caminatas, incluido de nuevo el cruce del río Suchiate, hasta llegar a la carretera Interamericana, en el altiplano central chimalteco, una noche de agosto.

En el pequeño campamento de la montaña de El Soco, en el municipio de San Andrés Itzapa (SAI), me percaté con más rapidez de lo esperado, de que había regresado al permanente estado de tensión y alerta que el conflicto exigía. Después de un día de no comunicarse, lo que era inusual, la capitana Ana me informó de un combate nocturno en el puesto de mando. Había ocho heridos y se estaban movilizando a otra posición para coordinar mi traslado.

Dos días más tarde una patrulla llegó por mí, y tras una marcha cuidadosa y a rumbo arribé al campamento principal. Debía mejorar mi condición física y reducir el exceso de peso. Pasados un año y tres meses reencontraba viejos y nuevos compañeros en el frente, al que orgullosamente pertenecía. Me sentí contento de regresar a casa.

Lo primero que hicimos fue sacar a los cuatro heridos que lo necesitaban, entre ellos los primeros tenientes Profani y Jeremías; el resto se recuperó allí mismo. Fue necesario llamar a una parte de la fuerza del volcán Atitlán para asegurar esa salida por la CA-1 y no perder capacidad de respuesta ante las patrullas militares que habían incursionado para continuar la búsqueda. Ese campamento en las faldas del filo de Pacayalito se llamó El Refuerzo.

Profani no quería salir y lloró al despedirse. Lo llevamos hasta el D F y fue atendido por especialistas en el hospital de Petróleos Mexicanos (PEMEX), pero la gravedad de las lesiones vasculares le causó la muerte en enero de 1989. No volvió a ver a su compañera, ni a sus cinco hijos. Era un sobreviviente de las masacres del norte de Chimaltenango en 1981, cuando pertenecía a las fuerzas irregulares locales (FIL) del EGP. Con otros cinco compañeros dirigía a la población desplazada, pero cuando la situación se tornó insostenible prefirieron huir antes que rendirse. Se dirigieron a Patzún y, en enero de 1983, nos contactaron y se integraron al FJT. Fue el más destacado de todos ellos y su fallecimiento significó una gran pérdida.

Jeremías regresó a principios de 1989, restablecido de su herida física y transformada su disposición anímica. El rechazo de las responsabilidades y el cuestionamiento de las órdenes dieron paso a una actitud respetuosa y disciplinada. El casi niño de Comalapa, incorporado en 1979, que ante la pregunta de Javier Tambriz sobre el porqué de su decisión de luchar, había respondido que quería tener una pistola y disparar como los vaqueros que veía en las películas de la televisión, se convirtió en un respetado jefe. Fue determinante en su cambio de actitud el periodo de convalecencia vivido en México y, ante todo, la cercana convivencia que tuvo con uno de nuestros destacados compañeros mexicanos; Ismael fue capaz de transmitirle mucho de humanidad y política, al mismo tiempo que se retroalimentaba de su relación con él.

En medio de la situación de emergencia creada por los heridos, tuve la oportunidad de enterarme sobre lo acontecido mientras estuve fuera. Si bien el comandante Pancho me puso en antecedentes en México, el informe de los capitanes me ayudaría a completar el panorama.

En cuanto a las medidas tomadas para asegurar la permanencia en la nueva área continuamos con la política de represión selectiva instaurada. Los individuos y aparatos de inteligencia civil, organizados por el ejército, fueron atacados de manera frontal y sin vacilaciones. El momento que vivíamos lo hizo inevitable. En aquellos casos donde la persuasión y las advertencias no fructificaron y los llamados a abandonar el lugar no fueron obedecidos, aplicamos medidas extremas y ordenamos ajusticiamientos. Quienes fueron enviados a la montaña en búsqueda de huellas y campamentos no retornaron.

La montaña llegó a ser un territorio en el que ya no podían entrar los civiles, y esto forzó al enemigo a penetrar y buscar por sí mismo la información.

Una acción represiva implacable exigió una respuesta igualmente categórica. Terror contra terror. Fue parte de nuestra vivencia y de nuestra supervivencia.

En lo tocante al trabajo urbano, conocí lo realizado por Miguel, Héctor, Andrés y Silvia, miembros de una estructura creada el año anterior, con la que intentamos reactivar el accionar militar en la ciudad capital, pero tras varios intentos, nos dimos cuenta de su inviabilidad y decidimos transformarla en una unidad de apoyo para el Frente Javier Tambriz.

Me indicaron también que en ese entonces ya contábamos con importantes reservas logísticas, producto de varios desembarques de la Comandancia y de las bases de apoyo, que aseguraban una respuesta consistente ante el acoso enemigo. Una fase de preparación de más de seis meses daba paso a las operaciones ofensivas en Chimaltenango.

En lo tocante a esas operaciones, fue relevante una emboscada en un paraje cercano a la aldea Xetzitzí, Patzún, en la que fueron aniquilados dos pelotones y un ataque de hostigamiento al cuartel de la aldea El Socorro, Acatenango, que precedieron en las últimas semanas al cruento combate en la montaña. Todas fueron acciones en líneas interiores (cercanas a la retaguardia). Ana y Hernán tenían pensada una operación en líneas exteriores (alejada de ella), y el objetivo escogido fue el poblado de San Andrés Itzapa. La patrulla asentada en El Soco se encargó de preparar las condiciones con la resistencia del lugar.

En cuanto a las bajas, se contabilizaron trece; tres en la emboscada, ocho en el combate nocturno y dos por captura. De ellas dos mortales, la compañera Marta en la primera acción y el subteniente Pedro en la última. Fulvia, la otra compañera capturada, fue obligada a servir de guía en los patrullajes. No delató a nadie e hizo lo necesario para preservar la vida.

Referente al Frente Tecún Umán de FAR, al trasladarnos a dicha área en 1987, el contacto fue inevitable. Su jefe era el teniente Egidio y tenía unos treinta combatientes; la mayoría fue trasladada al Petén poco tiempo después, quedando una pequeña patrulla a cargo del teniente Rafael. Ésta se integró plenamente, distribuyendo combatientes en las unidades, sin trabas ni reparos en ello.

La mejor noticia de todas fue la de las incorporaciones. Durante los dos últimos años recibimos combatientes de forma sistemática, lo cual garantizaba un crecimiento sostenido, supliendo con creces las bajas sufridas y las salidas por entrenamiento, descanso, cumplimiento de plazos o deserciones.

Resuelta la situación de los heridos, y para no seguir en un sector que los militares estaban patrullando con insistencia, nos trasladamos a las estribaciones de los cerros Balamjuyu y La Cumbre, a inmediaciones del río Lanyá.

Los meses de septiembre y octubre también sirvieron para estudiar. Me interesé en transmitir con rapidez lo aprendido, para lo cual programamos reuniones con oficiales y combatientes. Con los jefes tuve particular atención, ya que eran los llamados a dirigir y a utilizar los hombres y las armas. Un horario flexible pero exigente permitió trabajar con todos, a pesar de las tareas cotidianas y las misiones que cumplían.

Era noviembre de 1988 y estaba lejos de imaginar los amargos acontecimientos que me esperaban.

En varias ocasiones nos había funcionado el esquema de adelantar pequeñas unidades, y el teniente David, al mando de diez combatientes, fue designado para conducir la que se encontraba en El Soco, montaña de 2 668 metros de altura, parte de la cordillera de la Sierra Madre. Acamparon en las cercanías de la aldea El Aguacate. La ocupación de San Andrés Itzapa sería la atracción principal, seguida por la defensa de la montaña, inmediata a dicho poblado, esperando la llegada de las patrullas de la zona militar 302, a la que le correspondería reaccionar.

Aunque ya habíamos establecido una fecha para el inicio de la operación, la confirmación radiofónica era necesaria para coordinar la llegada de la fuerza principal, al mando del teniente Oliverio, y por eso nos preocupaba no tener noticias de la patrulla. El teniente Gabriel y Sofía nos informaban que, a pesar de cubrir los horarios convenidos, no lograban comunicarse con los compañeros o captaban mensajes parciales difíciles de descifrar.

Estábamos en una época seca. Noviembre es un mes caracterizado por días soleados, cielos despejados y vientos constantes en esa región del país. Éstas son las condiciones climáticas más adversas para las comunicaciones de onda corta, cuyo principio oscilante entre los medios radiofónicos y el rebote en la ionosfera determina la captación de la señal. En este caso, siguen de largo, perdiéndose en el espacio y dificultando considerablemente, si no imposibilitando, la recepción-emisión de señales.

Ante esta eventualidad, procurando realizar la operación en la fecha convenida, decidimos enviar al teniente Oliverio, a pesar del silencio de David.

La deficiente o nula comunicación radiofónica entre el 22 y 25 de noviembre, contribuyó al desencadenamiento de un hecho represivo colectivo innecesario y contrario a la política que el frente aplicaba hacia los delatores, respaldada en un criterio eminentemente selectivo, nunca masivo, mucho menos indiscriminado.

El 22 fue ajusticiado Carlos Humberto Guerra Callejas quien, de acuerdo con las informaciones recabadas, era comisionado militar y había descubierto el campamento de la patrulla de avanzada. El 24 fueron apresados otros veintiún habitantes de la aldea El Aguacate que llevaban dos días buscándolo. Se incluían familiares, también algunos comisionados y amigos. Todos son estrangulados. El hecho fue tipificado y se conoce en la actualidad como la "Masacre del Aguacate".

David decidió y realizó actos en forma totalmente contraria a lo que le orientamos. Su fallo fue inconsulto y arbitrario.

Con él, se encontraban miembros de la Resistencia de San Andrés Itzapa, específicamente Pío y Margarito, compañeros kaqchikeles que habían sufrido la represión de principios de los ochenta.

Sometido a fuertes presiones no fue capaz de mantener un criterio sereno y mesurado. No estableció la diferencia de prioridades, los alcances y las repercusiones de sus actos. La confusión mental y la pérdida de perspectiva sobre las consecuencias de la masacre se fundamentaron en hechos y agravantes que lo predispusieron a cometer tan grave error: la incomunicación radiofónica que impidió enviarle instrucciones; la angustia personal desencadenada ante la posibilidad de que la operación que dependía, en gran medida, de su trabajo preparatorio fracasara; la preocupación que le causaba ser sancionado ante la incapacidad de mantenerse oculto en los momentos más necesarios; los señalamientos reiterados de Pío y Margarito de que todos los capturados eran agentes del enemigo, que los habían visto y que eran familiares del jefe del Estado Mayor del ejército o cercanos a él, fueron los motivos que lo llevaron a cometer ese deshonroso episodio.

No advirtió, en esos momentos, que se encontraba en medio del conflicto étnico inveterado de nuestro país.

Los mayas-kaqchikeles aprovecharon la oportunidad para señalar no sólo a colaboradores del ejército, sino también a ladinos, con quienes mantienen, a lo largo de siglos, diferencias que aún no se han solucionado. El odio y el resentimiento afectan todavía a muchos guatemaltecos, debido a una discriminación racial y étnica abonada y añejada por las humillaciones y los desprecios.

Fue tan grande su trastorno, que hasta interpretó mal las instrucciones enviadas por Ana sobre un compañero de Resistencia de Santiago Atitlán, y pensó que ella le indicaba que debía ajusticiarlo y no enviarlo al puesto de mando, como en realidad pedíamos. Mijangos era uno de los veteranos dirigentes locales, de los más cercanos y queridos, con quien habíamos estado largo tiempo incomunicados. Era muy conveniente hablar con él para retomar contacto con varias unidades perdidas.

Según me informó la capitana Ana posteriormente, en el último mensaje que captamos de David informaba que el compañero había llegado y esperaba instrucciones. Ella le respondió sucintamente que "ya sabía lo que tenía que hacer", refiriéndose a que en el momento en que hiciera contacto con la fuerza principal lo enviara con nosotros.

Terrible error, grave daño, pecado de guerra.

El 25 y 26 mantuvimos combates con el ejército e irónicamente Oliverio mandó sus partes informando de un número de bajas similar a las víctimas de la masacre, lo que hacía pensar que los estábamos poniendo como caídos en combate. Coincidencias trágicas, burlas inexplicables. Le ordené retirarse del sector y reconcentrarse.

David fue suspendido de su grado y relevado de responsabilidades. La orden que envió el comandante Gaspar fue fusilarlo y explicar a los compañeros las razones que fundamentaban la sanción extrema. Le manifesté que hacerlo en ese momento ponía en grave riesgo la estabilidad interna, ya que una parte de los oficiales y combatientes creía que lo perpetrado había sido correcto. Una acción punitiva de estas características podía provocar una insubordinación incontrolable. Le salvamos la vida.

Dadas las características que la represión tenía, para la Organización no fue difícil acusar al ejército. Esta equivocada salida táctica fue develada muy pronto por el informe de la Comisión de los Derechos Humanos de la Organización de Estados Americanos (OEA), que realizó una investigación de lo sucedido.

Ni por las causas más justas podemos dejar de señalar acciones erróneas. Es más, tenemos que hacerlo con mayor vehemencia. El mismo hecho de mencionarlas y analizarlas, en toda su amplitud marca la diferencia entre quienes matan por preservar privilegios y los que lo hacen para transformar injusticias. En este tipo de situaciones sólo hay agravantes. Los atenuantes no existen. Negar los primeros y querer escudarse en los segundos es una ofensa a las víctimas, una justificación falaz, una sinrazón.

Todo esto requirió una evaluación a fondo de nuestros criterios represivos, empezando por la reiteración absoluta de que lo sucedido no podía formar parte de nuestro proceder, en ningún lugar ni circunstancia.

Necesitaba tiempo para persuadir a todos de que actos de esa naturaleza nos asemejaban al enemigo y debíamos desecharlos. Corríamos el riesgo de desvirtuar la causa y contaminar nuestra esencia revolucionaria.

Llegó diciembre y logramos tener una concentración general. Nos posicionamos en la falda norte del cerro La Cumbre (2 739 metros de altura), en el campamento La Tele, llamado así por la televisión y la videocasetera que adquirimos. Los compañeros estaban tan entusiasmados con la sorpresa, que construyeron una verdadera obra de arte para ver las películas: una rústica versión de un teatro semicircular greco-romano, con troncos cubiertos de pino. Ese fin de año, el motor portátil para recargar baterías de los radios también sirvió para las funciones televisivas y el alumbrado del área común –con árbol e hileras de luces– para un breve paréntesis de sosiego.

En esa época, la de mayor exigencia y urgencias permanentes, tuvimos una razón muy especial para celebrar: el Frente Javier Tambriz tenía ciento cincuenta guerrilleros, el mayor número de su historia pasada y futura.

La importancia y significado de las fotos para los compañeros, merece mención especial. A todos les interesaba contar con al menos una de ellas en las que pudieran verse como hombres y mujeres de verde olivo armados con fusiles, y luchando por su dignidad y su libertad. Cuando se les hacía saber que serían fotografiados todos se alegraban, se peinaban. Las compañeras se maquillaban, arreglaban sus uniformes y ajustaban su equipo militar. Cuando sacábamos los rollos para que fueran revelados y éstos no volvían, se provocaban serios disgustos, y muchos se negaron a ser fotografiados de nuevo hasta no tener las anteriores. Consideraban que se les mentía y engañaba.

En mi salida siguiente al D F pregunté la razón de dicha falla y se me respondió que no se contaba con un compañero fotógrafo que pudiera revelarlas. Ese mismo día me fui a Perisur, un gigantesco centro comercial en el sureste de la capital mexicana, donde en un negocio de revelado instantáneo, sin ningún contratiempo ni pregunta embarazosa, me revelaron las fotos. El sistema de revelado instantáneo de una hora fue nuestra salvación. Como éste había miles en la inmensa metrópoli. Más me tardé yo en estar inventando una explicación, que la señorita en cobrarme sin prestar atención a su contenido. La vida conspirativa muchas veces nos aprisionaba y nos llevaba a exagerar la previsión. Desde entonces no volvimos a tener problemas para que todos cargaran también sus recuerdos y llevaran su alma plasmada en un papel.

En esos días, reflexioné sobre mi nombre de guerra. El adoptado hasta entonces se debía a razones afectivas, cuyo causante había sido un amigo costarricense con quien tuve una amistad desprendida y solidaria de juventud, cuando estudiaba medicina y jugaba volibol. Al incorporarme y entender la necesidad de ocultar mi identidad pensé que su nombre era oportuno, ya que algunos de los principios que marcaron nuestra relación se asemejaban a los que fundamentaban la lucha a la que me integraba. Pablo Rigioni fue capaz de proveer sin esperar recompensas, de compartir sin egoísmos ni incomodar a quienes benefició. Por eso me pareció una acertada decisión tomarlo.

Pero habían pasado ocho años, y sentí la necesidad de cambiarlo por uno que reflejara la transformación de vida y completara las virtudes de elección. Eso me llevó a pensar que la mayor parte de mi ilustración y práctica como guerrillero la viví en el volcán Atitlán, al pie del cual se asienta el pueblo de Santiago Atitlán. De no haber sido por el apoyo recibido de la población organizada en dicho territorio, el ejército nos hubiera desalojado, sin descartar que sus consecuencias pudieran haber llegado a los extremos de la desarticulación y hasta de la desaparición.

Al mismo tiempo, como responsable de Resistencia, trabajé muy de cerca con los compañeros tzutuhiles y siempre me impresionó su carácter indomable, su valentía y su abnegación. Eran capaces de transformar lo extraordinario en cotidiano. Me atrajo la idea de un distintivo que se relacionara con esa experiencia. Sería un gesto de respeto y compromiso para quienes nos dieron vida y nos ayudaron a crecer. En formación general y aviso simultáneo al comandante en jefe, les hice saber que mi nuevo nombre de guerra sería Santiago. Fue el segundo y el último que utilicé, y me identifiqué tan profundamente con él, que una vez terminada la guerra, pasó a ser parte de mi nombre legal.

11. Balamjuyu

En los primeros días de enero de 1989, pusimos nuevamente en práctica el esquema táctico de mantener dos unidades principales divididas. En esta oportunidad encomendamos al primer teniente Oliverio la responsabilidad de retornar al volcán Atitlán. En los cuatro meses transcurridos desde mi retorno, organicé las reuniones con los oficiales para compartir lo aprendido en Nicaragua y Cuba, y presentarles los planes operativos acordados en la reunión de la dirección nacional. La idea era que el FJT los llevara a cabo a partir de las dos retaguardias montañosas que se ocuparían ese año, ya que nos interesaba operar sobre cuatro departamentos. De ahí la conveniencia de la dislocación y, desde el volcán, el lanzamiento de unidades a ciertos municipios de Sololá (San Pedro La Laguna, Santiago Atitlán, San Lucas Tolimán) y de Suchitepéquez (Chicacao, Patulul, Santa Bárbara, San Juan Bautista y Río Bravo); del Balamjuyu y La Cumbre, a otros de Chimaltenango (Patzún, Patzicía, San Andrés Itzapa, Zaragoza, Chimaltenango Cabecera, San Miguel Pochuta, Acatenango y San Pedro Yepocapa) y Escuintla, en especial el municipio de Santa Lucía Cotzumalguapa.

Esto obligó al alto mando a mantener una importante cantidad de zonas militares y efectivos operando en el centro del país. La tradición de la ocupación de los destacamentos más comprometidos por tropas paracaidistas se cumplió de nueva cuenta en territorio chimalteco, y otros batallones completaron la distribución en torno de la montaña, en la periferia inmediata y círculos lejanos.

Según el análisis de la situación operativa, los planes enemigos se centrarían en evitar que continuáramos en Chimaltenango y frenar cualquier intención de avance hacia otros escenarios más próximos a la capital. Sabíamos que no querían perder tiempo, y sus primeros movimientos así nos lo demostraron.

El 13 de enero por la noche, un compañero informó que desde la parte alta del campamento observó una inusual cantidad de luces en la cima del cerro Balamjuyu, de 2 479 metros de altura. A la mañana siguiente, una patrulla exploradora comprobó que efectivos enemigos derribaban árboles con motosierra, acondicionaban un helipuerto y construían fortificaciones subterráneas, trincheras y zanjas, lo que evidenciaba su intención de querer establecerse en el lugar. Para nosotros, eso significaba serias dificultades, ya que un puesto avanzado de montaña (PAM) les brindaría mejores condiciones de control y patrullaje, complicándonos la estancia y movimientos en un terreno que considerábamos nuestro.

La sola movilización y emplazamiento enemigo tenía un fuerte efecto psicológico que, de no tratarse adecuadamente, podía significar la pérdida de la iniciativa y vernos obligados a retroceder, perdiendo lo logrado hasta ese momento. El reto era claro: o lo expulsábamos o nos expulsaba. Nos preparamos para lo primero.

La acción del ejército de ocupar una altura de esas características fue una decisión audaz y riesgosa. En el lugar no había agua, los alimentos y pertrechos sólo podían llegarles a través de helicópteros, si querían evitar los riesgos y los costos de las emboscadas terrestres.

Controlamos su rutina aérea: cada dos días, a media mañana, llegaban dos helicópteros UH-1Huey y un avión a reacción A-37B. Nuestra primera emboscada aérea tuvo un inusitado éxito al derribar un helicóptero, averiar otro y provocar que el avión de protección se estrellara en una mala maniobra.

Adolfo ("Chatío"), compañero tzutuhil de Santiago Atitlán, fue el diestro ametralladorista en quien recayó el mayor mérito de esta importante acción. En los días sucesivos continuaron sus intentos de abastecimiento aéreo, pero siempre encontraron patrullas que atacaban sus aparatos en cuanto se aproximaban, a pesar de los bombardeos previos de los alrededores y la defensa perimetral de la posición. A la fusilería y ametralladoras acostumbradas agregamos, en una oportunidad, un lanzacohetes RPG-7 y poco faltó para que resultara.

Los hostigamientos al puesto avanzado de montaña y la colocación de minas y cargas explosivas en la periferia, completaron nuestro asedio, haciendo insostenible su permanencia. No pudieron realizar un solo patrullaje, viéndose más bien forzados a atrincherarse. Pasaron a la defensiva, y quince días después de su arribo temerario tuvieron que retirarse.

Durante dos semanas (del 13 al 28), fuimos capaces de pelear y defender nuestro territorio, y eso fue muy estimulante. Comenzamos el año con una gran victoria al revertir a nuestro favor una iniciativa contraria. Fue un duro golpe para el enemigo y lo alertó para futuras incursiones. En el puesto de mando no éramos más de sesenta, pero la aplicación correcta de las tácticas y armas guerrilleras multiplicó la presencia y la contundencia.

Ese año inicié una práctica personal que me resultó muy favorable. Mis horas de sueño no se vieron afectadas durante la guerra ni con insomnios ni pesadillas, pero su intensificación y costos, en determinados periodos, provocó que durante las madrugadas me despertara súbitamente por escasos minutos y me pusiera a repasar lo que estaba sucediendo. Recuerdo que pensaba e ideaba cómo contrarrestar las adversidades y revertir las iniciativas enemigas. Me percaté de que razonar en medio de ese estado de sueño/vigilia, en el que no se está completamente consciente ni completamente dormido, provocaba que al despertarme por las mañanas no recordara lo que había decidido. Me acostumbré a tener a mano una libreta y un lapicero para apuntar las ideas que me fueran surgiendo y al amanecer pudiera orientar su cumplimiento, particularmente en los momentos de ofensiva. Algunas buenas y grandes satisfacciones surgieron de este estado letárgico.

Por desgracia, en medio de estas acciones victoriosas, la convivencia con el grupo de FAR fue de mal en peor. En noviembre de 1988, su dirección había enviado al teniente Alfredo y comenzaron los problemas. Sus orientaciones fueron recuperar la patrulla y, aunque todos siguiéramos unidos, respetar su composición. Lo primero que hicieron fue formarla de nuevo y concentrarla en un solo lugar del campamento. Todo indicaba que tenían sus propios planes.

Se apartaron, establecieron contactos unilaterales con la población e introdujeron alimentos especiales, lo que provocó malestar en nuestros compañeros. Eso no ayudó a mantener una buena relación, surgiendo una contraria al marco igualitario que la situación nos imponía, acentuada por los controles enemigos. No es lo mismo alimentar a ciento cuarenta que a diez. Cuando enfrentamos las contraofensivas no hubo problemas, pero al darse los periodos de calma y evaluación surgían con mucha fuerza señalamientos negativos y descalificaciones. Y la beligerancia de su responsable para defender posiciones era más nociva que las mismas operaciones del ejército. A principios de 1989, la situación se hizo insostenible y decidí mejor separarme de ellos. Se trasladaron al área de Patzún y Tecpán, donde realizaron su actividad con malos resultados.

El Frente Tecún Umán corrió la misma suerte que el Frente Augusto César Sandino. Una serie de consideraciones estratégicas equivocadas, fallas de conducción y operacionales, aunadas a los golpes enemigos, los redujeron al mínimo y les impidieron trascender, anulando sus posibilidades para disputar un territorio y una población. Lo que el Frente Javier Tambriz hizo en el centro del país, desde el punto de vista estrictamente militar, no tiene parangón con lo hecho por ninguna otra fuerza guerrillera que operó en dicho territorio.

A partir de febrero contamos con un valioso doble recurso, humano y tecnológico, debido a la llegada de dos compañeros capacitados para el rastreo de frecuencias, descifrado de claves numéricas y con los medios necesarios para realizar dichas tareas.

La radiocontrainteligencia (RCI) fue un método de obtención de información que nos ayudó a saber de planes y movilizaciones. La ubicación de patrullas con especificación de coordenadas, los tiempos de operaciones y las reacciones ante los ataques y las bajas conformaron un conjunto de datos que nos fueron de gran utilidad. Esta actividad de inteligencia radiofónica, que formó parte vital de la "guerra de las ondas", respondió al nombre encubierto de "Rubí".

La primera prueba de sus ventajas fue casi inmediata, al lograr captar la comunicación de una fuerza exploratoria paracaidista alrededor del campamento, cuya misión era localizarnos para orientar una incursión aérea. No sólo la hostigamos, sino que desalojamos a tiempo el lugar antes de que fuera bombardeado.

Los compañeros del curso comando también llegaron en esos días, pero lamentamos la captura de dos de ellos que, al no ser recogidos en el punto acordado, ingresaron al área en busca de contacto y fueron reconocidos por agentes de civil. Los ocho restantes comenzaron a trabajar en los planes de entrenamiento y preparación de objetivos.

Creo que este año marcó para ORPA un cambio sustancial en el ritmo e intensidad de la guerra. Los militares lograron perfeccionar sus esquemas de dislocación, trabajo de inteligencia y soporte logístico para unas fuerzas de tarea más numerosas y experimentadas. Esto implicaba la utilización de diversos recursos, desde la atención alimenticia caliente y fría, pasando por el aspecto médico, el apoyo aéreo, el ablandamiento artillero, hasta lo relacionado a sus comunicaciones tácticas, que para entonces ya las realizaban no sólo con el tradicional PRC-77, sino con walkie-talkies, con los que ampliaron de manera considerable sus rangos de frecuencia, dificultando aún más la intercepción.

Su unidad operativa por excelencia seguía siendo la compañía de equipo de combate (ECO): los dos pelotones de treinta a sesenta hombres, según la calidad de la unidad. Contaba con fusileros, con galiles o M-16; dos ametralladoristas, con M-60 estadounidense o la MAG belga, calibre 7.62; dos lanzagranaderos M-79 y un morterista, mortero 60 milímetros. Eran desplegados en el momento de iniciarse las operaciones.

Regularmente cargaban en sus mochilas raciones para cinco días, pero hubo ocasiones en que completaron para siete, como cuando tropas paracaidistas incursionaron en la difícil y escabrosa área montañosa de La Cumbre y el Balamjuyu, en la que no usaban caminos para evitar nuestras emboscadas y campos minados, aumentando el tiempo de aproximación para contar con los tres días de "búsqueda y destrucción del enemigo" en el sector que indicaban sus órdenes.

De nuestra parte, esto también significó una mayor dislocación. Además de los dos campamentos principales de montaña en Sololá y Chimaltenango, estaban los puestos de campaña móviles en Chicacao, Patulul, Santa Lucía Cotzumalguapa, Patzicía y San Andrés Itzapa, cuyas patrullas se concentraban y dispersaban a lo largo y ancho del territorio en disputa, según las exigencias tácticas. Éstas contaban con radios de onda corta y walkie-talkies. En cierto momento, llegamos a tener hasta once radistas, indicativos del mismo número de unidades, con la seguridad de poder orientarlas y coordinar sus tareas y acciones.

Buena parte de nuestros compañeros exhibían un fogueo respetable. Dispusimos de un armamento de infantería similar, en calidad, al del enemigo, al que se añadían las minas antipersonales (AP) y antitransporte (AT), las cazabobos y los lanzacohetes RPG con cohetes AT y contrablindados. Aprendimos también a resolver las necesidades alimenticias.

Aprovechamos al máximo el explosivo y las minas, colocándolos como trampas personales y como baterías en serie con dispositivos de tracción y presión que alcanzaban a cubrir mayor territorio, particularmente el montañoso, causando bajas y cosechando victorias sin tener presencia física. De la misma manera pagamos un alto costo. A pesar de tomar todas las precauciones, elaborando instructivos de aplicación, dibujando croquis orientadores y enumerando las medidas de seguridad, tuvimos que lamentar varias bajas propias: en el puesto de mando una baja mortal y algunos heridos. En el volcán Atitlán perdieron la vida cuatro compañeros y hubo también varios lesionados. Lo más impactante fue que los caídos eran los mismos que habían colocado los explosivos, tres de ellos compañeros experimentados, los primeros tenientes Manolo y Fernando (Chernenko) y Waldemar. Nos vimos en la necesidad de reducir las pretensiones de aprovechamiento de esta forma impersonal de golpear, y ordenamos el levantamiento de los artefactos para utilizarlos con mayor control.

Uno de los casos más dramáticos fue el de Yolanda, una joven compañera oriunda de Chicacao y, en ese entonces, pareja de Oliverio, que al activar una cazabobos perdió un pie. Cuando me informaron del accidente notifiqué de inmediato a Tapachula para que me apoyaran y la respuesta fue negativa, indicándome que debíamos resolverlo nosotros. Cuando se lo hice saber a Oliverio me respondió que de ser así lo autorizara a meterle un tiro, ya que estaba sufriendo mucho y que él no estaba dispuesto a prolongar su agonía. Rechacé su radical propuesta y ordené una alternativa menos extrema, aunque igualmente desesperada. Lo autoricé a que bajara a cualquiera de las fincas de Chicacao, emplazara a alguno de los administradores para que le notificara a su patrón que si no se hacía cargo de atenderla, tomaríamos represalias contra él o su propiedad.

Funcionó. Luego de una fatigosa marcha, de muchas horas, cargando a la compañera, una patrulla la llevó del volcán a las inmediaciones del poblado. Allí el oficial a cargo pudo hablar con un administrador, quien se comunicó por radio con el propietario, que aceptó la solicitud. Fue trasladada de inmediato a la capital y atendida en uno de los mejores hospitales, el Herrera Llerandi en la zona 10, donde los médicos declararon que de haberse tardado una hora más, hubiera muerto de gangrena y septicemia. Luego supimos que por esas cosas del destino el dueño de la finca era padre de un compañero, antiguo responsable del frente internacional de la organización. Después del periodo crítico, incluso se encargó de trasladarla al Hospital Hermano Pedro, en Antigua Guatemala, donde le colocaron una prótesis. Yolanda se restableció y por fortuna tuvimos un desenlace excepcional.

La fuerza comando aumentó considerablemente la capacidad operativa. Dos acciones iniciales con patrullas que incursionaron en la montaña en el mes de febrero; el ataque de aniquilamiento al destacamento de la finca Pacayalito en junio –donde murió el capitán Polo–; el ataque de hostigamiento con cargas proyectables a la zona militar 12 de Santa Lucía Cotzumalguapa en el mes de agosto; y la voladura del puente Coyolate, sobre la carretera del Pacífico, en diciembre, fueron realizados con ese pequeño y especializado contingente. Las fuerzas regulares adquirieron mucha agilidad y eficacia, al mantener bajo constante hostigamiento a los destacamentos y sistematizando retenes simultáneos y momentáneos sobre las carreteras estratégicas.

En agosto recibí una carta de mi primo Raúl, el mayor de los hermanos Santa Cruz Molina, donde pude leer que renunciaba a la Organización y me solicitaba la salida de su hermana Sofía.

De nuestra generación, fue Raúl Santa Cruz Molina, "Ernesto", el primero en incorporarse, el 8 de febrero de 1976. Al ser presidente de la Asociación de Estudiantes del Instituto Técnico Vocacional y miembro de la directiva de la Federación de Estudiantes de Enseñanza Media en 1975, entabló amistad y congenió con dos líderes estudiantiles de la época. Ambos le propusieron integrarse a las organizaciones guerrilleras a las que pertenecían. Robin García, presidente de la Asociación de Estudiantes del Instituto Rafael Aqueche, era del EGP; José Luis Perdomo, presidente de la Asociación de Estudiantes de Ciencias Comerciales, militaba en un nuevo grupo, aún sin nombre y que sólo se conocía como la O, que presentaba como principales banderas de lucha constituir una alternativa revolucionaria diferente. Su comandante en jefe, Gaspar Ilom, se encontraba en las montañas de San Marcos, dirigiendo personalmente y en el terreno la lucha de liberación.

Cuando Robin se lo propuso, José Luis lo había abordado hacía meses y, en definitiva, eso determinó que Raúl decidiera integrar la nueva y poco conocida organización. Fue un tiempo de larga formación teórica, de preparación silenciosa de condiciones operativas urbanas y rurales, de captación de nuevos candidatos y de un necesario crecimiento. Así inicia el primo la cadena de incorporaciones familiares: mi hermano Rudy en septiembre de 1976, su hermano Juan Carlos en julio de 1977, y su madre, en 1978. Integró un primer grupo de ocho compañeros que fue a recibir un curso de cuatro meses sobre guerrilla rural a Cuba, de finales de 1977 a principios de 1978. Poco después de su regreso, fue trasladado al campamento Escuela en las montañas de Sacuchún Dolores, San Marcos, donde participó en la preparación y entrenamiento de combatientes. Fue parte de la patrulla guerrillera de dieciséis integrantes que, bajo las órdenes de los entonces comandantes Rapei y el capitán Sergio, ocuparon la finca Mujuliá, en el municipio de Colomba, departamento de Quetzaltenango, con lo cual iniciaba hostilidades la ya denominada Organización del Pueblo en Armas, ORPA, el 18 de septiembre de 1979.

Permaneció cuatro años en dicho frente, fue herido en combate y, después de su recuperación en la ciudad, fue enviado de nuevo a Cuba para un segundo curso en 1982. Éste tuvo especial significado y trascendencia, al ser obviada la compartimentación de los campamentos de entrenamiento en Pinar del Río y concentrar en uno no sólo a guerrilleros procedentes de distintas organizaciones, sino también de distintos países. Las necesidades de la coyuntura latinoamericana desde la perspectiva revolucionaria y la preparación de cuadros para aprovecharla se evidenció ante esta audaz iniciativa.

Las cinco organizaciones del frente Farabundo Martí para la Liberación Nacional (FMLN) de El Salvador con veinticinco; EGP y ORPA de Guatemala con diecisiete; Movimiento Patriótico Popular (MPP) y Partido Socialista (PS) de Costa Rica con doce; Movimiento Cinchoneros de Honduras con cuatro y el Movimiento de Izquierda Revolucionaria (MIR) de Chile con cuatro, estuvieron representadas en dicho colectivo. Durante un año, unos sesenta y cinco compañeros y compañeras se prepararon para ser jefes de batallón. Raúl regresó a trabajar con el comandante Isaías a finales de 1983 y estuvo con él hasta 1988, pero las diferencias conceptuales acumuladas, el largo tiempo en condiciones tan adversas y los problemas personales hicieron mella. Ernesto renunció el 26 de noviembre de 1989.

La fuerza del volcán realizó dos golpes espectaculares: una emboscada anfibia a una lancha que se dirigía de Panajachel a Santiago y el derribamiento de un helicóptero. En el ataque al destacamento del municipio de San Lucas Tolimán, que provocó la movilización y emboscada de dicho aparato, murieron dos compañeros.

Esta intensa actividad evitó que el ejército incursionara a buscar el puesto de mando durante nueve meses. Cuando lo quiso hacer en noviembre, lo supimos por Rubí antes de que llegaran a sus puntos de referencia y todas las emboscadas preparadas de antemano funcionaron. Con un importante número de bajas se movilizaron al helipuerto de campaña ya utilizado, que habíamos minado, activando varios artefactos, lo que aumentó sus muertos y heridos. No se permitió la evacuación aérea al hostigar el helicóptero, y eso obligó a que cargaran con sus bajas en una larga y extenuante jornada por la montaña.

Durante todo 1989 estuvimos en una sola cuadrícula de terreno, señalada en el mapa de escala operativa 1:50 000, correspondiente a la hoja de Patzicía, coordenadas 1413. Las curvas de nivel marcadamente tortuosas correspondían a la zona montañosa aledaña al río Lanyá, de la cual fueron incapaces de desalojarnos. Cambiamos de posición por iniciativa propia, y a fin de instrumentar otros planes. El mayor desarrollo y experiencia adquiridos lo hacían posible. El comandante Pancho y la capitana Ana se encargarían de ellos al relevarme por escasos meses.

Los logros no sólo se fundamentan en los aciertos y triunfos obtenidos. También están presentes los errores y las dificultades asimilados de manera constructiva. Los problemas de funcionamiento, de conducción y operación que inevitablemente tuvimos que enfrentar nos dejaron valiosas lecciones. Pero la balanza era muy favorable a los avances, y ésa era la mentalidad y el espíritu que embargaba en esa época a los que orgullosamente pertenecíamos al Frente Javier Tambriz.

Vivimos momentos de extrema dificultad y peligro ese año. Si bien contábamos con un mayor número de oficiales capaces y experimentados, también nos vimos ante situaciones complicadas, que giraron en torno a la convivencia, el liderazgo y la forma de asimilar nuevos cargos.

Cuando pienso en muchas cosas que pasaron, me gustaría haberlas hecho mejor o que hubieran sucedido de manera diferente.

Un colectivo guerrillero no escapa a las múltiples circunstancias existenciales que rodean a los seres humanos. Es más, pienso que es una prueba aún más dura, porque la convivencia se desarrolla en un medio hostil y precario.

Sobre el puesto de mando, tengo que comentar que, debido a su distante ubicación en la retaguardia montañosa del Balamjuyu, era obligado pensar en el gran esfuerzo que nos imponíamos para trasladar los insumos. En relación con los alimentos, evitábamos los que ciertamente agradaban al paladar pero se consumían muy rápidamente. Teníamos asegurados los granos y bebidas nutritivas, ocasionalmente carne y agradables complementos en contadas situaciones. Pasamos hambre en ciertos momentos y algunos de los compañeros no respetaron las normas de restricción alimenticia que nos vimos obligados a establecer para que el tiempo no se invirtiera sólo en trasladar comida, sino aprovecharlo en las operaciones. Cuando el hambre aprieta, no hay charla política, explicación ideológica o argumentación operativa que valga para algunos, que optaban por apropiarse de ella sin autorización. Sólo los responsables de abasto y los oficiales conocían las reservas de alimentos embuzonadas. Tuvimos casos ejemplares y otros decepcionantes a favor y en contra del interés colectivo y la realización de los planes. Y no es que pensáramos que fuera una actitud premeditada con el objetivo de hacer daño; más bien considerábamos esto como una lógica reacción de desesperación ante situaciones límite. Pero una cosa fue entender y otra controlar. Por eso, a los más afectados los enviábamos con patrullas donde la alimentación no era un problema.

Al campamento principal remitíamos a los indisciplinados, a los que habían cometido faltas, a los de difícil control, a los enfermos y heridos. Un núcleo imprescindible en él era el jefe del frente, el radiooperador, el oficial de inteligencia, el técnico de Rubí, el oficial político y el responsable militar. No acostumbrábamos a rodearnos de muchos compañeros para la seguridad personal, a lo sumo dos o tres según el caso, pero por lo regular era sólo uno.

Las finanzas requirieron un control y seguimiento muy estricto. No fueron pocas las ocasiones en que amonestamos y suspendimos a compañeros que no entregaban cuentas claras. Las tentaciones eran muchas y observamos un mayor riesgo de deformación y corrupción en los encargados de las pequeñas unidades de avanzada y exploración, que recibían y distribuían el presupuesto. Preparar condiciones operativas exigía muchos gastos, y trabajaban con bastante independencia. Por eso, se daban las oportunidades para falsear comprobantes y quienes lo hicieron fueron suspendidos de sus responsabilidades. Las relaciones negativas que se dieron en ciertos casos, provocaban tal grado de malestar, que nos vimos obligados a evitar que un oficial saliera a misiones con determinados compañeros; hubo quienes fueron acusados algunas veces de ser instigadores de la división y el desorden, hasta de realizar labor de zapa, lo que ameritó sanciones severas, incluido el ajusticiamiento. No puedo afirmar que en todos los casos hayamos tenido la razón. No sería correcto ni decente pretender hacer creer que nuestros métodos fueran infalibles y justos, pasando por alto la subjetividad y superficialidad con que resolvimos algunas situaciones. Lo único que para mí puede explicar las equivocaciones es que en una guerra fue mejor pecar por exceso que por defecto. Convino ser más duros y enérgicos que blandos y débiles.

La mentalidad en tiempos de guerra es diferente. Preservar una fuerza guerrillera, acosada y en permanente riesgo, sin infraestructura de seguimiento para sancionar, requirió decisiones difíciles y actos extremos.

En el ejercicio del poder, los oficiales al mando de fuerzas dislocadas establecían con sus subordinados y con la población una relación con un amplio margen de flexibilidad, que no era posible conocer al detalle por la jefatura. Se confiaba en lo enseñado y aprendido a través de la formación que todo guerrillero y oficial adquiría. Creo que el frente fue capaz de hacer mucho porque transmitió a los responsables y combatientes un sentido del deber y un concepto revolucionario de sus actos, lo que permitió enfrentar, debidamente, pruebas de liderazgo y combate que la guerra impuso. Pero también hubo quienes se deformaron, haciendo daño a la causa y a ellos mismos.

Malversación de recursos, favoritismos, acoso sexual, autoritarismo, ingesta excesiva de licor, desinterés en el cumplimiento de tareas y descuidos en la seguridad fueron parte de las experiencias vividas. Si no mencionáramos todo esto, quedaría la falsa impresión de que lo que la guerrilla no logró fue sólo responsabilidad del enemigo. Muchas de las metas planteadas y de los objetivos buscados se truncaron por fallas propias, por deficiencias internas y por irresponsabilidades personales y colectivas.

Con excepción de los cuatro días de enero de 1982, cuando bajé a escuchar, de la propia voz de mi hermano Camilo, las circunstancias que rodearon la muerte de nuestras hermanas, hacía más de nueve años que no estaba en la capital. No cuento ese breve lapso, ya que se desenvolvió en medio de medidas cautelares en las movilizaciones vehiculares y habité en una casa de seguridad de ubicación desconocida, viendo a la gente estrictamente necesaria.

Mi estado de ánimo en aquel momento estaba influido por la prolongación excesiva del conflicto, la incertidumbre de su desenlace y la extrema situación de desgaste, peligro y tensión que caracterizó ese último periodo. La abrumadora soledad, en cuanto a intimidad y relación familiar, también contribuían, al no darse oportunidades afectivas y constatar, con demoledora certeza, la ausencia de mis seres más queridos. Me había quedado solo. Tenía casi treinta y cuatro años y comencé a pensar incluso en lo reconfortante que sería tener al menos un hijo.

Son reflexiones existenciales que no dejé de hacerme con cierto sentimiento de culpa. Estuve absolutamente dispuesto a todo por la causa. Por ella, aspiraciones y demandas personales fueron relegadas a un segundo plano. Pero no podía negarme a mí mismo lo que me sucedía. No podía obviar las condiciones de vulnerabilidad sentimental resultantes de tan largo espacio de ausencias y carencias, agravado por la constatación de que había estado alejado de mi hábitat natural.

A pesar de mi adaptación al medio rural y a las condiciones de vida en la montaña y todo lo que representaba desenvolverme en el ambiente guerrillero, seguía siendo un producto urbano. Nací en la ciudad capital y la extrañaba enormemente. Había recorrido buena parte de sus calles y avenidas, explorado sus barrancos periféricos, realizado estudios en sus escuelas e institutos públicos, disfrutado de inolvidables jornadas deportivas, sorteado peleas callejeras y aventuras diversas. Me había ilusionado con los infaltables amores juveniles y, entre ellos, uno especial que en cierto momento me pareció único y definitivo, pero que terminó al no poder superar visiones distintas de relación y comportamiento. Todo parte de una experiencia sentimental propia de la vida y de los afectos. Asimismo añoraba a los amigos de estudio y el deporte.

En tantos momentos de obligada espera, en campamentos perdidos en la inmensidad de nuestras hermosas montañas, la oportunidad de repasar mi vida se repetía una y otra vez. Y en La Paloma y El Queso, los últimos campamentos que habité en el Balamjuyu y La Cumbre, respectivamente, maduré la idea y decidí caer en la tentación de ir a la ciudad.

Notifiqué al comandante Pancho que antes de ir a México pasaría unos días en la ciudad de Guatemala y su respuesta fue que como ya me conocía, y no había nada ni nadie que pudiera impedirlo, lo único que me recomendaba era cuidado.

Cuando regresé a la montaña, en agosto de 1988, iba con exceso de peso. Los 95 kilos que acumulaba, muy por encima del promedio de 72-80 que mantuve, eran prueba fehaciente de que en quince meses había querido recuperar los tiempos de comida perdidos y, más que eso, las oportunidades de poder saciar el apetito, degustando platillos variados, sabrosos y altamente calóricos, que una pobre rutina de ejercicios fue incapaz de contrarrestar. Apenas quince días después de asumir el mando, comencé a sentir que el desgaste producido por las tensiones y las preocupaciones colectivas se reflejaba en mi condición tanto mental como física. La actitud personal asumida para lograr el cumplimiento de los planes y el particular interés de que éstos fueran exitosos me produjo una considerable reducción de peso. Cuando pude consultar una balanza, comprobé que en poco más de un año había bajado 27 kilos. Mi aspecto físico era ideal para pasar inadvertido; tenía el peso de mi juventud y un rostro cambiado por los años. El primero con el que me comuniqué fue con mi querido primo Miguel.

Miguel Ángel Morales Santa Cruz es una de las personas más inteligentes que he conocido. A veces he pensado que él mismo no ha querido aceptar la mente privilegiada que posee y ha rehuido las oportunidades para demostrar y aplicar los conocimientos acumulados. En Miguel tuvieron continuidad algunas de las mejores virtudes de las generaciones anteriores, como en ningún otro de los primos. Su gusto por la literatura, las artes dramáticas, la música y el ajedrez se hizo parte de él, a las que agregó una notable destreza para la electricidad, la electrónica y la informática. Siempre que nos vemos en su casa no deja de haber un libro o un artículo interesante que no lleguemos a comentar, en compañía de su precoz hijo Miguel Alejandro. La buena música es obligatoria entre carros viejos a medio construir o reparar y diversos aparatos eléctricos y electrónicos, incluidas piezas de computadoras, que él mismo se encarga de componer y ensamblar en la vieja casona de la zona 6, cargada de recuerdos familiares.

Miguel Ángel es, además, un bohemio incorregible y, como primo mayor, no acepta que nadie de menor edad que él le llame la atención. Muy cercano a Rudy y a Milton, su adolescencia y juventud estuvieron muy ligadas a mi hermano. Juntos se graduaron en el Instituto Técnico Vocacional de Bachilleres en Ciencias y Letras y Peritos en Dibujo de Construcción uno y en Radio y Televisión el otro. Ambos tomaron caminos diferentes en relación con su militancia revolucionaria, siendo estudiantes de Ingeniería en la Universidad de San Carlos. Mi hermano, integrante disciplinado de la Organización del Pueblo en Armas y él, colaborador ocasional del Partido Revolucionario de los Trabajadores Centroamericanos (PRTC). Cuando Alejandro Cotí, su entrañable amigo y principal dirigente de este movimiento en Guatemala, fue asesinado, Miguel decidió abandonar cualquier esfuerzo de participación orgánica y tomó distancia de la guerra, no así del profundo dolor de perder físicamente a queridos primos y primas.

Tuve la oportunidad de verme con otros familiares y amigos cercanos que constataron con asombro el hecho de que continuara vivo, ya que eran muchas las versiones que circulaban en relación con mi paradero, varias de las cuales expresaban –y algunas detallaban con macabra precisión– la forma en que supuestamente había sido capturado, torturado y asesinado. Especial fue el reencuentro con la familia que adoptó a mi sobrino, que ya era un joven de trece años, cuya presencia física fue motivo de una avalancha de recuerdos que me conmovió hasta las lágrimas.

Disfruté recorriendo algunas calles de la ciudad como lo imaginé en el Balamjuyu, yendo al cine a ver cualquier película y comiendo en algunos lugares memorables para mí, como el Peco's Bill de la zona 4. Fue una experiencia reconfortante.

Llegué a México agradecido con la vida. Confiaba haber enfrentado un complejo y peligroso ciclo con logros y avances. Disfruté de la sensación de riesgo de haber estado en la capital, recordando un pasado sin compromiso y sin retorno, alejado de la desprendida motivación de mi presente.

12. Testigos volcánicos

Estuve fuera poco más de dos meses, tiempo útil para descansar y recuperarme de las intensas jornadas del año anterior. El comandante Gaspar me ascendió a comandante guerrillero. Recordé la última carta de mi hermano en mayo de 1982, en la que me felicitaba por el primer nombramiento; de igual forma las misivas de mis hermanas un año antes, compartiendo su deseo de verme con el verde de guerrillero y no con el blanco de médico. Pensé cómo Rudy, Paty e Ileana creyeron en mí. Y pensé también que la promoción significaba mayores responsabilidades, en un momento particularmente cruento del enfrentamiento. Así lo concebí, lo asimilé y actué en consecuencia.

La formación integral de la fuerza regular guerrillera –que llevó años– y los avances territoriales realizados en los últimos meses corroboraban la capacidad obtenida para seguir agregando nuevos escenarios operativos a la guerra de movimientos.

El comandante Pancho planificó y realizó la primera campaña del año noventa. Se crearon tres fuerzas que operaron simultáneamente en los departamentos de Chimaltenango, Sacatepéquez y Escuintla.

El puesto de mando se ubicó en las riberas del río Xayá o Coyolate, límite natural de los municipios de San Miguel Pochuta y San Pedro Yepocapa en Chimaltenango.

El primer teniente Oliverio comandó la unidad de Chimaltenango. Ocupó el municipio de Santa Cruz Balanyá y al día siguiente enfrentó un cerco, como consecuencia de haber sido detectado en el sector. Hubo una baja mortal, una captura y algunos heridos, que fueron evacuados.

El primer teniente Manuel, condujo las operaciones iniciales en Sacatepéquez. La toma del municipio de Ciudad Vieja y la ocupación del cráter del volcán de Agua se desarrollaron según lo previsto. Pero después, en la exploración previa a la ocupación del poblado volcánico de Santa María de Jesús, fue capturado el primer teniente Garo. Iba de segundo al mando y era el oficial de comunicaciones e inteligencia de mayor confianza y experiencia, por lo que no le correspondía ese tipo de misión. Fue muy lamentable perderlo por esa imprudencia.

El teniente Sergio (Chejo), dirigió la acción en Siquinalá, municipio escuintleco ubicado sobre la carretera del Pacífico. Su segundo fue el teniente Jeremías. Libraron combate en la retirada, cayendo un compañero, con un saldo de heridos. Se desplazaron hacia el volcán de Pacaya, donde fueron detectados y bombardeados por la aviación, sin causar lesionados.

Operaciones de mayor audacia implicaron mayores costos. Pérdidas sensibles de cuadros destacados comenzaron a sumarse por razones de combate y psíquicas. Los desertores y capturados abrieron otro capítulo que también sirvió para comprobar su calidad y firmeza.

Regresé en marzo y, luego de supervisar la salida de Pancho, me movilicé a Santa Lucía Cotzumalguapa, donde tuvimos una concentración completa para evaluar los resultados obtenidos en la primera campaña y elaborar nuevos planes. Suchitepéquez y Escuintla fueron los departamentos seleccionados para desarrollarlos.

Mientras dos fuerzas empezaban a operar sobre la región costera, el puesto de mando se movió a una montaña de bocacosta, cercana a la carretera Cocales-Godínez. El grupo Comando iba incluido, ya que queríamos buscar y preparar un objetivo. En su consecución enviamos a uno de sus integrantes, el subteniente Jesús, a explorar el destacamento de la aldea El Triunfo, en las afueras de Patulul, pero su conducta despertó sospechas y fue capturado por personal de inteligencia. Luego, guió a las patrullas militares al campamento, en el que sorprendieron al subteniente Alfredo en la posta, al estar escuchando un radiocasette portátil. Fue herido en el tórax y no pudo salir. Sostuvimos un combate muy desventajoso, del que finalmente pudimos librarnos. Luego supimos que Alfredo quedó vivo, y ya restablecido, junto con Chusito, fueron incorporados a las patrullas de exguerrilleros que organizó el enemigo.

El resultado de esta desafortunada situación tuvo como efecto inmediato nuestro traslado a un lugar distante, pues era inconveniente quedarse con un prisionero en las proximidades; la mejor e inmediata alternativa fue el volcán Atitlán. Fue un regreso de emergencia, pero en lo personal tuvo la ventaja de posicionarme de nuevo en nuestra principal retaguardia después de tres años de ausencia y eso me emocionó. Estuvimos pocos meses, los necesarios para retomar contacto con varias unidades de resistencia de Santiago Atitlán y terminar de elaborar los planes orientados para ocupar el volcán de Agua. De paso, tuvimos la oportunidad de ver el mundial de futbol, y el evento deportivo nos dio la excusa perfecta para llamar a nuestro campamento Italia '90.

En esta oportunidad pude comprobar lo constructivo de los sincretismos y lo edificante del respeto a la diversidad étnica, ideológica y religiosa. Las largas marchas por el quebrado terreno montañoso y el cambio de temperatura cálida a fría, debido al ascenso volvieron a resentirme de una vieja dolencia en la rodilla izquierda, consecuencia de mi grave accidente en moto en 1979. En ciertos momentos, me dificultó caminar y se instaló un dolor persistente.

El teniente Moisés era un destacado oficial tzutuhil y nuestro enlace con los cofrades de San Simón y Santiago, dos de los símbolos religiosos más venerados en dicho pueblo y con quienes los atitecos tienen una especial relación. En el contacto que logramos establecer, Moisés les comentaría mi lesión y pediría consejo terapéutico, ya que las aspirinas no eran suficientes. A su regreso, me comentó que el cofrade principal le dijo que no me preocupara por la rodilla, que era pasajero y que amarrándome el pañuelo bendecido que me enviaban –un sencillo paliacate verde– acabaría con el malestar. Resultó, no sé si por colocármelo o porque regresamos al calor.

Lo que más me impresionó fue otro mensaje. En él me decían que me cuidara, ya que todavía tenía mucho que hacer por mi pueblo. Que cada vez que mirara cualquier animal en la montaña sería Maximón que me estaría protegiendo. De igual manera, al escuchar y sentir los fuertes vientos, sería Santiago el que rondaba para darme valor y apoyarme en medio del peligro.

San Simón, Maximón en el decir popular, es un santo pagano, rostro de madera con rasgos hispánicos, barba y bigote, coronado por un amplio sombrero rodeado de pañuelos de seda y una vestimenta indígena. Fuma y bebe al ser inclinado por los sacerdotes mayas que lo asisten, acompañándolo en medio del humo y la placentera sensación de la embriaguez. Cuentan que produce milagros y otorga favores a quienes lo veneran.

La influencia política de Maximón no pasó inadvertida en este conflicto. Los jefes militares visitaban su templo rotativo y le dejaban whisky y miles de quetzales. Los guerrilleros le comprábamos cusha, bebida fermentada de maíz, producida en las destilerías artesanales clandestinas de los alrededores del pueblo. Le enviábamos algunos cientos.

Según los sacerdotes mayas Maximón nos prefería, por ser los que defendíamos la causa más justa, la de los pobres, la de los olvidados de Dios.

Para mí la historia no se acaba. Hasta hoy, siempre que voy a Santiago Atitlán tengo un encuentro con San Simón, hago mis peticiones y dejo mi ofrenda.

La capacidad operativa se había elevado a niveles importantes. Las ocupaciones de poblados, fincas y tramos carreteros eran frecuentes y su doble objetivo, al ser una acción político-propagandística y una maniobra de atracción a la vez, mantenía en tensión al ejército. Decidir movilizarse para contrarrestarlas, en unos casos, o aceptar el costo político de su inactividad, en otros, dependió de la importancia de las mismas. De nuestra parte, la cercana presencia de los destacamentos y los frecuentes patrullajes, obligaban a una vigilancia permanente en campamentos y movilizaciones.

Era una dinámica muy desgastante para ambos bandos. En la guerrilla se agravaba por la limitación numérica y las mayores exigencias que se presentaban, sin que los planes de relevo y descanso fueran capaces de mitigar los efectos de la prolongada lucha. Los mandos del ejército también lo sabían y crearon una infraestructura de descanso y diversión rotativamente visitada por los oficiales que, junto a los remplazos constantes de los lugares más peligrosos, pretendieron mantener la moral combativa y la eficiencia de sus unidades en zonas de guerra. Nos preocupaba la falta de correspondencia entre las demandas operativas del mando y el ingreso de nuevos combatientes para recuperar las bajas sufridas. Los costos del avance hacia territorios más sensibles y de mayor importancia estratégica eran altos y no se compensaban debidamente.

Del volcán Atitlán volvimos a Santa Lucía Cotzumalguapa para operar sobre la carretera del Pacífico por poco tiempo, ya que el principal objetivo era continuar el avance pretendido hacia otras latitudes. En septiembre todas las unidades se movilizaron hacia el lado sur del volcán de Agua (3 760 metros), que se convirtió en nuestra retaguardia montañosa los siguientes meses.

En su desplazamiento por cañaverales con ese fin, el primer capitán Hernán fue detectado. Un mal combate fue seguido de una mala retirada en un terreno desventajoso y, producto de la persecución posterior, se dio otro enfrentamiento que cobró la vida de los tenientes Mynor y Quincho, dos queridos y entrañables veteranos. Jefe de pelotón uno y oficial de inteligencia el otro. Pasaron varios días para que esta unidad perdida llegara al campamento.

En 1990, el primer teniente Carlos pidió su baja y prefirió aprovechar los conocimientos adquiridos para delinquir. Terminó cayendo en una emboscada enemiga, no como un guerrillero, sino como un bandolero. Jasach, en idioma k'iche' Carlos, el Jasachito-Carlitos mimado por los compañeros de la ciudad a finales de los setenta y principios de los ochenta, que se admiraban de su valentía al cumplir sus misiones de correo, transitó de lo sublime a lo patético en pocos años. Emisario de varios comandantes siendo aún niño, fundador de tres frentes guerrilleros: 2, 5 y Javier Tambriz, capturado y evadido del ejército, herido en combate y oficial guerrillero, merecía un mejor final.

Sus salidas fueron un arma de doble filo. Por un lado, su puntualidad y eficacia en las tareas de conexión lo hicieron merecedor de un trato preferencial y afectuoso; por el otro, la deformación y la descomposición de la libre movilidad y el manejo de dinero, que llegó a encandilarlo. Eso lo llevó a conductas equivocadas, en las que surgieron los espejismos afectivos remunerados y la ingesta etílica irresponsable, que lo invalidaron como enlace.

Al ser relevado de esas funciones, después de su captura en mayo y su evasión y reencuentro en julio de 1983, se reivindicó llegando a ser un buen oficial y a tener el grado de primer teniente. A los trece años de militancia en que pidió la baja era jefe de personal, pero el prolongado conflicto le cambió la perspectiva. Prefirió dedicarse a la venta de hortalizas en el mercado de Tapachula, Chiapas, no como un trabajo honrado de ingresos limitados, sino como cobertura de las actividades delictivas que realizaba junto a otros excompañeros. Luego supimos que incursionaba en un sector de la zona de operaciones y, con fusiles que él mismo había ocultado antes, extorsionaba a finqueros, administradores y planilleros, hasta que fue ultimado por los militares. Lecciones buenas y malas tuvimos desde siempre.

En octubre recibí la visita de Zaira María en el volcán de Agua. En enero de 1990, por medio de una pareja militante, conocí a la compañera con quien engendramos tres hijos. Puertorriqueña, hacía una maestría en psicología social en la Universidad Nacional Autónoma de México (UNAM). Una espontánea empatía personal, aparente coincidencia política y afinidad ideológica estimularon la relación. A principios de 1991, desafiando el tiempo y la geografía, decidimos unirnos. Mereció mi respeto y amor, por su intento de hacer vida en común con alguien inmerso en circunstancias tan especiales y difíciles que decía entender. Para que María concibiera fue necesario un tratamiento de fertilidad, consciente de las probabilidades de embarazos múltiples que ello implicaba, lo que no fue un obstáculo y nos trajo la grata sorpresa de un embarazo gemelar. Ése es el inicio de la historia de nuestros hijos gemelos fraternos ("cuates" en el argot popular mexicano y "cuaches" en el guatemalteco). Paula Ileana y Pablo Rodolfo fueron prematuros sietemesinos que nacieron el 16 de octubre de 1991 por operación cesárea. Necesitaron estar un mes en incubadora y se vieron obligados a tener una lactancia artificial. Iniciaron su vida peleando en condiciones delicadas. Debido a mis responsabilidades en el Frente Unitario, los conocí a los dos meses y volví a nacer con ellos.

Octubre-diciembre fue un trimestre muy agitado, por una presión operativa constante y agresiva. Los municipios de Palín y Escuintla, en el departamento de Escuintla, fueron el escenario de las acciones. La topografía que caracterizaba ese volcán no nos era muy favorable. En principio, no existían fuentes de agua; ésta se obtenía en las hondonadas de piedra lisa. Las pozas de agua, producto de las lluvias, no eran muy numerosas. En conjunto, las gargantas pronunciadas y visibles permitían a las patrullas militares rastrear en ambas orillas y encontrar la huella. Fue necesario salir del volcán y llegar a la Piedra Partida, un pequeño sector montañoso en las cercanías de la ciudad de Escuintla. Allí nos encontrábamos cuando ocurrió la masacre de Santiago Atitlán el 2 de diciembre de 1990. Los trece muertos, entre ellos tres menores de edad, y los veintitrés heridos nos provocaron mucho dolor, pero, a la vez, demostraron el valor y el orgullo de los hermanos tzutuhiles, a quienes siempre recordaremos como los únicos que lograron desalojar al ejército de su pueblo en tiempos de guerra.

La orientación de hacer algo trascendente para solidarizarnos con la fatalidad vivida en Santiago llegó en el mismo momento en que evaluábamos esa posibilidad. El grupo Comando fue designado para realizarlo. Apoyado por la unidad urbana y la recepción de un desembarque de explosivos en las inmediaciones, se encargó de destruir el puente Mocá en la carretera del Pacífico.

La voladura del puente Coyolate el año anterior y los continuos retenes sobre dicha vía obligaron al ejército a una vigilancia permanente en los puentes y a patrullajes constantes, pero la represalia por esta condenable acción no pudo impedirla y también lo volamos.

Ese año ya no existió tregua.

Las operaciones de tropas paracaidistas continuaron, pero pudimos regresar al volcán para celebrar, como era tradición. Un desembarque de comida y bebida especial se realizó en la carretera de Ciudad Vieja a Alotenango, lo que no pasó inadvertido para los informantes. La pasamos muy bien el 24 y 25; pero el 27 ya hubo combates, ventajosos por cierto, gracias al aviso temprano de la observación que vigilaba la ruta. Combatimos y después hicimos una retirada ordenada.

En la nueva posición trasladé el mando al capitán Hernán, y ultimé detalles para salir a México junto con Oliverio. Había sido convocado a una reunión de dirección y él iría a descansar. Una patrulla nos escoltó a la carretera del Pacífico la noche del 31 de diciembre al 1° de enero, y en el trayecto evadimos una emboscada, para luego saber que en total había veintisiete en distintos caminos. Era un gran cambio de táctica incursionar y emboscarse de esa forma en días festivos. Esto demostraba el marcado interés castrense de desalojarnos de la nueva retaguardia. No hubo más problemas y pudimos ser recogidos por Héctor y Andrés, que nos llevaron a territorio mexicano.

El avance del Balamjuyu al volcán de Agua produjo una disminución considerable de combatientes. De ciento cincuenta pasamos a ser noventa y dos. El estudio de las probabilidades para conseguir un crecimiento se convirtió en el tema principal a debatir.

13. Frente Unitario

Los primeros meses del año 1991 fueron trágicos y desfavorables. Perdimos a veintidós compañeros experimentados, en diferentes incidentes de combate, accidentes y capturas. Un preocupante 20.3 por ciento. Un cúmulo de situaciones adversas se volcó sobre el frente. Los análisis de inteligencia subestimados, medidas preventivas incompletas, modelos operativos repetidos y actuaciones personales equivocadas se conjugaron para producir una disminución de fuerza en el momento menos oportuno. En el eslabón final de la cadena de instrumentación hubo fallas lamentables, y la falta de supervisión de las tareas y misiones fue deficiente. Al confiar en la capacidad de quien se quedó a cargo, no se enviaron apreciaciones pormenorizadas de algunas de sus propuestas ni se exigió el envío de posibles escenarios, pensando que había interiorizado y aprendido de la experiencia acumulada.

No podemos dejar de mencionar las iniciativas enemigas relativas al trabajo de inteligencia, la rapidez en sus reacciones y la eficacia de sus operaciones. Tenemos que reconocer que ellas posibilitaron tan duros golpes. Y con nuestras fallas, contribuimos también nosotros.

El subteniente Walter, uno de los integrantes de la patrulla que participó en mi salida, en el retorno al campamento, activó por error una de nuestras cazabobos y perdió un talón. Las unidades enemigas lo detectaron y, en medio de la situación de combate, que dificultaba sacarlo, exigió que le diesen un tiro. Lo perdimos a él y al subteniente Henry, que fue quien le disparó; poco tiempo después pidió su baja, incapaz de soportar el recuerdo de haber tenido que quitarle la vida; a ellos los unía una profunda amistad.

El teniente Marco Tulio fue expulsado por razones disciplinarias después de una operación fallida y por el temor del mando de no poder controlarlo, dada su difícil y explosiva conducta.

Adolfo, el ametralladorista, murió de un disparo en la cabeza en medio de una formación, por la imprudencia del subteniente Daniel al simular una ejecución, creyendo que el arma corta no tenía tiro en recámara.

Una patrulla de cinco combatientes (teniente Manuel, subteniente Jaime, Jorge, Calín y Francisco), que realizó un hostigamiento a la base de tropas paracaidistas Felipe Cruz, en el municipio del Puerto de San José, Escuintla, fue capturada en su retirada vehicular con cuatro miembros de la unidad urbana de apoyo (Héctor, Andrés, Baltasar y Ramón). La información que proporcionaron produjo otras dos detenciones (Paco y Victoria) y un caído en combate (teniente Moisés), en el ataque inmediato que el enemigo realizó al puesto de mando.

Los subtenientes Rogelio y Ervin, miembros del comando, también fueron capturados al descuidar su seguridad en momentos en que se encontraban en misión de civil. Un doble agente los delató. Al recibir el aviso radiofónico establecido, que indicaba que los compañeros estaban en el punto de contacto acordado, enviaron a dos compañeros (Eliseo y Chano) para recogerlos, quienes murieron al ser emboscados.

La compañera Ángela, autorizada para una visita familiar, fue capturada en un puesto de registro, en el que ex guerrilleros prisioneros la delataron.

El teniente Juvín se embriagó en misión en la capital y ya no regresó. Lo volveríamos a ver varios años después.

Fue una dura lección la que recibimos. No se utilizó correctamente la fuerza y en las operaciones quedaron muchas cosas al azar y a la improvisación. En este periodo el trabajo de inteligencia enemigo fue de nueva cuenta superior.

A partir de ese año, los relevos de mando fueron marcados por problemáticas internas y desaciertos de conducción, que pusieron en riesgo la cohesión interna y la capacidad operativa. Objetivamente, no pudimos lograr el mantenimiento y desarrollo de los propósitos, viviendo desgastantes ciclos de avances y retrocesos, cuya alternancia no contribuyó a concretar planes más ambiciosos.

Llegamos a tener excelentes oficiales operativos a lo largo de los años. Algunos de ellos con tan buena preparación y, a la vez, gran fortuna, que toda acción en la que se veían involucrados tenía resultados favorables. Eran valientes, aguerridos y decididos para participar directamente en un principio, y dirigir después todo tipo de operaciones, circunscritas al enfrentamiento militar propiamente dicho. Comenzaron a manifestar deficiencias y flaquezas cuando tuvieron que hacerse cargo del manejo de una unidad guerrillera.

En todo sector, raza, etnia y origen, se presentaron en el frente –dentro de la amplia gama de contextos y acontecimientos– casos de admirable entrega, respetable actitud, mediocre ejecución, notoria incapacidad y vergonzosa traición.

No hablo sólo de las consideraciones que gravitan en torno a la dirección, como la preparación teórica y la experiencia práctica fundamentadas en la necesaria dinámica del ensayo y el error, cuyas mayores pruebas son las situaciones imprevistas y complicadas; la formación político-ideológica, en una palabra. También hablo de la forma en que todo dirigente, de cualquier nivel, asimila la posición de poder con la que es investido y llega a afectar no sólo su posición de líder, sino su condición humana.

La compañera o el compañero responsables pueden fortalecerse o debilitarse moral, ética y políticamente, al ser representantes auténticos de un esfuerzo coordinador de un quehacer colectivo y promotor de las iniciativas de organización y planificación. Para ello, el ejemplo personal es determinante. Sus conocimientos y capacidades le permitirán contar con la lealtad, el respeto e incluso el cariño de quienes lo siguen. Transmite tal estímulo y entusiasmo, que sus órdenes y orientaciones se cumplen. Puede haber incluso un temor bien entendido, en el sentido de "temer" fallar al superior por la confianza depositada en el subalterno. Estas cualidades se encontraron en muchos oficiales; en otros, lamentablemente, no.

Esta reflexión es transversal hacia todos los que participamos en la guerra, formando parte de distintas estructuras y actuando en diversos escenarios. No hay dedicatoria especial para nadie y si ahora menciono la experiencia de una guerrilla rural no significa que deba excluirse de otros círculos de trabajo ni frentes de lucha, sean éstos urbanos o rurales, obreros o campesinos, profesionales o analfabetos, mayas o ladinos, intelectuales o estudiantiles, en ambientes nacionales o internacionales, etcétera.

No es posible determinar con absoluta seguridad el momento adecuado para asignar responsabilidades a quien se considera un prospecto. Por más cuidado que tengamos de tomar en cuenta todas las variables posibles, no garantizamos que el elegido vaya a responder como se espera. Puede asombrar y puede decepcionar. El margen de error aumenta en proporción inversa a la disminución de la calidad de los candidatos. Las deficiencias en niveles inferiores tendrán costos aritméticos; las deficiencias en niveles superiores, tendrán costos geométricos.

Mientras en el FJT vivíamos esta desafortunada y perjudicial situación, en la capital mexicana se presentaban y desarrollaban las propuestas, reuniones y preparativos para constituir por primera vez un Frente Unitario, en respuesta a nuestra iniciativa y oficialmente respaldado por los comandantes en jefe de EGP, FAR y ORPA. Lo aceptaron nueve años después de fundada URNG y pasados cinco años de haberse creado la Comandancia General. Respuesta tardía, pero que en las circunstancias del momento resultaba la más apropiada. No se trataba de encuentros ocasionales ni de coincidencias fortuitas en el terreno motivadas por premuras operativas, menos aún de la integración de algunos combatientes para prepararse temporalmente, como estableció el PGT Comité Central, ante la imposibilidad de contar con un frente guerrillero propio. Ésta era la primera vez que se planteaba la constitución de una fuerza conjunta, que respondería a planes específicos, preparaciones coordinadas, logística compartida, la participación de combatientes en un terreno determinado y con una conducción centralizada.

Las medidas contrainsurgentes instrumentadas contra las fuerzas guerrilleras de las tres organizaciones, establecidas en las zonas selváticas y montañosas, fronterizas con México, habían imposibilitado el avance hacia áreas en las que el accionar tuviera mayor impacto y repercusión. El control de la población y el patrullaje de carreteras (la mayoría de terracería y poco transitadas) complicaban la entrega de armamento, alimentos y demás elementos necesarios. Ello obligaba a operar en aquellas zonas distantes, sin cortar el cordón umbilical en que se convirtió el terreno fronterizo. Mantener operaciones en una zona cubierta por muchos destacamentos militares, pero con una población de escasa importancia económica y una relativa facilidad de control, provocaba un costo político muy alto y un desgaste acumulado.

Las comunidades de población en resistencia del Ixcán y de la Sierra y los refugiados en México hacían heroicos esfuerzos de apoyo y participación, pero esto no afectaba ni incidía en el territorio considerado como el corazón de la economía guatemalteca. La zona de fincas con cultivos diversos, principalmente café, las haciendas ganaderas y los ingenios azucareros quedaban muy distantes de estas zonas del norte y noroccidente del país. Era un territorio minifundista maya, parcelas de inmigrantes costeros y orientales, con una infraestructura mínima, retrasada y muy poco desarrollada. Agravaba esta situación la conformación de las aldeas modelo y los polos de desarrollo, que alteraron severamente cualquier propósito organizativo y, ante todo, de incorporaciones, que permitiera crecer y avanzar, como fue el concepto y objetivo inicial.

No era pertinente pensar que la continuación de operaciones en un terreno así y con las características poblacionales descritas pudiera crear las condiciones de incidencia y trascendencia buscadas. Crecer, combatir y avanzar resultaba cada vez menos probable y era un diseño que no se ajustaba a nuestra realidad y a nuestras necesidades militares. El plan de campaña enemigo, Fortaleza por la Paz 91, debía enfrentarse de otra manera.

Además, el tiempo estaba en contra nuestra y la estrategia de guerra popular prolongada se estrellaba contra el desmoronamiento del modelo de socialismo real, que inevitablemente nos afectaba. Acontecimientos en Europa y América Latina así lo confirmaban. El hundimiento de los países comunistas de Europa oriental, la caída del Muro de Berlín en noviembre de 1989 –que simbolizó el fin de la Guerra Fría– y la debacle soviética. En América, Cuba intentaba una nueva estrategia de supervivencia; en Nicaragua el FSLN era derrotado electoralmente y en El Salvador se consolidaba la negociación. Esta nueva situación no auguraba un panorama propicio para el mantenimiento de un esfuerzo bélico, sino más bien para una solución política negociada. Para ésta teníamos que llegar en la mejor posición de fuerza posible, descartando la opción de la victoria militar que, aunque en ese momento no se ventilara abiertamente en nuestros círculos, preocupaba a nuestra dirigencia, al tanto de los acontecimientos mundiales y regionales.

Era necesario operar en zonas más sensibles y determinantes, donde el accionar guerrillero trascendiera el bloqueo noticioso y la desinformación auspiciada por el Departamento de Información y Divulgación del Ejército (DIDE). Teníamos que demostrar a la población de todo el país que había una guerra y que la fuerza política que la impulsaba debía ser tomada en cuenta; que los terratenientes también la padecieran y que esa presencia pudiera –optimizando las expectativas– despertar de nuevo el entusiasmo y el deseo de participar en latitudes antes combativas y en ese momento neutralizadas por los costos de la represión y la falta de atención orgánica.

Las razones internas también eran apremiantes, es decir, aquellas que tenían que ver con las posibilidades del movimiento revolucionario de dar continuidad a la lucha armada.

La incorporación de combatientes a los frentes guerrilleros se convirtió en un problema estratégico. Las fuentes con las que contamos durante mucho tiempo no manifestaban la intención de continuar proporcionándolos. Las organizaciones populares, obreras y campesinas no respondían a nuestros llamados. Los centros educativos medios y superiores ya no eran cantera asequible, y los refugiados habían pagado un alto costo. Miembros de tres generaciones de una misma familia habían participado en la guerra. Muchos habían crecido desde la niñez y la juventud, a la edad adulta, inmersos en ella, y en un momento dado plantearon su retiro de las fuerzas regulares para convertirse en combatientes temporales. Esto les permitía atender su parcela y mantener a los núcleos familiares que se fueron constituyendo con el paso de los años.

La gente de nuestra zona de operaciones simpatizaba y colaboraba en tareas complementarias, pero no se integraba.

Era un círculo vicioso inquebrantable el que se nos presentaba al afrontar la resolución de lo inmediato y la propuesta de lo mediato: contraponer el alimento físico necesario para sobrevivir y el alimento espiritual determinante para transformar. Los niveles de pobreza extrema y miseria, acentuados en las áreas rurales, se convirtieron en condiciones adversas para el crecimiento de las unidades guerrilleras.

La necesidad de los cambios continuaba vigente. El método de lucha se había estancado y no daba muestras de poder revitalizarse.

Las operaciones pensadas ese año de 1991 pretendían hacer el último intento en función de provocar que el motor pequeño activara al motor grande: la guerrilla al pueblo.

La guerra-imagen era un concepto a explotar, en el sentido de que no sólo importaba operar. Teníamos que hacer todo lo posible para que se supiera que estábamos haciéndolo. El desgaste producido al ejército en sus distantes puestos militares selváticos y en áreas de importancia relativa era un modelo de duración imprevisible y de resultados indefinidos. El esfuerzo bélico de los hostigamientos y los fuertes combates en zonas de este tipo no era suficiente para afectar la moral y las posibilidades operativas del enemigo, y en el mejor de los casos eso podía llevar muchos años. En el peor de ellos –descartando la posibilidad de ser destruida físicamente–, la guerrilla se arriesgaba a ser vista como parte del folklore nacional y ser explotada turísticamente, en el sentido en que se pudiera dar a conocer su existencia no por ser un elemento de participación y transformación, sino por las molestias ocasionales y lo anacrónico de sus posturas.

Por eso, la propuesta de creación de un Frente Unitario caía en terreno fértil. Habíamos demostrado, en los últimos tres años, una respetable e incuestionable capacidad para operar y avanzar a poblados y carreteras estratégicas. Estábamos en una buena parte del corazón de la economía nacional y teníamos que aprovecharlo.

Gaspar fue capaz de convencer a los otros miembros de la Comandancia de la viabilidad del proyecto. El Frente Unitario sería la punta de lanza de una operación que comprometería a las otras fuerzas guerrilleras que operaban en el territorio nacional. Todas ellas debían contemplar el desarrollo de operaciones de mayor trascendencia, para lo cual se establecería un plazo, con la finalidad expresa de mantener dislocado y ocupado al enemigo, evitando su concentración en una sola fuerza.

Una vez lograda la aprobación deseada, pasamos a trabajar en el plan de operaciones que la Comandancia requirió, el cual se presentó a los compañeros, comandantes guerrilleros Tomás, del EGP, y Francisco y Ruiz, de FAR, miembros de los Estados Mayores de las organizaciones hermanas, quienes opinarían sobre el mismo, y con los que se iban a ultimar detalles en cuanto a la forma en que se establecerían los contactos en la zona para recepción de combatientes en el caso de los primeros, y para la reunión con el Frente Santos Salazar (FSS) en relación con los segundos.

El plan propuesto fue puntual y abarcaba tres etapas definidas: cercos urbanos, combates escalonados y defensa de montaña. La preparación simultánea de dos objetivos de atracción, dos ciudades importantes que podían ser aisladas desde todas sus vías de acceso, era determinante para desencadenar las otras fases de la campaña. Una era Escuintla: cabecera del departamento del mismo nombre, el segundo en importancia económica y poblacional del país; ubicada sobre la CA-2 (carretera del Pacífico) a cincuenta y cuatro kilómetros de la ciudad capital. La otra era Mixco: municipio del departamento de Guatemala, sobre la CA-1 (carretera Interamericana) y una de las ciudades dormitorio más pobladas del cordón periférico de la capital, con la que colinda. Después de la instalación de los retenes y el desarrollo de combates en los puntos de aproximación de las unidades militares, teníamos que retirarnos ocupando otros poblados y montando emboscadas en puntos previamente explorados, hasta llegar al volcán de Agua en el que haríamos la defensa de montaña, cuyo terreno era factible para ello. Acciones intrépidas que no dejaron de despertar dudas y cuestionamientos.

Calculamos que los preparativos llevarían alrededor de tres meses y estaríamos en condiciones de lanzar la operación a finales de agosto. La decisión final sobre cuál de las dos ciudades iniciaría las hostilidades dependería del trabajo exploratorio y los reportes de inteligencia para establecer en cuál de ellas podíamos contar con las ventajas de la viabilidad y la sorpresa. Iniciaríamos un plan adoptado como una acción de envergadura nacional.

Ana siempre hacía referencia, y pudimos comprobarlo fehacientemente, de que cuando soñaba con carne cruda o se le caían los dientes era señal de que alguien cercano y querido se iba a morir. Esa premonición nos sobresaltó en varios momentos difíciles vividos en el frente. Y es que a pesar de contar con el aviso previo y enfatizar las medidas preventivas o las recomendaciones pertinentes, no había forma de evitar lo que esos trágicos sueños revelaban.

Pocos días antes de que retornara para formar el Frente Unitario, habló conmigo y me confesó que desde hacía varios días tenía esos sueños. Estando tan cerca mi reingreso a Guatemala era lógico que pensara que podía pasarme algo. Me aclaró que estaba consciente de que yo no creía en brujerías, pero en esta oportunidad me pedía que, para darle gusto y quedarse más tranquila, accediera a acompañarla a un lugar donde podían hacerme una lectura de lo que estaba por venir y realizar una limpia si era necesaria. Y así lo hice.

Me llevó a un barrio humilde de la periferia de la ciudad de México, cercano al canal de Cuemanco, en una de cuyas sencillas tiendas atendía una pareja de hombres de mediana edad, que realizaba el rito africano o afrocaribeño de tirar los caracoles. Había una pequeña sala de espera en la que se encontraban otras personas, y esperamos nuestro turno. Ella entró y salió rápidamente. Me introdujeron en otra pequeña habitación en la que los dos videntes estaban sentados. Una mesa era lo único que nos separaba. No los había visto nunca. Al momento de esparcir en la superficie horizontal del tocador varios esqueletos de esos moluscos, ambos se separaron abruptamente de él, profirieron una exclamación de asombro y temor, y revelaron que lo que veían eran muchas armas y un gran peligro. Aconsejaron que era necesario realizar una ceremonia para protegerme, porque al lugar adonde me dirigía estaba lleno de riesgos y dificultades.

Los brujos me entregaron un listado de necesidades y fui con Ana y Francisco Javier, de escasos meses de nacido, al famoso mercado de Sonora en el mismo Distrito Federal, visitado por nigromantes y practicantes de las misteriosas y ancestrales religiones, ya que en él se encontraban todos los elementos que exigen estas ceremonias: animales vivos y disecados (gallos, gallinas, conejos, iguanas, culebras, etcétera), plantas y tubérculos diversos, pociones múltiples, candelas de diversos colores, amuletos, vestimentas, oraciones escritas y muchas cosas más.

Me presenté vestido completamente de blanco, con un coco y un gallo del mismo color (no recuerdo todo lo que llevé). Me sentaron en un banco e hicieron un prolongado rezo en un idioma incomprensible. Vertieron sobre mi cabeza el líquido del coco y me restregaron su corteza por varias partes del cuerpo. Seguidamente, degollaron al gallo y con su sangre dibujaron un círculo a mi alrededor, continuando sus oraciones. Terminada la ceremonia manifestaron, con una expresión de calma en sus rostros, que ya estaba preparado para encontrarme con el peligro y que saldría bien librado, pues tenía la protección debida.

Lo cierto es que salí ileso de muchas situaciones riesgosas, haya ayudado o no esta vivencia mágica, que atentó contra todo contexto racional y científico. Quizás, lo que Ana estaba soñando se relacionaba con las numerosas bajas que tuvimos a comienzos de año.

Recurrimos a todo para ingresar anímica y emocionalmente preparados para tan gran empresa. Espiritual y psicológicamente, la "bruja" había contribuido a ello. Confiaba en que podrían llevarse a cabo planes tan ambiciosos y no quiso descuidar ningún aspecto, incluido el misterioso, tan ajeno a los círculos intelectuales del materialismo histórico y las organizaciones con ideologías revolucionarias.

Debía ingresar al país bajo nuevas condiciones, por el incremento de los controles carreteros y la presencia en los retenes de capturados. La plena identificación que en esos momentos la D-2 tenía de los mandos del frente y el interés manifiesto de no permitir ninguna acción que pudiera revertir la debilitada situación que padecíamos, los hacía más peligrosos.

Utilizamos una ruta por demás novedosa, en la que combinamos diversos medios de transporte. Un vuelo del D F a Belice con escala vespertina en Guatemala y nocturna en San Salvador para luego trasbordar a un pequeño avión de hélice que cubría el trayecto de Belice a Punta Gorda. Desde esta pequeña comunidad, ubicada en la compartida bahía de Amatique, tomé un barco hacia Puerto Barrios, Izabal, que solía llegar a dicho lugar los martes y viernes de cada semana. El compañero con quien me iba a trasladar a la ciudad capital estaba en Livingston al día siguiente, desde allí navegamos por el río Dulce hasta el puente del mismo nombre, que comunica los departamentos norteños de Izabal y El Petén, para luego dirigirnos por carretera a Guatemala. Todo ello se realizó del 22 al 26 de mayo.

El contacto acordado con el compañero internacionalista Ismael, que venía desde México para transportarme en el último tramo, funcionó con la coordinación y la perfección esperada. El ingreso al frente tuvo sus inconvenientes. El 26 era el primer intento y no lo cubrimos; la reserva del 27 falló. Mientras él regresó a Tapachula a recibir instrucciones, tuve que permanecer oculto en el hotel Camino Real de la zona 10 hasta su regreso, y el jueves 30 al final ingresé en un punto de la carretera cercano a Palín. El responsable de la patrulla, capitán Jeremías, me informó que los dos primeros días no pudieron asistir por movilizaciones enemigas en el sector. Llegamos al campamento principal dos días después. El 1° de junio volvía a hacerme cargo de una fuerza de apenas setenta y dos guerrilleros, con el compromiso de llevar a cabo uno de los planes más ambiciosos en la historia de la lucha guerrillera guatemalteca y con un enemigo que pregonaba que habíamos perdido la iniciativa estratégica y que era cuestión de poco tiempo para desarticularnos en forma definitiva. Cantaba victoria antes de tiempo.

Dos semanas fueron necesarias para realizar las obligadas reuniones con los oficiales, las colectivas y las individuales, en las cuales expuse, con detalle y amplitud, la trascendental y única oportunidad de ser parte de la fuerza que llevaría adelante un proyecto unitario de alcance nacional. Los intercambios sirvieron también para recibir opiniones e informes sobre lo acontecido en los últimos meses. Esto ayudaba a completar el panorama de los hechos, ya que no sólo considerábamos los reportes que oficialmente recibimos del capitán Hernán en su momento, sino lo que otros responsables y combatientes opinaban frente a los golpes recibidos y las bajas sufridas.

Era un ejercicio necesario y obligatorio que acostumbrábamos a hacer, a través del cual ordenábamos los sucesos y sus consecuencias, con el fin de aprender de ellos y evitar repetir los errores cometidos. Ninguno de nosotros estuvo exento de este ejercicio y de recibir las observaciones y señalamientos que la situación ameritara.

En relación con los planes de campaña, yo era el único que los conocía en su totalidad. A los tres capitanes: Hernán, Oliverio y Jeremías, cercanos miembros del mando, les dije estrictamente lo que necesitaban saber sobre las tareas que en ese momento debían realizar, pero sin compartir otros detalles ni todos los objetivos. Con mayor cuidado y compartimentación, transmitimos las orientaciones a los oficiales de menor rango y combatientes de las distintas unidades que tuvimos que conformar para realizar las tareas de preparación.

Soportamos una fuerte derrota en el campo de la inteligencia a principios de ese año, cuyas repercusiones casi impidieron el inicio de los planes que comenzarían a realizarse. Por eso, una de las metas más sentidas y necesarias se relacionaba con el hecho de poder revertir esa situación desfavorable y aprovechar las circunstancias para hacer creer al enemigo que el FJT seguía en las condiciones desventajosas a las que había llegado, por los golpes recibidos y la disminución de su capacidad de conducción por los oficiales capturados.

Nos quedamos sin estructuras urbanas de apoyo, sin varios oficiales jefes de pelotón y con el grupo Comando desarticulado. Las consideraciones de la G-2, en relación a la pérdida de la iniciativa estratégica, eran correctas. Lo que podía transformar esa realidad era aprovechar, en toda su capacidad, a la oficialidad con la que aún contábamos y recibir a los compañeros del EGP y FAR, que venían a ser una inyección saludable e inesperada de combatientes. Era clave mantener la desinformación sobre la supuesta e invariable situación de debilidad, en el momento en que creceríamos en número y concretaríamos la posibilidad de renovar armamento para mejorar la capacidad y volumen de fuego. La batalla de la inteligencia era la primera que debíamos ganar.

A mediados de junio, el todavía Frente Javier Tambriz se dislocó para realizar las distintas misiones preparatorias que culminarían con la creación del Frente Unitario (FU). Como idea-propuesta, aceptación-acuerdo, planificación y preparación de contactos para el ingreso de personal y armamento, era un hecho desde enero. Las próximas semanas podría convertirse en realidad.

Establecimos un lenguaje encubierto para referirnos a los lugares donde se darían movilizaciones. El lunes 17, el capitán Hernán se dirigió, con catorce compañeros, a Chimaltenango (Tierra Caliente) a recibir al contingente del EGP y realizar un desembarque de armamento. El martes 18, el capitán Jeremías partió con siete hacia Mixco (Siquinalá), y el teniente Ramiro, con once, se fue a realizar operaciones de diversión al noroccidente del departamento de Escuintla (Op. Div.). Esta unidad cumplía la misión de confirmar al enemigo que ésa era la única capacidad operativa que teníamos.

El miércoles 19, el teniente Héctor, con seis, se desplazó hacia los alrededores de Antigua Guatemala, Sacatépequez (Casa Grande) a realizar tareas logísticas, al tiempo que el puesto de mando, integrado por veintiocho, inició un largo desplazamiento para realizar sus labores de coordinación, asumiendo nuevos riesgos y ubicándose en sectores insospechados para el enemigo (La Planada). Fueron en total setenta compañeras y compañeros que aún no tenían plena conciencia de las operaciones que se avecinaban, pero habían experimentado un cambio en el ánimo y la moral combativa, al ser partícipes directos de las tareas de preparación requeridas para una campaña que podía cambiar el curso de la guerra. Al campamento del cual nos dislocamos le pusimos La Esperanza.

El control y la presión militar, en un área donde habíamos estado desde hacía nueve meses, dificultaban enormemente el mantenimiento del puesto de mando en la profundidad del sector montañoso suroccidental del volcán de Agua. De nada servía dislocar distintas patrullas en misiones preparatorias, si lo que le correspondía a él no podía llevarse a cabo ante la inminencia de ser detectado y atacado, aunado a un abastecimiento incierto. La decisión fue invertir el orden conceptual en cuanto al esquema de seguridad y ubicación de dicha posición.

Pensamos más bien ir a la profundidad de la costa sur, alejándonos del terreno alto y quebrado para establecernos en uno bajo y plano cuyas características topográficas no despertaran sospechas, lo que con movilizaciones cuidadosas y el secreto de la presencia compartido con la población, permitiera realizar las tareas.

Nos llevó siete días la movilización, porque hicimos las marchas en horas nocturnas. Fueron cuarenta y cinco horas y media desde La Esperanza hasta Los Perdidos, campamento ubicado entre mangales y potreros, en las cercanías del ingenio El Salto, divididas en varias jornadas que oscilaron entre cuatro y diez horas. La más agotadora de ellas fue la que emprendimos la noche del sábado 22 de junio, de nueve horas y media: abandonamos las faldas del volcán, atravesamos la carretera Palín-Escuintla y alcanzamos un sector de la montaña Medio Monte que nos alejó del área de peligro. Lo hicimos bajo una lluvia diluviana que nos obligó a caminar a corta distancia, sin hacer luz y hablando en voz baja. Aunque nos mojamos completamente, fue el manto adecuado para realizar la más riesgosa de las marchas con el secreto debido. Lejos quedaron las seguras áreas montañosas que se tornaron peligrosas ante las incursiones periódicas de los pelotones paracaidistas, y lo mejor fue buscar el ocultamiento en ese terreno que, como ya he dicho, era el menos esperado y sospechado por el enemigo: de treinta y siete a cuarenta kilómetros debajo de la carretera CA-9.

Chimaltenango: Hernán recibió a cuarenta y nueve compañeros del EGP, de los cuales dieciséis desertaron. La mayoría provenía del Frente Ho Chi-Minh, en El Quiché. La montaña de El Soco sirvió para integrarlos a la dinámica requerida de estudio y entrenamiento. Así también fue posible recibir por vez primera un voluminoso desembarco de armamento y pertrechos, ingeniosamente oculto en compartimentos de vehículos especialmente preparados para estas delicadas misiones logísticas. Eran verdaderas obras de arte que fueron determinantes en la renovación y mejoramiento del armamento. Calculamos que su peso era de una tonelada.

Con este envío iniciamos un constante y variado tren logístico para el Frente Unitario, llegando a recibir como mínimo un desembarco cada semana, que nos permitió integrar armas de fabricación soviética, mayormente fusiles AK-47, la línea de ametralladoras livianas: PKM, MDP y RPK, granadas defensivas y lanzacohetes RPG-7.

Esta fuerza realizó operaciones sobre la carretera Interamericana y en varios municipios de este departamento, antes de regresar al volcán de Agua. El fogueo fue muy útil, ya que necesitábamos acoplamiento entre diversas modalidades de conducción y operatividad a las que cada fuerza respondía, además del necesario conocimiento entre los combatientes para poder coordinarse en el terreno y el combate. Tuvimos tres bajas en esa campaña, un muerto y dos heridos leves.

Guatemala: Jeremías exploró rutas de aproximación al municipio de Mixco a través del cerro Alux (2 305 metros). Fue detectado y denunciado por pobladores de los alrededores, provocando una rápida y fuerte respuesta enemiga: un batallón de la Guardia de Honor y dos compañías paracaidistas efectuaron el rastreo. Les ordené desalojar temporalmente la zona y posponer las tareas logísticas que estaban pendientes. Más adelante recibimos dos vehículos con alimentos y equipo en la montaña de El Rejón, parte del corredor que enlaza el volcán de Agua con los cerros circundantes de la capital. Evitamos los combates y minimizamos nuestra presencia para no dar indicios de búsqueda del objetivo mayor.

Sacatepéquez: Héctor realizó una importante labor logística. Era una pequeña patrulla de siete compañeros que, apoyados en un solo compañero de la población, fueron capaces de realizar memorables jornadas de abastecimiento. En dos meses efectuaron varios desembarcos con vehículos rentados, hábilmente contratados y desinformados. Esto nos facilitó una reserva alimenticia de cien quintales, en su mayoría granos, y los nutrientes más durables, en lo que considerábamos nuestra retaguardia principal. La coordinación entre Héctor y Jeremías aseguró la comida en El Rejón. La población de esta región era colaboradora, más con su silencio y discreción que con su activa participación. Encontrar un solo compañero con tanta entrega y disposición solventó uno de los aspectos determinantes de la campaña que pretendíamos realizar. Estos hechos demuestran que muchas veces las cosas no se valoran por el tamaño o la masividad, sino por su dimensión y calidad.

Escuintla: en este departamento se mantuvieron la fuerza de diversión y desinformación y el puesto de mando, ubicados en lugares distantes para no afectar sus misiones. Ramiro desarrolló la campaña político-propagandística en fincas y poblados como se esperaba. Sostuvieron un combate que provocó la caída de un suboficial y dos heridos leves.

En cuanto a nosotros, completamos preparativos, exploraciones e ingresos de personal y armamento: 1] El Frente Santos Salazar, de FAR con veintitrés combatientes y otro buen número de compañeros enviados de nuestras bases, incluidos dos médicos, fueron recibidos en el sector de Guanagazapa. 2] Realizamos un segundo desembarco de una tonelada, con el que dábamos continuidad al cambio de armamento y contábamos con una reserva de munición en el área. 3] Completamos las exploraciones tanto para reconocer rutas de acceso a la ciudad de Escuintla, como para ubicar los puntos más convenientes de instalación de retenes y emboscadas en tres de las rutas que cubriría esa unidad. 4] Oliverio salió de civil a explorar la ciudad de Mixco y determinar las características del terreno en sus accesos. 5] Con respecto a las comunicaciones, recibimos una laptop (computadora portátil) y un transformador de señal que agilizó y aseguró aún más el intercambio de mensajes. Gracias a esta innovación tecnológica enviábamos en cuestión de segundos extensos informes. El teniente Gabriel había salido a capacitarse para su uso.

El 16 de agosto, el capitán Oliverio y el comandante Martín, jefe del Frente Santos Salazar, se quedaron con sesenta y dos combatientes en el sector de Guanagazapa, y yo trasladé el puesto de mando al volcán de Agua, maniobra necesaria para comunicar al resto los planes a poner en marcha.

En el tiempo de estancia en la costa sur vivimos dos situaciones delicadas, que pusieron en riesgo el secreto de la operación y la ubicación del puesto de mando. La primera de ellas fue la deserción de cinco combatientes armados, quienes por fortuna no fueron apresados, ni sus desplazamientos tuvieron consecuencias negativas, pero nos forzó a cambiar campamento y buzones. La segunda fue el abordaje que le hicieron al subteniente Clemente, en Santa Lucía Cotzumalguapa, Victoria y Ángela, compañeras capturadas a principios de año, cuando éste recogía combatientes; pero no lo entregaron.

El lunes 5 de agosto, recibí un mensaje conjunto del comandante Gaspar y el comandante Pancho, en el cual me indicaban la conveniencia de realizar la operación de Escuintla y que les informara la fecha de su ejecución. La de Mixco se posponía, y en ese momento no me dieron mayores explicaciones. Más tarde supe que la posibilidad de accionar en esa zona había trascendido demasiado y era del conocimiento de la inteligencia enemiga. Lo anecdótico del caso fue que el mismo monseñor Rodolfo Quezada Toruño, quien presidía la Comisión Nacional de Reconciliación (CNR), se había permitido solicitar a Gaspar que, en el caso de que los "muchachos" incursionaran en Mixco, tuvieran cuidado con las instalaciones de un seminario ubicado en sus alrededores.

El jueves 22 me reconcentré con el resto de la fuerza en el volcán de Agua. Junto a los capitanes Hernán y Jeremías, los tenientes Héctor y Ramiro estaban a la expectativa de que les diera a conocer la siguiente etapa del plan, cuyos últimos preparativos y exploraciones eran conducidos por Oliverio y Martín. Durante dos días tuvimos reuniones de planificación con los oficiales. Hasta entonces no conocieron las misiones cumplidas por las distintas unidades y se enorgullecieron de todo lo que habían sido capaces de realizar. Al principio se asombraron ante la noticia del cerco a Escuintla, pero según se fueron detallando las distintas misiones y la certeza de realizarlas, una sensación de seguridad y confianza se apoderó de todos. Para reforzar este sentimiento y a fin de atender a la moral combativa, varios compañeros fueron promocionados al asignárseles grados militares y manejo de patrullas.

Al término de la última reunión, después de revisar en los mapas desplazamientos y posiciones, clarificar horarios, reflexionar variables tácticas, considerar las probables respuestas enemigas etcétera, les hice saber que teniendo ya todo claro y definida la fecha del comienzo, sólo me quedaba informar al comandante Gaspar. El capitán Jeremías pidió la palabra y me solicitó que no lo hiciera; que en ocasiones anteriores en las que preparamos acciones importantes y fueron notificadas, habían fracasado o tenido obstáculos significativos. Pensé si era conveniente o no respetar la tradición de no anunciarlo, incluso al mismo comandante en jefe, y al final decidí apostar por la tranquilidad de mi gente. No lo hice, a pesar de que desde principios de mes estuve recibiendo mensajes que me exigían notificar la fecha referida.

El domingo 25, una fuerza de veintisiete efectivos al mando del teniente Rolando, proveniente del volcán de Agua, se reconcentró con el capitán Oliverio en El Castaño. Así se completaron los combatientes necesarios para las misiones al suroriente del objetivo.

El martes 27, las fuerzas de los capitanes Jeremías y Hernán se dirigieron a los puntos acordados.

El miércoles 28, después de dislocar las unidades, cambiamos la ubicación del puesto de mando para preservar su secreto y seguridad. A dicho campamento le pusimos La Última Carta. Ese mismo día se dislocaron las distintas fuerzas de Oliverio y Martín.

El jueves 29, todas las unidades estaban listas en sus posiciones, a las cuales pudieron aproximarse y ocupar sin contratiempos.

En ese momento, el Frente Unitario contaba con ciento treinta y tres combatientes. Habíamos recuperado los combatientes perdidos a principios de año y crecido en 30.83 por ciento. De ellos, ciento ocho (85.8 por ciento) participaron en la operación principal; veinticinco (14.2 por ciento) se distribuyeron entre el puesto de mando (diecinueve), y una patrulla encargada de contactos y desembarques (seis).

El viernes 30 de agosto de 1991 será una fecha que, más allá del curso posterior y el desenlace de los acontecimientos, nos recordará a los guerrilleros guatemaltecos lo que fuimos capaces de hacer, en un esfuerzo conjunto y articulado, en el que buscábamos el desarrollo de un accionar extraordinario e incitar a una movilización que rompiera los moldes impuestos por la represión, el terror y el agotamiento que provocó la prolongación de la guerra.

A las 6:30 horas de ese día, dos estaciones de radio en AM y FM transmitieron un mensaje revolucionario, después de que un comando ocupara sus instalaciones, ubicadas en un barrio de la ciudad de Escuintla, que en ese mismo momento, con la precisión y la coordinación debida, fue cercada por unidades guerrilleras, que obstaculizaron el tránsito vehicular en los cinco principales accesos. Los vehículos de transporte pesado fueron atravesados en dos puntos de la carretera del Pacífico, impidiendo el paso desde y hacia la capital y Siquinalá, en las carreteras que comunicaban con el Puerto de San José, Puerto Quetzal y hacia la frontera con El Salvador (Santa Rosa). Habíamos ganado la primera batalla, la de la inteligencia.

El capitán Jeremías, con veintiún compañeros, se ubicó entre Escuintla y la ciudad capital. La fuerza enemiga cercana era la tropa destacada en la finca presidencial de Santo Tomás. El capitán Hernán, con veintidós combatientes, estaba entre Escuintla y Siquinalá. La zona militar 12 en Santa Lucía Cotzumalguapa era la que debía responder. El teniente Abel, con trece, cubría el Puerto de San José y se ocuparía de contener a las tropas paracaidistas. El subteniente Eraldo, con doce, lo hacía en el tramo hacia Puerto Quetzal. La respuesta debía darla la Base Naval del Pacífico (BANAPAC). El teniente Rolando, con ocho, se posicionó en la ruta CA-2 hacia Santa Rosa-frontera El Salvador, esperando efectivos de la zona militar 11, con sede en Cuilapa. Era la más distante, pero no por ello descuidamos la posibilidad de su aproximación. El capitán Oliverio y el comandante Martín condujeron las acciones del comando que tomó las radioemisoras y, posteriormente, varias colonias con veintiséis combatientes.

En todas las unidades, máxime en aquellas que esperaban las respuestas más agresivas, distribuimos las armas de artillería liviana y las minas. Nos habíamos preparado para repeler ataques de infantería, blindados y aviación, y establecimos previamente los puntos de emboscadas terrestres y aéreas.

La sorpresa fue total y en pocos minutos comenzaron a formarse largas colas de vehículos que ocuparon decenas de kilómetros, llegando incluso a la capital y a Santa Lucía, ya que con el correr de las horas y los múltiples combates hicieron imposible cualquier movilización.

La atención se centraba en los esfuerzos que hacían las unidades militares en sus intentos por desalojarnos. Hubo combates en cuatro de los cinco accesos bloqueados, con excepción de la ruta a El Salvador. Los primeros fueron contra infantería y vehículos artillados, varios de los cuales fueron impactados y contenidos por el fuego de lanzacohetes, obligando a que los subsiguientes avances de las unidades terrestres se hicieran sin su protección.

Pasadas algunas horas, los distintos jefes militares, que coordinaban por separado, se percataron de que no estaban frente a una operación habitual, de rápido desalojo de pequeños grupos. Pasaba el tiempo y no podían hacer retroceder a las patrullas guerrilleras, que causaban bajas en sus acciones escalonadas. Debieron ordenar la suspensión de sus intentos por conseguirlo.

Fue una operación impecable. No tuvimos ninguna pérdida y causamos muchas. Necesitábamos un acontecimiento trascendente y éste lo fue con creces, convocando a una amplia e importante cobertura periodística nacional e internacional. El mensaje de la disposición a negociar con seriedad, respaldados por un factor estratégico militar, que daba fuerza a la voz revolucionaria, estaba claro. La satisfacción y la alegría de todos en el frente fueron grandes.

En Caracas, Venezuela, se realizaba ese mismo día una reunión preparatoria para el inicio de las negociaciones con el gobierno, en la que participaba el entonces presidente Jorge Serrano Elías. Durante el encuentro, éste se le acercó a Gaspar y le dijo: "Ya sabemos lo que hicieron tus muchachos en Escuintla". Así se enteró el comandante y cuando me transmitió su mensaje de satisfacción y felicitación por lo inédito y exitoso de la operación, no olvidó recomendarme que debía anticiparle las fechas, pues no era correcto informarse de nuestras operaciones militares a través de fuentes opositoras.

Recuperado de la sorpresa inicial, el enemigo montó una contraofensiva más estructurada que, como era habitual, consistía en combatir a las unidades operativas y, al mismo tiempo, buscar el puesto de mando. Sus rastreos goniométricos (de reconocimiento topográfico) le permitieron ubicar con bastante precisión la cuadrícula y las coordenadas de este último, y dieron la orden a un ECO para que atacara. Su fuerte señal radiofónica ("cañón") para informar que se encontraba en el sector presagiaba un combate inminente, que al final no se dio, al comprobar que dicha unidad se había quedado a orillas de la montaña evadiendo su misión. La falta de obstáculos en el terreno fue culpable de haber podido escucharlos con tanta sonoridad, a pesar de estar lejos.

Septiembre se caracterizó por una febril actividad operativa de ambos contendientes, en la que llevamos la mejor parte, al seguir causando bajas en ataques y emboscadas. Al ejército le preocupó tanto lo que hacíamos, que estableció un centro de mando para sus operaciones en la zona militar 12, coordinado por el mismo jefe del Estado Mayor de la Defensa Nacional, general Édgar Augusto Godoy Gaitán, quien dispuso patrullajes en lugares periféricos de la capital con tanquetas e infantería. En esas circunstancias, es inevitable pensar qué más podríamos haber logrado con más combatientes. Pero la trágica herencia de los desfases, las reservas internas y la falta de articulación oportuna fueron lastres que impidieron incidir con más fuerza en los momentos precisos.

El domingo 29 realizamos una segunda gran operación, al sitiar el pueblo de Palín, a treinta y cuatro kilómetros de la capital, paralizando de nuevo el transporte. En esta acción participaron sesenta y seis compañeros al mando del capitán Jeremías. De diez unidades, ocho combatieron, destruyendo y averiando varias tanquetas y camiones, causamos cincuenta y dos bajas.

Habíamos llevado a cabo dos de las tres fases de la operación propuesta. Faltaba la tercera, la defensa de montaña, y no tardó mucho en llegar.

El viernes 4 de octubre se concentró todo el frente en el campamento La Esperanza. Para entonces, ya éramos ciento once; veintidós menos, de los cuales sólo un herido se podía considerar como baja en combate. El resto de los ausentes fue por deserciones, expulsiones (por indisciplina) o como parte del programa de tiempo o descanso establecidos. El mayor problema no era que salieran combatientes; lo más delicado era que no se recibían en momentos en que las exigencias operativas se magnificaban. No podíamos pretender mantener el ritmo e intensidad de las operaciones de manera indefinida, sin acusar un cansancio físico y mental. Fue una situación de mucha tensión.

En medio de las acciones audaces y los combates victoriosos, cubrimos también permanentes tareas de seguridad interna (diurna y nocturna), domésticas y logísticas. Las largas marchas, sobre todo de noche, para aproximarnos o alejarnos de los objetivos, fueron necesarias para lograr la sorpresa, pero, al mismo tiempo, causantes de un agotamiento acumulativo. Hasta ese momento fuimos capaces de enfrentar la agresiva y sostenida reacción enemiga, pero sería irreal no considerar las repercusiones desfavorables que una situación así conlleva y las formas de evasión y dispersión que dicho desgaste provoca.

En esos días vivimos múltiples problemas internos por los diferentes estilos, conceptos de disciplina, conducta personal y colectiva de cada organización. La premura de la unificación, forzada por las necesidades, no había dejado tiempo suficiente para trabajar estas inevitables diferencias. Lo hicimos sobre la marcha, conscientes de lo coyuntural del encuentro y de los cortos plazos con que contábamos.

El lunes 7 se realizaron los primeros enfrentamientos en montaña. El primer batallón de paracaidistas atacó el campamento y durante casi dos horas hubo un intenso intercambio de fuego. Las maniobras en un terreno más conocido nos favorecieron, y logramos golpearlo sin costos y articulando un contragolpe. Salió del volcán con once bajas. Utilizó profusamente sus morteros de campaña de 60 milímetros que no hicieron daño, pero me provocaron un gran susto. Me encontraba esperando con un grupo de tres o cuatro compañeros de la columna para emprender la retirada, cuando escuchamos el sonido metálico propio de la expulsión de la granada del tubo y luego el silbido característico de su cercanía, cayó en medio de nosotros con la buena fortuna de que no estalló.

Ocupamos otra posición a mayor altura, garantizando que en ella sí se colocaran, de inmediato, las minas con mecanismos de tracción (hilos tensados a baja altura) como una primera línea de defensa delante de las contenciones. Su ausencia en La Esperanza dio tiempo al enemigo para organizar el ataque.

El jueves 10, a las 07:00 horas un compañero, Venancio, activó accidentalmente una mina de la periferia, provocándose una herida leve. Por Rubí detectamos a una compañía de la zona militar 302 que se movilizaba arriba de nosotros. A las 12:00 horas su vanguardia fue sorprendida por las minas, y antes de entablar combate ya habían sufrido muchas bajas. A un soldado le recuperamos un fusil M16-A2 y el equipo en un choque subsiguiente y, fijamos al enemigo, hasta que entró la noche.

Un equipo de combate de paracaidistas y otra compañía de la 302 que iban en refuerzo activaron otras minas en lugares distantes de la montaña y no fueron capaces de llegar al sector. Escuchamos los reiterados mensajes de sus superiores, que los conminaban a retirarse. Era notorio el tono de preocupación que manifestaban, conscientes de la desventaja de mantenerse en un terreno bajo nuestro control. Fue una noche en la que sus repetidos intentos de avanzar fueron repelidos por una infranqueable línea de defensa. Se vieron obligados a esperar la claridad del día siguiente, y a las 06:00 horas lanzaron un fuerte ataque con ametralladoras y granadas, que causó la muerte al subteniente Daniel y heridas a otro compañero. Esto les ayudó a evadirse por un flanco. Con comprobación radiofónica verificamos que en estos combates del 10 y 11 sufrieron otras veintiún bajas.

El subteniente Daniel provenía de los campamentos de refugiados de Quintana Roo. Hasta allí había llegado en una ocasión a buscar combatientes y conocí a su padre, quien era el encargado de reclutar a los jóvenes por cortos periodos, muchos de ellos nacidos y crecidos por esas latitudes, y que mantenían su amor por Guatemala, debido al trabajo de concientización y politización de sus progenitores. Pero muchos de ellos ya no pensaban en participar en la continuidad del esfuerzo de lucha, sino que se habían habituado a las facilidades que obtenían en México. No era éste el caso de Daniel ni de su padre. Se había adaptado muy bien y a eso respondía el grado que ostentaba y la unidad que comandaba. Fue de los que mantuvieron la línea de defensa toda la noche, y cuando se dio el fuerte combate de la siguiente mañana, al vaciar sus tolvas y verse en la necesidad de recargarlas indicó a los compañeros que se retiraría detrás de un árbol para hacerlo. Una de las granadas enemigas pasó por encima de la línea de fuego y cayó junto a él. Muertes absurdas y difíciles de aceptar.

El sábado 12 y domingo 13 fueron días que sirvieron para reconcentrarnos en el lado norte y alto del volcán. Tras los cruentos combates de la semana anterior, envié varias unidades con intención de contragolpear. Tanto los paracaidistas, que incursionaron de sur a norte, como los efectivos de la zona militar 302, que rastreaban de este a oeste nuestras posiciones, tuvieron que descender y salir de la zona montañosa a rumbo para evitar más pérdidas.

El lunes 14 fue el único día en que pudimos reunirnos los ciento diez; aprovechando la oportunidad para desarrollar varias actividades internas. Continuamos las evaluaciones de EGP y ORPA, que venían a completar las que ya habían iniciado los primeros y terminado los de FAR. Éstas contemplaban las operaciones militares, pero también pusimos atención a la dinámica de convivencia. Había dificultades comprensibles por las diferencias de actitudes y hábitos. Tampoco descuidamos el estímulo moral, y, en esos días, hubo nuevos ascensos. En el caso de los compañeros del EGP, al no estar autorizado para promoverlos procedí a reconocer, en formación general, su aporte como responsables de unidades.

Con el Estado Mayor analizamos la situación operativa y concluimos que la campaña se había consumado con la exitosa defensa de montaña y era conveniente salir del volcán, ante la intensificación de las incursiones enemigas que se avecinaban. Decidimos que un buen cambio de teatro de operaciones sería pasar de la costa al altiplano central, manteniendo el concepto táctico que nos dio resultados en Escuintla y Palín, aplicándolo en la siguiente operación sobre la ciudad de Antigua Guatemala.

El martes 15 el Frente Unitario se dividió de nuevo y varias patrullas iniciaron sus desplazamientos hacia los tramos carreteros que iban a cubrir en la operación de Sacatepéquez. El puesto de mando (treinta y tres) y el capitán Oliverio (veintitrés) iniciaron su marcha a las 17:40 horas. Hasta ese momento, el enemigo no había podido devolver los golpes y teníamos la información de que estaba articulando una respuesta múltiple y masiva, que involucraba varias zonas militares y un buen número de efectivos.

La marcha fue difícil, casi toda nocturna, sin hacer luz la mayor parte del trayecto, con esperas inconvenientes impuestas por necesidades logísticas, cruces complicados, y por mantener el respeto de la inveterada necesidad guerrillera de marchar al ritmo del más lento. Por eso, no pudimos alcanzar el lugar planificado, y después de una extenuante jornada de diez horas y cuarenta minutos llegamos al cementerio de San Lorenzo El Cubo, uno de los muchos poblados de los alrededores de Antigua. Ocupamos esa posición a las 04:00 horas del miércoles 16 de octubre, fecha que por muchas razones me marcaría para siempre.

Fue un día que comenzó mal y terminó peor.

Amanecer en un terreno desventajoso no era deseable en tiempos de ofensiva y las valoraciones, decisiones y acciones posteriores sólo sirvieron para aumentar la adversidad. Desde las primeras horas tuvimos relación con campesinos, quienes nos informaron no haber visto al ejército en la zona. Esto nos hizo pensar que continuábamos teniendo la iniciativa. Al contactar a un colaborador de la inteligencia militar, que aceptó la propuesta de ir a comprar alimentos (pollo campero) a la ciudad de Antigua, le dimos la oportunidad para denunciarnos. Lo que pretendió ser un estímulo gastronómico se convirtió en una trampa mortal.

Fue un tiempo aprovechado por el enemigo para informarse de la situación, coordinar acciones y movilizar efectivos al sector. Por las comunicaciones radiofónicas interceptadas a un helicóptero civil, que sobrevoló el área, y a unidades de infantería, dedujimos que formaban parte de un operativo sobre el volcán. Una reunión del Estado Mayor con los responsables de inteligencia para evaluar esta información imprecisa no concluyó en la necesidad urgente de retirarse. Lo único que hicimos, previendo la eventualidad de un combate, fue ocupar una posición cercana a mayor altura, ya que el cementerio se encontraba en una hondonada que aumentaba los riesgos. Alrededor de las 15:00 horas recibimos el abastecimiento y nada parecía indicar una situación anormal.

A las 16:00 horas comenzaron los combates y pronto se hizo evidente que las unidades enemigas eran parte de maniobras envolventes preparadas, y no de un encuentro casual. Por eso, no podíamos prolongar la permanencia en un terreno tan desventajoso. Los francotiradores hicieron mucho daño ante la amplitud de visión con que contaban debido a los sembrados enanos de hortalizas y frijolares que, con los pocos y dispersos árboles, les facilitaron las condiciones para distinguir y ultimar contrincantes. La complicada retirada se realizó en distintas direcciones sin poder organizarla debidamente, y todas las patrullas pelearon para alcanzar lugares favorables. Todas acusaron la pérdida de compañeros. En total fueron ocho bajas: seis muertos, un herido y una compañera capturada herida. La peor parte la tuvo una sección del puesto de mando en la que quedamos el jefe de FAR y yo. Nos vimos obligados a romper el cerco por arriba y el intento, que al final fue logrado, nos costó cuatro muertos y un herido.

En nuestro caso, ante la vacilación de seguir avanzando, debido a la caída de compañeros de la vanguardia, el primer teniente Gabriel decidió sumarse a ella, y esa reacción heroica fue clave para poder romper el cerco con granadas y fusilería. Fue posible salir de la zona de muerte por la bravura de los compañeros que abrieron la brecha de escape.

Fueron dos horas de pelea que no sentí y en las cuales aprendí que la proximidad de la muerte trastorna la percepción del tiempo y la posibilidad de medirlo, al estar concentrado en la intención de esquivarla. La emboscada y el cerco, que vienen a ser dos de las situaciones tácticas de mayor peligro, agigantan dicha receptividad.

Un cafetal fue el primer cobijo después de dejar el descampado, en él enterramos el armamento de los caídos para luego continuar una marcha nocturna de siete horas que nos alejó lo suficiente del trágico paraje.

Todas las organizaciones tuvieron que lamentar sus muertos: EGP tuvo uno (Venancio); FAR dos (Héctor y Valentín) y ORPA tres (Olguita, Adriana y Francisco), a la que también pertenecían el herido leve (teniente Leonel) y la compañera capturada (Carmen).

Por la tarde del jueves 17 restablecimos las comunicaciones de radio con el exterior y con las patrullas del Frente Unitario. Con el comandante Gaspar Ilom los mensajes intercambiados no pudieron ser más opuestos. Le informé del cerco y sus costos, así como la suspensión de la operación de Antigua. Y él me dio la feliz noticia de que el día anterior, 16, mis hijos gemelos habían venido al mundo.

A ese campamento de paso lo llamamos El Nacimiento, en honor a Paula Ileana y Pablo Rodolfo.

El capitán Jeremías me dijo que dos horas antes de iniciarse los combates tenía preparado el mensaje en que informaba de las intenciones enemigas. El teniente Roberto (Ishvet) fue capaz de situar frecuencias y descifrar mensajes al respecto, lo que el teniente Leonel y Martín –encargados de Rubí en el puesto de mando– no pudieron hacer. El teniente Gabriel aprovechó para notificarme que debido al cansancio no cubrió los horarios programados el día anterior, y esto terminó de explicar, con absoluta claridad, cómo en el vital enfrentamiento de las ondas radiofónicas, en esta oportunidad, nuestros incumplimientos y descuidos favorecieron al adversario.

Por información obtenida posteriormente, supimos que este operativo le dio al ejército la oportunidad que había estado esperando, tras mes y medio de combates, en los que habían sido golpeadas unidades de las zonas militares 13-16, 12, 302, Guardia de Honor y paracaidistas. Los militares estaban desesperados, con la moral disminuida ante la incapacidad de responder a nuestros golpes y su elevado número de bajas. La oportuna denuncia de su colaborador les permitió un aprovechamiento táctico de la información en un lugar ventajoso. Los combates fueron con tres grupos kaibiles de catorce elementos cada uno, cuarenta y dos en total, combinados con tropa regular para ampliar el cerco inicial.

Martín, de nombre legal Sandino Asturias, hijo del comandante Gaspar, ingresó el 28 de agosto para hacer su primera y única experiencia guerrillera. Trabajó en el campo de la inteligencia, integrándose al equipo constituido en el Frente Unitario. Estuvo conmigo en el cerco de El Cubo y ambos salimos ilesos. Lo saqué el 8 de noviembre, porque no tenía las condiciones físicas necesarias y por ser un peso emocional muy fuerte, por la intranquilidad –compartida con su padre– de que algo infausto le sucediera. Por el bien de todos se fue, y él tampoco objetó la decisión tomada. Su corpulencia hizo que los compañeros le pusieran Nim, que en idioma k'iche' significa "grande". Creo que los dos meses y once días en las montañas de Guatemala fueron una experiencia formativa para su vida y para su militancia que jamás podrá olvidar. Conocer el escenario de las pruebas más arduas para vivir y luchar siempre será un privilegio para quien se considere revolucionario.

El ejército, como de costumbre, ocultaba sus pérdidas, pero en esta oportunidad aprovechó para mostrar a los medios de comunicación los cadáveres de los compañeros caídos. Estas fotos ocuparon la primera plana de los periódicos.

Pagamos caro la negligencia, el desconocimiento del terreno y el exceso de confianza. La embriagante sensación de la victoria nos hizo vivir un espejismo que no se correspondía a la realidad, ni mucho menos a las posibilidades de una reducida y presionada fuerza guerrillera ante un enemigo tan peligroso y poderoso.

Pasamos de Sacatepéquez a Chimaltenango, donde establecimos puntos de contacto con las diferentes patrullas que se dispersaron en El Cubo, con las que era necesario evaluar lo ocurrido e ir pensando en otros planes.

A los dos días, el viernes 18, tuvimos la reunión con Hernán y Oliverio; continuamos todos la marcha hacia El Soco. Un pequeño desembarque de Comandancia para recibir presupuesto, la necesidad de abastecimiento y la intención de sacar a algunos compañeros demandaban permanecer en el sector. Pero el domingo 20 por la noche, el mismo día que el capitán Oliverio salió a traer alimentos en las afueras de San Andrés Itzapa, captamos una comunicación radiofónica que reveló la llegada de un batallón de reacción rápida compuesto por paracaidistas, a la zona montañosa ocupada. Al día siguiente, lunes 21, a las 23:30 horas, la patrulla de Oliverio fue emboscada a su regreso. Salió ilesa y llegó al campamento. La persecución continuaba y pensamos en una retirada distante.

El enemigo conformó la fuerza de tarea Cabracán, a la que denominó "élite de élites", y con ella realizó la mayor contraofensiva contra el Frente Unitario. Supimos que tenían comprometidos en ella batallones de varios cuarteles capitalinos, de las zonas militares correspondientes, 302 y 12, e incluso de la 17-15, apuntalados por tropas paracaidistas y kaibiles. Los informes de inteligencia recabados por distintas fuentes y confirmados por Rubí establecieron que la respuesta castrense a nuestra osadía guerrillera involucró a cinco mil efectivos.

No quedaba ninguna duda de la gran preocupación que causó al ejército el accionar desarrollado las últimas semanas en el centro del país. A ello respondió la constitución de una unidad militar de esa magnitud, dirigida desde su mismo Estado Mayor. En ese momento éramos aproximadamente cien combatientes: una proporción de cincuenta a uno, en relación al contingente enemigo. Éste había ocupado el territorio en disputa, saturando con su presencia poblados y carreteras principales. Para mantener cierto grado de iniciativa se hizo necesario un cambio de planes para desarrollar operaciones en otras áreas no comprometidas hasta ese momento y en las que el ejército no estuviera tan consolidado.

Era una imposición inevitable, ya que no había indicios de contar con refuerzos y teníamos que responder en la medida de nuestras posibilidades. Por eso decidimos que el capitán Jeremías (sesenta y seis) se trasladara del volcán de Agua al departamento de Guatemala, en un área que comprendió los municipios de San Vicente Pacaya, Amatitlán, Santa Elena Barillas y Villa Canales, al suroriente de la ciudad capital, incluida la carretera CA-1 hacia El Salvador. El resto de la fuerza (cuarenta y dos) que constituía el puesto de mando realizó una retirada estratégica que lo alejó del área peligrosa y lo acercó a la costa sur, donde esperábamos realizar otra operación mayor.

El viernes 25 emprendimos el repliegue de San Andrés Itzapa hacia Santa Lucía Cotzumalguapa. Para pasar de Chimaltenango a Escuintla faldeamos los volcanes de Acatenango (3 900 metros) y Fuego (3 600 metros), situados en los municipios de Acatenango y San Pedro Yepocapa. Fueron largas jornadas, la mayoría nocturnas, diseñadas así para no ser denunciados, evitando que la atención enemiga se volcara hacia ese territorio. Este cuidadoso desplazamiento llevó doce días, y a pesar de algunos contratiempos menores –dos desertores, un tiro escapado, y haber sido vistos por algunos campesinos– culminó con éxito y sin consecuencias. Por allí pudieron salir Martín, de FAR, los dos médicos (Samuel y Manuel) y Martín "Nim".

Seguíamos teniendo reportes de la magnitud de la contraofensiva. Por medio de la radiocontrainteligencia (RCI) supimos que el 30 dos batallones cercaron la montaña de El Soco. Y el 31 otras patrullas activaron minas en el cerro del Cucurucho, parte de la Sierra Carmona en Sacatepéquez; sufrieron tres bajas.

El 9 de noviembre, el capitán Hernán recogió un tercer cargamento de una tonelada en la carretera del Pacífico, jurisdicción del municipio de Santa Lucía Cotzumalguapa, que garantizó reservas de armamento y munición en dicho sector.

Del viernes 8 de noviembre al lunes 9 de diciembre la fuerza a cargo del capitán Jeremías, respaldado por sus principales oficiales, los tenientes Héctor, Ramiro y Eraldo, llevó a cabo múltiples operaciones político-militares y un accionar militar diverso. La ocupación de poblados, incluidas las cabeceras municipales de San Vicente Pacaya y Santa Elena Barillas, agitó la región, aunque sólo tuvimos tres incorporaciones. Los ataques a bases de patrullaje, emboscadas y combates de encuentro arrojaron un saldo de veintinueve pérdidas enemigas, entre muertos y heridos. El 9 de diciembre, en un prolongado combate con paracaidistas en las afueras de Villa Canales, cayó la compañera Griselda y fueron heridos dos compañeros.

El ejército estaba tan alerta a nuestras apariciones, que podía trasladar, en una sola noche, grandes contingentes que, al amanecer, ya estaban preparados para rastrear una nueva área. Tenían muy bien articulados sus recursos logísticos y de transporte para que sus patrullas pudieran cumplir con eficiencia sus misiones en el lugar y tiempo debidos.

Fue el caso de este último combate, donde se hicieron presentes tres batallones, dos de la Guardia de Honor y uno de paracaidistas, además de fuerzas especiales kaibiles.

En relación con sus iniciativas de inteligencia utilizaron agentes de civil que se movilizaban en los sectores ocupados. Fingían ser simpatizantes para ganarse nuestra confianza y luego guiar a las patrullas militares a los campamentos. Jeremías se encontró con algunos de ellos y en una oportunidad le ofrecieron cerveza, pero no se confió, cambió de posición y a las pocas horas comprobó que en lugar de líquido ambarino llegó un contingente enemigo.

Era tanta la tensión acumulada y el nerviosismo existente, que se dieron ocasiones en que unidades castrenses tuvieron choques entre ellas mismas, a pesar de las precauciones y los distintivos. Uno de los casos más graves, registrado por la radiocontrainteligencia, ocurrió el miércoles 11 de diciembre en horas nocturnas. Fuerzas paracaidistas se enfrentaron en las afueras de la finca Venecia, en Guanagazapa, Escuintla, causándose de quince a veinte bajas, incluidos dos oficiales.

Los mensajes radiofónicos de los comandantes Gaspar y Pancho que solicitaban el envío de los planes que tenía en mente se completaban con sus observaciones sobre la necesidad de realizar otra operación trascendente. Lo que Jeremías hacía no correspondía a las necesidades.

Pero la situación interna no era fácil. Los compañeros de FAR estaban preocupados por la falta de noticias de su jefe al no cubrir los contactos para recogerlo, y tanto ellos como los del EGP comentaban que su participación en este esfuerzo unitario les fue planteada para seis meses, por lo que estaban pensando más en retornar a sus territorios que en continuar operando. El EGP envió al teniente Hernán para convencer a su grupo de quedarse unos meses más. Durante cuatro días, del 21 al 24 de noviembre, habló con todos, y pudo lograrlo con la promesa de que serían relevados pronto, no sin dejar de enfrentar airados reclamos de varios de ellos.

El 26 de noviembre recibí un mensaje del comandante Pancho en el que me comunicaba que debía salir para evaluar las operaciones y trabajar nuevos proyectos. Hernán estuvo fuera por tres semanas y tuve que esperar su regreso, el 7 de diciembre, para entregarle el mando. El martes 10 di la orden a las fuerzas operativas de retirarse de las áreas en las que habían estado y que buscaran un lugar para evaluar, descansar y restablecerse. Me despedí de Oliverio, que con cuatro compañeros se movilizó para reunirse con Jeremías en el municipio de Brito, en las riberas del río María Linda, a fin de guiarlos, después de las fiestas, al lugar convenido en Santa Lucía Cotzumalguapa para concentrarse con Hernán e iniciar juntos operaciones en dicho territorio.

Una triste noticia precedió mi salida, al enterarme de la desaparición de la Unión de Repúblicas Socialistas Soviéticas (URSS), develándose así los aciertos y errores de un socialismo real.

Salí el sábado 14 y llegué a Tapachula casi a medianoche. El lunes 16 por la tarde llegué al D F y, dos meses después de su nacimiento, conocí a mis hijos.

Las operaciones realizadas por el Frente Unitario en 1991 fueron de un impacto y repercusión insospechados. A través de ellas comprobamos que nuestro análisis había sido acertado. De esta manera, pudimos desmentir la reiterada versión del ejército de su victoria militar irreversible sobre las fuerzas insurgentes.

El balance de la campaña era favorable. Hay una ley guerrillera que establece que una fuerza irregular tiene vigencia en la medida en que pueda mantener una proporcionalidad de bajas de diez a una en relación al enemigo. Las cifras fueron muy superiores a este principio, si nos referimos estrictamente a las pérdidas en combate. En los cuatro meses de operaciones tuvimos catorce bajas: nueve muertos y cinco heridos, incluidas las del cerco de San Lorenzo El Cubo. En ese mismo periodo, el enemigo sufrió alrededor de trescientas, con una pérdida importante de material de guerra y transporte.

La recepción de fondos económicos y la realización de operativos logísticos alcanzaron la eficiencia y precisión buscada. En siete meses, de junio a diciembre, recibí 420 mil quetzales, equivalentes a 84 mil dólares, según el tipo cambio de la época (cinco a uno), para atender necesidades logísticas no bélicas. Hicimos desembarques que cubrieron oportunamente las necesidades bélicas en diferentes puntos.

A fines de año éramos noventa y nueve, treinta y cuatro menos que al inicio de esta ambiciosa campaña. Descontando los caídos, es posible apreciar que la mayoría de compañeros que ya no estaban (veinte) salieron por razones ajenas al combate. Pero las cifras son engañosas. Si para el análisis nos circunscribimos sólo a los muertos y heridos, todo parecería indicar que las cosas caminaban bien y habíamos obtenido una importante victoria táctica, al contar con un saldo favorable de bajas propias, en contraposición a las del enemigo. Pero si agregamos las bajas sufridas por otras múltiples causas: deserciones, tiempos concluidos, afectación psíquica, traslados, etcétera, estamos hablando de 25.56 por ciento menos efectivos, bajas que pesaban mucho más que las causadas al ejército. Ambos contendientes nos estábamos desgastando y las implicaciones estratégicas negativas eran más sentidas y determinantes para nosotros.

Los costos del enfrentamiento fueron mayores para el Frente Unitario, y eso alejó la posibilidad de darle continuidad y crecimiento a nuestro accionar militar.

Es inobjetable que fue un éxito extraordinario, con ventajas inmediatas convenientes para URNG en el momento en que se iniciaban las conversaciones, y con el concurso de muchos compañeros de diversas estructuras. Pero el acuerdo operativo que dio vida al Frente Unitario, condicionado a un reducido espacio de tiempo, no presagiaba poder mantenerlo, mucho menos hacerlo crecer. Por desgracia, pesaron más los planes particulares de cada organización.

Para ser honestos, no creo que las organizaciones hermanas se hayan lanzado a fondo, con todas sus posibilidades, a darle soporte a este tardío intento unitario, ni creo que estuvieran conscientes de que era una de las últimas oportunidades que nos quedaban en el aspecto estrictamente militar.

Del mismo modo, fue notoria la ausencia de operaciones de esta magnitud en los otros frentes de guerra, como lo habíamos acordado. Solos no podíamos alterar las capacidades operativas del ejército ni obligarlo a dispersarse.

14. Castigos

La operación principal que pensamos para inaugurar el nuevo año fue el asedio a la ciudad de Santa Lucía Cotzumalguapa, pero los combates no deseados ocurridos en las primeras semanas abortaron esa intención ofensiva.

Durante enero y febrero recibimos golpes que nos arrebataron la iniciativa. Unidades de la fuerza de tarea Cabracán atacaron dos campamentos y un retén, causando siete bajas, cinco de ellas mortales, un herido y un capturado. El territorio en disputa fue la extensa planicie costera, con sus potreros y cañaverales intercomunicados y su alta densidad poblacional, que favoreció más la labor de inteligencia y las movilizaciones del enemigo que lo intentado por las dispersas escuadras guerrilleras.

Los Conejos, unidades de avanzada de la G-2 en áreas peligrosas, les fueron de mucha utilidad. Hacía un año que el ejército las había creado, y varios guerrilleros capturados formaron parte de ellas. Se movilizaban de civil y estaban entrenadas para misiones especiales, desde obtención de información por parejas, hasta combates en carreteras. Eran las primeras en llegar a los retenes. Su número variaba según la operatividad del frente, y contaban con unos dieciocho a veinticuatro elementos, algunos venidos de la capital. En los vehículos pick-up, por lo regular, iban de cuatro a cinco, armados y con radio, con los fusiles tapados con lona y haciéndose pasar por trabajadores rurales.

El Frente Santos Salazar, bajo la responsabilidad del capitán Santana, se desligó súbitamente del Frente Unitario. El 30 de enero informaron haber recibido la orden expresa del comandante Pablo Monsanto de retornar de inmediato a su zona de operaciones y, ese mismo día, sus dieciocho integrantes entregaron el armamento, se vistieron de civil y se fueron.

Nuestra relación con la organización fundadora de la lucha guerrillera en Guatemala a lo largo de todos esos años, no fue todo lo constructiva que esperábamos. Prevalecieron la defensa ciega de las verdades parciales y los caudillismos, probablemente porque había otros intereses, necesidades e intenciones escudados en las apariencias y los discursos.

A mediados de año, veintidós compañeros del EGP regresaron al Quiché, además de cinco combatientes temporales provenientes de México. Sumados otros once por bajas, perdidos en combate, enfermedad o captura, completaron el dramático descenso de cincuenta y seis combatientes, que transformaron la potencialidad del pasado reciente en un desolador e incierto panorama presente y de futuro.

De febrero a abril, el capitán Jeremías condujo una fuerza de cuarenta compañeros que operó en Santa Lucía Cotzumalguapa y Escuintla. Luego se dividió, enviando al teniente Pedro con diecisiete al puesto de mando y él, con veintitrés, continuó su recorrido hasta llegar de nuevo a los alrededores de Santa Elena Barillas y la carretera a El Salvador. El capitán Hernán se dirigió a Chimaltenango para recibirme en El Soco el miércoles 15 de abril, y un mes después nos trasladamos al noroccidente del volcán Acatenango. Intensa y desgastante actividad en los desplazamientos, combinada con acciones que, aunque siguieron causando bajas y destrucción de medios al enemigo, no llegaron a trascender ni a publicitarse.

Perdimos valiosos oficiales en distintas circunstancias. Los tenientes Basilio y Abel, con una completa preparación en Cuba y diez años en el frente, cayeron en combate; al veterano teniente Shuan fue necesario trasladarlo por viejas secuelas psíquicas y el capitán Oliverio, herido en combate, necesitó la mayor parte del año para restablecerse en México.

En otro plano estaban los oficiales con tres a cinco años de montaña, que necesitaban salir a descansar, aunque ello restara temporalmente capacidad de mando, ya que era contraproducente mantenerlos con el grado de desgaste físico y mental que evidenciaban. Las consecuencias podían ser más negativas si no los alejábamos por un tiempo de la dinámica absorbente de la guerra. Estoy hablando de diecisiete compañeras y compañeros que eran parte de la columna vertebral del frente, con los que no contaríamos. Dentro de ellos incluyo a dos capitanes, Hernán por descanso y Oliverio herido.

Lo anterior representó una reducción a cincuenta guerrilleros, casi la tercera parte de los que iniciaron operaciones el año anterior, frente a un enemigo que aumentó significativamente su número. Mientras nosotros nos debilitábamos, éste fortaleció su presencia en el terreno.

Enfrentábamos una situación por demás preocupante y desventajosa. Aun así, el intercambio de mensajes mantenido con Gaspar se centraba en la imperiosa necesidad de operar.

Las patrullas que salían a cumplir diferentes misiones provocaron que en un momento dado el puesto de mando –que me vi obligado a convertir en móvil y cambiante por las constantes incursiones enemigas– quedara reducido al mínimo. A una posición en el lado norte del volcán Acatenango la llamamos Los Siete, ya que sólo llegamos a estar el radiooperador, el ayudante que cargaba el acumulador, el responsable de inteligencia, dos combatientes, mi escolta y yo. El centro de comando y coordinación del frente se vio obligado a correr esos riesgos para responder a las pretensiones del comandante en jefe.

Las acciones bajaron a un nivel muy inferior del que tuvimos antes, pero por un tiempo el enemigo las interpretó como una "desinformación operativa", en espera de la realización de aquéllas que estuvieran en consonancia con las expectativas creadas, y que en ese momento todavía creían que estábamos en posibilidades de efectuar.

Propuse a Gaspar prescindir del puesto de mando y unificar una sola fuerza a cargo del capitán Jeremías, con mayor libertad de acción. Si a ella se agregaban los oficiales en descanso, llegaríamos a contar con unos sesenta a sesenta y cinco guerrilleros, con quienes podrían buscarse mayores logros militares en el corto plazo.

Mi planteamiento fue aceptado. A fines de julio estaba de vuelta en la ciudad de México, desde donde debí dar seguimiento a los preparativos y planes acordados con Jeremías. Al mismo tiempo, establecí contactos y visité los campamentos de refugiados en busca de combatientes. En esta etapa me vi obligado a estar viajando a Tapachula para atender las necesidades solicitadas por el Frente Unitario con los responsables de la retaguardia.

La idea de Jeremías era operar en un área poblada, comprendida entre Palín y Escuintla, para luego realizar una defensa en el sector sur del volcán de Agua. La movilización hacia esa montaña, el ingreso de oficiales y los preparativos le llevó mes y medio. Según sus cálculos, estaría listo en septiembre. Pero sus movimientos no pasaron inadvertidos para el enemigo, que se adelantó a las primeras acciones ofensivas montando una fuerte operación unos días antes. Esto provocó un viraje insospechado y funesto de los planes proyectados, sumándose a una serie de acontecimientos aciagos y dolorosos sufridos durante ese noveno mes del año 1992.

El día lunes 7 de septiembre, a eso de las 14:00 horas, en la ciudad de México, recibí una llamada telefónica de Pancho, quien con voz grave y alterada me comunicó que Ana había sido asaltada y apuñalada. Estaba hospitalizada en la Cruz Roja de Polanco y trataban de salvarle la vida. Su estado era muy grave. Vivía en el sureste de la capital mexicana y dicho hospital se ubicaba en el norte, por lo que tuve que atravesar buena parte de esa enorme ciudad, lo que me llevó casi hora y media.

Al llegar finalmente al centro hospitalario, observé a la distancia a Pancho que salía por la entrada principal del edificio. Al acercarme vi su rostro descompuesto y percibí una sensación de desconsuelo, que me hizo pensar en lo peor. Con ojos llorosos me dijo que Ana había muerto.

La explicación inicial, en medio de su confuso estado emocional, fue que Ana y una compañera mexicana llamada Andrea se dirigían a Polanco para realizar unos trámites financieros, y que estando en el estacionamiento de un centro comercial fueron asaltadas. Ana se resistió y fue herida con arma blanca, mientras que Andrea estaba ilesa, detenida en una comisaría, ya que hasta que no se aclararan las cosas era considerada como la autora del hecho.

En ese momento no puse mucha atención a la situación de la otra compañera ni a las implicaciones posteriores al deceso, sino que quería averiguar la causa de muerte de Ana. El responsable orgánico del trabajo internacional, José Bernal, también llegó y con él fuimos a la sala de urgencias, donde me presentó al médico que la había atendido. Éste me dijo que la recibieron en estado de choque, con una puñalada en la espalda. El arma punzocortante penetró a nivel del sexto espacio intercostal posterior izquierdo, en el área paravertebral, y provocó daño pulmonar.

Inicialmente, consideraron que los vasos comprometidos no eran tan importantes y que con el sello de agua para vaciar el hemotórax resultante, la administración de sueros y las transfusiones sanguíneas sería suficiente para estabilizarla. Fue una impresión errónea. Ana volvió a descompensarse muy pronto. Esto los llevó a considerar otras alternativas diagnósticas con lesiones vasculares más severas, que requerían tratamiento quirúrgico. La trasladaron del "cubículo de shock" al quirófano, comprobando que no sólo tenía lesión pulmonar, sino también seccionadas varias arterias vertebrales. A pesar de los esfuerzos para contener la hemorragia, las múltiples transfusiones y el protocolo antichoque –incluido un masaje cardiaco directo– el daño era tan severo que les fue imposible salvarle la vida; declararon su muerte a las 13:50 horas.

Pancho estaba conmovido y dolorido en extremo, imposibilitado de reaccionar. Tuve que hacerme cargo de todo lo que significaba este tipo de situaciones. Previo al ritual luctuoso debían cumplirse obligaciones y pasos legales para el esclarecimiento de los hechos ante las autoridades competentes. Esto se facilitó por el hecho de que nuestras identidades mexicanas, aunque obtenidas por diferentes conductos, respondían casualmente al mismo primer apellido: Ana era Rosalba Rodríguez Vázquez y yo Julio Rodríguez Palacios. Pude presentarme como su primo y solventar el papeleo contando con el apoyo de Ismael, el compañero abogado mexicano, miembro de la Organización, quien declaró como segundo testigo. Al día siguiente, después de realizada la autopsia de ley, la velamos en una funeraria a la que asistieron familiares y compañeros de la Organización. Su sepelio descompartimentó de modo excepcional nuestras estructuras, ya que llegó mucha gente integrante de varias de ellas y que en principio no debían conocerse.

Ana fue incinerada y le entregué a Pancho la urna con sus cenizas. Así culminaron tres días de un rito que cerró el ciclo existencial de una compañera que merecía otro tipo de partida, más acorde con lo que hacía, más justa con su aporte. Pero extrañamente se dio en el lugar menos esperado, y, como supe después, por las razones que menos imaginé.

Conociendo que el asesinato de Ana había sido producto de la delincuencia común, asumí que la compañera detenida era víctima de una injusticia y no hubo nadie que me dijera lo contrario. Me dediqué los siguientes días a asistir a la indagación que los agentes investigadores llevaron a cabo en la 37 agencia investigadora, departamento 11 de Averiguaciones Previas de la Procuraduría General de Justicia del Distrito Federal, en la delegación regional Miguel Hidalgo. Fui a la casa de sus padres en un suburbio residencial donde se encontraba bajo arresto domiciliario para requerir datos e información, y busqué al médico de emergencia que atendió a Ana para que testificara a su favor. Pensé que estaba ayudando a alguien que había sufrido una experiencia difícil y peligrosa.

En torno al asesinato se barajaron muchas versiones: un ajuste de cuentas con Gaspar Ilom por sus acciones disidentes; una operación preventiva de responsables financieros sospechosos de malos manejos, que iban a ser indagados por quien recientemente se había hecho cargo de su coordinación; una acción comando del ejército guatemalteco, semejante a las practicadas por sus pares del cono sur. La seguridad mexicana agregó la hipótesis del crimen pasional, que le valió a Pancho un acoso sistemático y sostenido durante un buen tiempo.

Enseguida comencé a notar que Pancho y su hermano Raúl se comportaban con una reserva y una intranquilidad altamente sospechosas. En un momento dado, Pancho me preguntó si no había considerado la posibilidad de que Andrea fuera la asesina y fue muy notorio su nerviosismo al comentar qué explicación le iba a dar a Gaspar. Pensé que el móvil de la muerte de Ana no tuvo que ver con un simple acto delictivo y que se me estaba ocultando información. Más adelante supe con certeza lo que realmente había sucedido en relación con el crimen y, en parte, las razones que lo motivaron.

Raúl estuvo con la Organización los primeros años, pero luego, con su hermano mayor, Chicho, fueron parte del grupo que se separó en 1976 y formaron la facción denominada Nuestro Movimiento. La muerte en combate de Édgar, en 1982, truncó ese nuevo proyecto y la persecución enemiga lo obligó a salir del país con su familia, radicándose en la ciudad de San Cristóbal de Las Casas, Chiapas, y reintegrándose a ORPA, a mediados de los ochenta.

Como responsable de la Asociación de Refugiados Dispersos de Guatemala (ARDIGUA), el compañero Raúl tenía muchos contactos en el sureste del vecino país. Fue él quien presentó a Pancho y Ana a una pareja mexicana que vivía en San Cristóbal, simpatizantes de la causa y dispuestos a colaborar. Carlos, cineasta y fotógrafo, nieto de altos funcionarios del gobierno federal y de un ex gobernador de Chiapas, y Andrea, miembro de una familia adinerada de origen alemán radicada en el D F. En diciembre de 1989 estuvieron en el Frente Javier Tambriz, elaborando un material videográfico que presentaron con el nombre de *El Tigre del Balamjuyu*, una apología tendenciosa del frente mal vista por Gaspar, quien la rechazó y prohibió su difusión en círculos orgánicos.

La relación con ellos también fue económica, ya que pusieron a disposición de Pancho, Ana y Raúl una cuenta bancaria en California, Estados Unidos, para depositar unos fondos y así ganar intereses. Más adelante, cuando se les pidió el dinero, respondieron con evasivas y las pruebas obtenidas indicaron que lo utilizaron para fines personales. En el contexto de una de las reiteradas exigencias para que lo devolvieran, se dio una acalorada discusión y el fatal desenlace del 7 de septiembre. Andrea fue quien acuchilló a Ana.

Este acontecimiento evidenció, y me perturbó grandemente, que en medio de los esfuerzos de lucha había quienes estaban manejando el dinero en forma dual y oscura. Se invertía en ella –no había duda– pero al mismo tiempo se creaban reservas secretas que garantizaban mejor cobertura de necesidades inmediatas, a la vez que permitían acumular fondos y con ellos obtener bienes materiales, buscando asegurar una situación de bienestar, independientemente del curso de la guerra y de las posibilidades orgánicas oficiales.

Este suceso acabó por hundir el intento disidente abanderado por Pancho o, mejor dicho, la farsa semidisidente que utilizaba. Fue capaz de dar una explicación conveniente a Gaspar, culpando a otros o fingiendo no saber lo que pasaba, lo que le sirvió para mantener sus responsabilidades. Conmigo perdió autoridad moral y se le cerraron las puertas del frente para seguir utilizándolo a su conveniencia. Estos hechos se dieron en un momento de su vida y de su militancia en los que lamentablemente la parte más positiva y constructiva quedó atrás y dio paso a un cúmulo de desaciertos y debilidades que, conforme se sucedieron los años, lo llevaron a tomar decisiones desafortunadas y oportunistas en extremo.

Coincidentemente y por distintas razones, en ese momento estábamos en el D F los que apoyábamos a Pancho y Ana. Me excluyo de la posibilidad de que me hubieran pedido apoyo, pues habrían tenido que darme explicaciones de hechos confidenciales y sobre su manejo del dinero. Hernán y Oliverio pudieron haberla acompañado sin preguntar nada; para ellos y para muchos otros combatientes, Ana era como su madre. Eso demostró que quisieron mantenerlo en la más absoluta discreción, dentro de un doble esquema: por un lado, Pancho aseguraba la mejor relación posible con Gaspar y gozaba de los beneficios pertinentes; por el otro, preservaba cierta cuota de poder e influencia en el frente por medio de nosotros, al contar artificialmente con un supuesto "proyecto alternativo" que había caducado hacía mucho tiempo.

Todos aquellos que desde el extranjero, en condiciones de vida favorables, carentes o escasos de participación en situaciones de riesgo, formaron parte de este enésimo intento de crear el "grupo conductor ideal", renunciaron o lo hicieron en un futuro cercano, en condiciones vergonzosas y apropiándose de dinero y recursos materiales. Eran de aquellos que creían ser los estrategas atinados que injustamente eran marginados y desvalorizados. Falsos y acomodados también, dispuestos a señalar con excesiva dureza a los jefes en el extranjero, obviando el hecho de que se encontraban en similares condiciones y compartiendo el mismo desprestigio y pérdida de autoridad, provocada y acentuada por la lejanía. El tiempo lo demostró.

En cuanto a la autora del asesinato, estuvo en prisión cerca de dos años, siendo después liberada por las influencias que su familia tenía ante el gobierno de Salinas. Regresó con su pareja a vivir en San Cristóbal, y ocho años después falleció de un cáncer fulminante.

Lamenté profundamente la muerte de Ana, la respetaba y la quería mucho; aunque tampoco me gustó enterarme de lo que estaba haciendo. Pero sobre todo, reconozco que fue de las pocas mujeres urbanas que conocí capaces de un aporte sustancial, tanto intelectual como de combate, en el escenario más adverso, y que terminó teniendo, por desgracia, una mala muerte. Confieso mi frustración y mi rabia ante el hecho de no poder constatar y menos divulgar que la compañera Sandra Patricia Calderón Martínez dejó de existir en condiciones dignas.

El lunes 14 de septiembre recibimos duras noticias de la retaguardia. Comunicaban que no habían establecido contacto radiofónico con Jeremías y que los medios guatemaltecos difundían un reporte recibido de la dependencia castrense encargada de transmitir las noticias de guerra, que informaba de la caída en combate de tres guerrilleros al sur del volcán de Agua.

El martes 15 de septiembre, en la ciudad de México, también se dieron infortunios. En una casa de seguridad, Hernán y Oliverio recibían capacitación para conocer el manejo de un fusil de francotirador estadounidense calibre 50. Un inadecuado rastreo encasquilló uno de los proyectiles y no penetró totalmente en la recámara; en su intento por introducirlo, el instructor realizó un brusco movimiento del cerrojo hacia adelante, que produjo la percusión y explosión de la ojiva fuera del cañón, fragmentando una parte del cuerpo del arma, mientras que el plomo abría un boquete en una de las paredes exteriores del segundo nivel en que se encontraban. Jorge, el instructor, y Oliverio, que estaban más cerca, salieron ilesos; Hernán, más retirado, recibió el impacto de uno de los cascotes en la mano derecha. Por fortuna, era la conmemoración de la Independencia mexicana y los juegos pirotécnicos de los alrededores ocultaron el ruido del disparo, y permitieron recoger el plomo en la calle.

Estando en mi apartamento, recibí la llamada telefónica de Oliverio y me preguntó si estaba enterado de lo sucedido. Venía del centro de comunicaciones y seguía pensando en las fatídicas noticias del frente. Creí que a eso se refería, pero en ese momento me hizo saber del incidente y me dirigí de inmediato al lugar. Estaban terminando de limpiar la abundante sangre derramada por Hernán, que se mantenía consciente a pesar de la grave herida sufrida. Completé los primeros auxilios y conseguí un analgésico de mediana potencia en una farmacia cercana, en espera de la unidad médica que atendía estos casos. El tratamiento y recuperación demandó una prolongada estancia hospitalaria y el concurso de médicos especialistas. Las severas lesiones vasculares, óseas, de ligamentos y tendones requirieron el concurso de traumatólogos, ortopedistas y cirujanos plásticos, que le permitieron recuperar parcialmente la función de su mano. Hernán pudo regresar al frente en 1994, casi año y medio después de este desafortunado percance.

Los contactos que los compañeros encargados de la atención médica habían establecido en México con profesionales de la salud fueron notables y valiosos. Gracias a dicha infraestructura se atendieron muchos casos delicados y de extrema gravedad, así como los chequeos médicos y dentales que todo combatiente necesitó en clínicas y centros hospitalarios públicos y privados.

El jueves 17 aún se mantenía el silencio radiofónico y los noticieros reportaron que en los rastreos posteriores los militares habían encontrado un cuarto cadáver. Ese mismo día, el teniente Roberto apareció en Tapachula y la constatación de lo terrible fue dolorosa: el primer capitán Jeremías, los primeros tenientes Héctor y Gabriel y el combatiente Martincito estaban muertos.

El sábado 19 me trasladé a dicha ciudad para recibir un informe pormenorizado de los trágicos incidentes. Los mapas sirvieron para ubicar posiciones y movilizaciones que nos ayudaron a darnos cuenta de lo que pasó. En el mismo periodo habían coincidido las iniciativas operativas. Mientras nuestras patrullas se preparaban para la primera acción ofensiva en líneas exteriores, el enemigo inició rastreos en la montaña. Se escucharon mensajes radiofónicos en los que patrullas paracaidistas informaban haber tomado una posición y no haber encontrado nada, pero que nos dejarían seguir operando, ya que en la segunda fase "algo les iba a salir". Así también se determinaron los ejes correspondientes a las numerosas emboscadas ubicadas en el sector y sus líneas de maniobra. Perdida la sorpresa y consciente de la saturación de efectivos a su alrededor, Jeremías tomó la correcta decisión de desalojar el área, no sin antes ordenar una nueva dislocación y esperar la recepción de presupuesto que se le había agotado. Para ello determinó que el teniente Pedro, con catorce combatientes, continuara operando; el teniente Ramiro, con cinco, se aproximara a la carretera asfaltada para recibir el correo y luego se reuniera con él, que eran dieciséis, para juntos abandonar el peligroso territorio el día 14.

Del 9 al 13 de septiembre, el patrullaje militar obligó al capitán Jeremías a moverse mucho, llegando a ocupar cinco posiciones en dirección ascendente y aparentemente a un flanco de la operación enemiga, basándose en las huellas encontradas y los reportes de Rubí. El día 12, en horas de la mañana, ocuparon la última de ellas, una estrecha elevación con costados pronunciados, y como parte de las normas de seguridad establecidas Jeremías ordenó una exploración para determinar los puntos de seguridad. Los asignados para realizarla reportaron que uno de los lados no necesitaba vigilante, ya que tenía obstáculos naturales infranqueables por lo accidentado del terreno y una vegetación espinosa muy cerrada.

El domingo 13 por la mañana, Jeremías y Héctor se asoleaban en un claro mientras cerca de ellos, en la base de un enorme árbol, Gabriel y Martincito se comunicaban con las patrullas. La fuerte sacudida del náilon de dormir, el radio personal encendido y la conversación en alta voz de estos últimos alertó y orientó a una patrulla que se movilizaba en los alrededores. A las 10:00 horas y por el flanco "inaccesible", durante diez minutos y a corta distancia fueron presa de un fuego concentrado de ametralladora y fusilería, acompañado luego por siete cargas de obús 105 desde Palín. El desconcierto fue total y no hubo voces de mando que lo revirtieran. El subteniente Lázaro con tres y el teniente Roberto con siete se retiraron por distintas rutas, pero volvieron a reunirse enfilando juntos al punto de emergencia establecido (Los Fueguitos), donde estuvieron cinco horas esperando a los cuatro restantes. El mensaje interceptado al enemigo, informando haber "bajado a los DT" (delincuentes terroristas) y que trajeran a los periodistas, les confirmó lo peor.

Jeremías, Gabriel y Martincito fueron abatidos en el mismo lugar. Héctor quedó malherido y pudo desplazarse a las inmediaciones, donde expiró. La información de los dos momentos la obtuvimos por radiocontrainteligencia y por medios de comunicación habituales. La identificación de los compañeros la hicimos nosotros por sus características físicas y el armamento descrito. Para lograrlo, el ejército llevó a varios exguerrilleros capturados.

Fue la única vez en la historia del frente que vivimos la decapitación del mando y la supresión de las comunicaciones radiofónicas por razones de combate.

La pérdida material fue considerable, pero la humana insustituible. Había tenido lugar una severa derrota con consecuencias estratégicas, confirmada por el curso posterior de los acontecimientos y los infortunios acumulados.

Los doce guerrilleros se dirigieron al norte del volcán, salieron de la montaña y llegaron arriba de Ciudad Vieja tres días después, donde tras informarse de la ausencia de efectivos militares, sacaron a Ishvet el jueves 17.

Para preservar lo que quedaba del Frente Unitario y retomar el mando, era necesaria una retirada estratégica, lo más distante posible, para contar con mínimas condiciones de seguridad relativa, y poder realizar una evaluación del estado de la fuerza que permitiera juzgar, con objetividad, la nueva realidad, caracterizada por la pérdida de un considerable número de oficiales y una severa reducción numérica. El capitán Oliverio recibió dichas órdenes, ya que se me adelantaría y se encargaría de conducirlo al sector acordado.

Las fuerzas operativas no tenían diseños de comunicación radiofónica al exterior, ni podían hacerlo dentro de ellas mismas por el riesgo de que todo lo que dijeran, de manera abierta o cifrada, pudiera ser aprovechado debido al material incautado. Lo que les quedaba era cubrir los puntos establecidos en la zona, o bien buscar en México. El teniente Pedro logró contacto en Motozintla, Chiapas, y le enviamos dinero y material de comunicaciones. El teniente Ramiro se las ingenió con lenguaje encubierto y se reunió con el teniente Miguel al norte del volcán.

El encuentro con Pedro se dio en Siquinalá y, en octubre, ya estaban en Santa Lucía Cotzumalguapa, donde prepararon el ingreso del capitán Oliverio y otros oficiales, con quienes al mes siguiente se trasladaron a Patulul. El martes 29 de diciembre, en las cercanías del volcán Atitlán, regresé a un frente sumido en una situación de crisis por los reveses sufridos y en medio de la incertidumbre futura. La osadía de la aproximación a las puertas de la capital tuvo un alto costo y lo estábamos pagando. Eran malos momentos, pero estaba de vuelta, aferrado a lo justo de la causa y dispuesto a cumplir lo orientado. Con la necedad que sostiene al que no le gusta perder, quería desafiar descomunales obstáculos que me estaban jugando una mala pasada. Lo que me sostenía era más la voluntad que la razón.

En los meses de julio y agosto vivimos un serio problema de seguridad, al ser capturados dos compañeros en Chimaltenango: en julio, la compañera Olivia, al ser reconocida en la cabecera departamental por un desertor convertido en agente G-2, en tránsito hacia San Martín Jilotepeque para una visita familiar; en agosto, el subteniente William, encargado de recogerla a su regreso. Ambos fueron asignados a la dependencia de inteligencia y su conducta convenció a los oficiales castrenses de que, igual que el resto, iban a plegarse al esquema que hasta entonces habían logrado establecer con numerosos compañeros. Pero los planes de William eran otros. Fue llevado al cuartel de la G-2, en la zona 6 capitalina, para ser interrogado. A principios de octubre fue trasladado a la zona militar 302 y de allí al destacamento de Alotenango, de donde escapó el 23 del mismo mes.

Fue una decisión que muy pocos guerrilleros presos habían sido capaces de tomar antes, desde que el ejército cambió su estrategia y preservó sus vidas, aprovechando sus conocimientos y capacidades. Parte de las medidas coercitivas con los capturados eran las reiteradas advertencias de sus verdugos de poner en peligro de muerte a sus familias y a los compañeros con los que compartían cautiverio, involucrarlos en acciones militares y represivas, además de convencerlos de ser traidores y de que serían ajusticiados por la guerrilla. El mérito de William fue confiar más en nosotros que en el enemigo.

Se refugió con compañeros de San Andrés Itzapa y me hizo llegar una carta fechada el 7 de noviembre, en la que informaba de su captura y huida, pidiendo apoyo para salir del país. Estuvo resguardado en esa comunidad varias semanas, y a principios de diciembre fue recibido en Tapachula después de un cuidadoso operativo de traslado.

La información que nos proporcionó fue muy útil en dos sentidos: pormenorizar el trato a guerrilleros prisioneros de guerra, que nos dio mayor conocimiento de la estrategia enemiga al respecto, y haber visto, en un destacamento militar, al comandante Everardo, capturado en combate en marzo de ese año en Colomba, Quetzaltenango, y negado por la institución militar. De esta manera pudimos dar fe de su cautiverio, exigir el respeto a su vida y el trato digno que el derecho internacional humanitario prescribe para los participantes en un conflicto bélico.

El compañero Santiago, del Frente Luis Ixmatá, también fue detenido y se escapó. Posteriormente, juntos realizaron un importante trabajo de denuncia en Estados Unidos y Europa.

Efraín Ciriaco Bámaca Velásquez, "Everardo", un comandante guerrillero, jefe de frente y miembro de la dirección nacional de una de las organizaciones revolucionarias, era muy importante y útil para el enemigo y sus fines, en el entendido hipotético de que pudieran obligarlo a hablar. Pero se equivocaron, porque no lo conocían. Desde que estuve con él en 1980, me percaté de su firmeza, su intransigencia y determinación. Otros acontecimientos en los años venideros confirmaron mis apreciaciones. Tendrían que matarlo, antes de doblegarse.

Cuando al gobierno de Serrano Elías se le complicó la situación, por la denuncia de que Everardo estaba vivo, desmintiendo la versión oficial de que había caído en combate, de manera fría y calculada lo eliminaron y desaparecieron. Fungía en ese entonces como jefe del Estado Mayor Presidencial el general Otto Pérez Molina. Aún no sabemos dónde están sus restos, su ejemplo está bien ubicado.

Realizamos esfuerzos diversos y sostenidos, con la finalidad de contrarrestar la sequía de incorporaciones. Desde la solicitud de combatientes a las organizaciones populares del campo y la ciudad, pasando por el reenganche de quienes habían estado antes en los escenarios internos de la guerra, hasta llegar a aquellos que pudieran integrarse desde las comunidades dispersas y los campamentos de refugiados en el sureste de México. Por desgracia, todo fue inútil.

En febrero y noviembre de ese año realicé dos giras a Chiapas, Quintana Roo y Campeche, acompañado de los responsables de la atención a refugiados, con la finalidad de transmitir personalmente la experiencia combativa y proponer el alistamiento de nuevos combatientes por cortos periodos (tres a cuatro meses), garantizando el cumplimiento del compromiso y estableciendo un plan de relevos atractivo para los jóvenes de dichas comunidades. Era notorio el cambio de disposición generacional, que ya no obedecía a la incondicionalidad e indefinición de esfuerzos y tiempo, sino más bien a las soluciones inmediatas. Respondían con indiferencia a la propuesta de participación.

Fueron planes de reclutamiento en los que no descuidamos detalle. Contamos con responsables en los lugares en que teníamos que hacer el trabajo político de captación e incorporación, con fondos económicos para cubrir los gastos de traslado y equipamiento básico de los nuevos alistados. Creamos una red de casas y compañeros profesionales que atravesaba la península de Yucatán y el sureste chiapaneco, cuyo eslabón final estaba en Tapachula, donde los compañeros se encargaban de llevarlos a Guatemala. El frente enviaba emisarios a recogerlos en puntos de contacto establecidos en distintas ciudades. Esperábamos disponer de numerosos combatientes, pero los planes fracasaron.

Había dinámicas paralelas que en lugar de acercar y promover los intereses del esfuerzo militar, se encargaron de alejarlos y truncarlos. En el transcurso del año 1991 hasta el 8 de octubre de 1992, se negoció y concretó entre el gobierno guatemalteco y las Comisiones Permanentes de Refugiados en México el Acuerdo Marco sobre el retorno colectivo y organizado de los refugiados guatemaltecos, único en el mundo. Su firma selló las negociaciones iniciadas en la Primera Conferencia Internacional sobre Refugiados Centroamericanos (CIREFCA), realizada en la ciudad de Guatemala del 29 al 31 de mayo de 1989. Fue un acontecimiento que determinó la inflexión de la situación de aquellos que la guerra había obligado a emigrar y refugiarse en el extranjero, dividiendo opiniones y posturas en relación con la forma, las condiciones y el momento para regresar. La balanza se inclinó hacia quienes decidieron retornar y apostaron por una opción en la cual la posibilidad de lograr sus reivindicaciones ya no se relacionaba con la lucha armada, mucho menos su participación directa en ella. En este campo, se produjeron también divisiones y posturas antagónicas que afectaron a URNG.

Si el segundo semestre del año anterior se caracterizó por avances, éste en su totalidad estuvo marcado por retrocesos. El incremento de fuerzas, el mejoramiento del armamento, la eficacia de las comunicaciones radiofónicas y el aumento de la capacidad operativa de 1991, contrastaron dramáticamente con las situaciones adversas y fatales del 1992 para el Frente Unitario. Las operaciones en nuevos sectores, topográficamente más riesgosos, llevaron a enfrentar al enemigo en condiciones más ventajosas para él. La necesidad de abastecerse obligó a establecer relaciones comerciales y coercitivas, en las que tuvieron cabida los informantes, los colaboradores y los agentes de civil, que en muchas ocasiones facilitaron la ubicación de posiciones. No había tiempo para el trabajo organizativo de base que asegurara el secreto, la compartimentación y la iniciativa. Todo ello abonó en contra nuestra.

No tuve oportunidad de presentar un informe a los compañeros de EGP y FAR, con quienes trabajé la formación del Frente Unitario. Expuse con todo detalle lo sucedido a Gaspar y Pancho, los únicos interlocutores en el proceso y enlaces con la Comandancia General. A Rolando Morán le hice una apretada síntesis de las operaciones, pero a Pablo Monsanto nunca lo vi. Esto reafirmaba el hecho de que si bien en ese momento URNG había dado pasos importantes en los campos de la diplomacia, la negociación y la logística, en lo relativo al accionar militar, fuentes de financiamiento y trabajo de masas, cada organización seguía realizando esfuerzos por separado.

Las bajas en combate acumuladas después de una década y acentuadas en los años 1991-1992 provocaron una regresión cuantitativa y cualitativa considerable e insalvable. En diciembre, en el momento de mi regreso, apenas éramos veintisiete. Tras lo sucedido en el volcán de Agua, retrocedimos hasta las inmediaciones del volcán Atitlán, con una capacidad operativa severamente disminuida. Las esperanzas se cifraron en que el trabajo de reclutamiento con los refugiados diera resultado para revertir tan precaria situación, pero no lo conseguimos.

15. Renuncia

El área montañosa cercana a las fincas cafetaleras de Tarrales y San Lázaro, en Patulul, Suchitepéquez, dio cabida a una favorable posición de campamento por varios meses. El plan fundamental fue el desarrollo de actividades de preparación de cuadros guerrilleros y la búsqueda y restablecimiento de contactos para conseguir combatientes. Acuerdos previamente establecidos con algunas fuentes, dentro y fuera del país, concretarían su compromiso en ese sentido, y de parte nuestra intentaríamos obtener incorporaciones de otras bases con las que habíamos perdido comunicación.

La necesidad de mantenernos ocultos sin pretender realizar operaciones militares me recordó el periodo de preparación de la Organización en la década del setenta y en particular aquellos campamentos que sirvieron al Frente 2 para desarrollar las jornadas formativas, las tareas organizativas y el entrenamiento militar de quienes con mucho entusiasmo se sumaron a la lucha veinte años antes. El más simbólico de todos fue El Paraíso.

Pocos sobrevivieron a esa gesta, y ninguno se encontraba ya como para rememorar las vivencias de aquel entonces. La situación vivida por el Frente Unitario era diferente, al verse separada de la anterior experiencia por catorce años de guerra y grandes costos humanos por la represión y los combates, pero era semejante en cuanto a la necesidad de hacer un paréntesis frente al desafío vigente, trabajar y crear de nuevo condiciones para que la fuerza guerrillera fuera capaz de responder a los retos operativos de la guerra.

Así que nuestra "orden del día" invariablemente se refirió, por varios meses, al cumplimiento de ciertas tareas internas, comenzando por el desarrollo intelectual y político a través del estudio de oficiales, la enseñanza colectiva y los programas de alfabetización y seguimiento de lectura, a los que se agregaban las actividades físicas propias del ejercicio matutino, el entrenamiento militar y las marchas, así como la adquisición de las destrezas necesarias para el conocimiento y manejo del armamento y explosivos.

Parte de las tareas externas, que también requirieron coordinación, fueron los contactos con la población, la recepción de cargamentos, correos diversos y visitas de responsables de la resistencia de diferentes lugares, líderes del movimiento social y un periodista estadounidense.

Dedicamos más atención a la escucha personalizada de los compañeros y compañeras que planteaban sus necesidades e interrogantes. La denuncia de su malestar por situaciones internas que afectaban la armonía de vida siempre fue importante, más aún en las particulares condiciones que vivíamos. A pesar de ello, no siempre encontramos las soluciones adecuadas y lamentamos algunas defecciones de personas valiosas que no encontraron en algunos oficiales el ejemplo debido ni el respeto que merecían.

De los veintisiete guerrilleros a inicios del año, pasamos a ser cuarenta en el primer trimestre. Con los trece nuevos elementos planificamos una primera operación. El domingo 11 de abril, los tenientes Ramiro y Rolando condujeron un pelotón de veinticinco integrantes hacia un sector de fincas de Patulul, mientras el puesto de mando, con los quince restantes, se trasladó de ese campamento, que denominamos El Eterno, a las siempre familiares montañas del volcán Atitlán.

Las expectativas sobre esta primera campaña no eran altas ni buscábamos resultados militares importantes. Más bien la concebimos en función de darles a los pocos y nuevos oficiales responsabilidades en el manejo de fuerza y medios, así como el fogueo necesario, en caso de verse obligados a combatir.

Para que alguien pudiera ser considerado guerrillero debía permanecer como mínimo un año en el frente. La instrucción política y el entrenamiento militar básicos, complementados con la participación en marchas de abastecimiento, jornadas político-propagandísticas y –lo más determinante– acciones combativas, permitían evaluar, en ese periodo, la integración real del candidato.

Todo ello iba dando la pauta de su capacidad de adaptación hacia esa forma particular de vida, a la vez que permitía descubrir cualidades y potencialidades. El temple y la valentía no eran suficientes para calificar a alguien de guerrillero. Una formación teórica era necesaria para convertir a ese aspirante en un emisario confiable de la conducta y la propuesta revolucionarias. Idealmente, ideología clara y calidad humana debían anteponerse a la disposición y capacidad combativa. El porte y aspecto reflejaban su condición; su sola apariencia llegaba a ser un indicio inequívoco de quien había superado la prueba, la cual calificaba la simbiosis de tiempo y experiencia acumulados de quien se graduaba en tan noble profesión.

Con base en los conocimientos adquiridos, también llegamos a determinar que un oficial guerrillero, con capacidad de conducción de escuadras y, excepcionalmente, de pelotón, se formaba en tres o cuatro años. Ese tiempo promedio lo dotaba de los criterios políticos, organizativos y militares suficientes para asignarle misiones con independencia táctica. Los radios ayudaron a estar más cerca de esas patrullas dislocadas para orientarlas y ayudarlas, pero su integridad dependió del jefe en el terreno. El único oficial que quedaba, con una experiencia semejante, era el teniente Ramiro; los otros cuatro apenas estaban adquiriéndola.

El puesto de mando necesitó cinco días para llegar al sector de montaña del volcán que se había propuesto, cubriendo un recorrido que empezó en las faldas surorientales de Patulul y terminó en las alturas intermedias suroccidentales de Santiago Atitlán. Casi tres años habían pasado desde que estuvimos, la última vez, en nuestra casa mayor, la más querida, la más sentida, la más cercana. Al campamento de bienvenida decidimos llamarlo El Reencuentro, por la relación mística que los guerrilleros, que hicimos la guerra allí, teníamos con ese macizo volcánico, como tal vez otros hermanos y hermanas de lucha lo sintieron en otras propiedades guerrilleras en las zonas selváticas y montañosas de Guatemala y de otras regiones.

Fue un periodo que aproveché mucho. Dispuse de valiosos espacios de tiempo y soledad, en los que me dediqué a mi pasión: la lectura. Todos los libros, revistas y materiales venidos del exterior, y los que conseguí por mi cuenta, los devoraba a un ritmo tal que aprovechaba las horas del día y de la noche a la luz de una vela, e incluso los descansos establecidos en medio de las marchas. Por decenas se pueden contabilizar aquellos que me sirvieron para renovar ideas y nutrir ideales. Me dieron lecciones sobre la condición humana, con sus imprevisibles actitudes y variadas reacciones, reafirmándome en la convicción de que su dimensión y complejidad rebasaba lo político y lo ideológico, pero, en muchos casos, también era determinante para los logros o fracasos en tan importantes esferas del pensamiento y de la acción.

Aún guardo la pequeña libreta en la que apunté los títulos de los libros leídos y el significado de muchas palabras que encontré en ellos, apoyándome en el diccionario de bolsillo que me acompañaba y me ayudaba en esa empresa.

Un compañero de la resistencia local se convirtió en mi proveedor de libros. Lo envié a la librería Artemis y Edinter del centro comercial de la zona 4, en la capital, donde solicitó al encargado un listado de las obras más vendidas. Desde ese momento, tuve periódicamente literatura diversa, formativa, interesante y relajante. El aspecto humilde e inconfundible de su origen campesino hizo que, en una ocasión, el que atendía el negocio le preguntara quién era ese patrón que leía tanto y que cuándo iba a tener la oportunidad de conocerlo, a lo que el compañero Chepe respondió que éste siempre se encontraba muy ocupado y no creía que iba a encontrar el tiempo para visitarlo.

A mediados de mayo envié un informe del estado del frente al comandante Gaspar, su situación interna y posibilidades operativas. Le propuse salir para presentarle un informe personal. Su respuesta fue afirmativa y realicé los preparativos necesarios para dejar a cargo al capitán Oliverio, establecer planes y definir operaciones para el futuro inmediato. Di ascensos a los pocos oficiales que quedaban, para enfrentar las tareas de conducción que pronto se les presentarían, siendo los más relevantes los de primer capitán a Oliverio, primeros tenientes a Roberto, Ramiro y Miguel, y teniente a Silvia. Esta última fungió como asistente, política, maestra y financiera; otra de las pocas compañeras de la ciudad que se integró y contribuyó de manera significativa en el ambiente adverso y difícil de la experiencia militante rural.

Hacía casi trece años que había subido al volcán Atitlán, de los cuales estuve físicamente en él poco más de diez, convirtiéndose en el lugar más emblemático de mi experiencia guerrillera.

Era un momento que obligaba a analizar con mucho realismo los acontecimientos y exponer al comandante en jefe los costos y las consecuencias del largo conflicto. Debía hacerlo con claridad, transparencia y franqueza, ubicando al frente en sus posibilidades reales y proponiendo las medidas a tomar para revertir sus insuficiencias. El domingo 30 de mayo dejé el campamento para iniciar una etapa de vida imprevista y aleccionadora.

Los primeros días de junio me reuní con Gaspar. Recuerdo que le mostré una foto tomada en el campamento El Eterno, con una cámara Polaroid instantánea, en la que se encontraba el núcleo de dirección y operación del Frente Unitario. Apenas éramos once, y cuando le describí las condiciones y particularidades individuales de cada uno, reafirmé que las perspectivas eran muy preocupantes.

Oliverio era en esos momentos el jefe de personal y responsable del entrenamiento militar. Como segundo al mando, tenía una relación cercana conmigo, y debía supervisar muy de cerca su formación y actitudes. Buen guerrero, pero incompleto conductor.

Miguel e Ishvet eran los oficiales de inteligencia y expertos en Rubí, con quienes analizábamos la información recabada, y tenían a su cargo equipo electrónico delicado y sofisticado.

Adolfo era el radiooperador, el enlace seguro entre la Comandancia Genral y el Frente Unitario, por lo que el radio de onda corta y todo lo relativo a planes de comunicaciones y claves estaban bajo su responsabilidad.

Silvia era la responsable política y educativa de los compañeros y encargada de finanzas. El alimento espiritual y material pasaba por ella, ya que era tan importante clarificar y mantener la conciencia de los combatientes como atender sus necesidades cotidianas. Para esto último teníamos un buen control de los recursos económicos, y ella lo hacía de forma muy eficiente.

Componían lo que podría puntualizarse como el núcleo fundamental e imprescindible que un comandante guerrillero requiere para hacer su trabajo, sin dejar de mencionar que todos se encontraban recargados.

Ramiro, Rolando, Lázaro, Rosendo y Fidel eran los escasos oficiales y suboficiales operativos, quienes debían plasmar en el terreno las orientaciones y los planes emanados del mando y concretarlos en operaciones. De ellos, sólo el primero era veterano, al haber ingresado al frente en 1985. El resto se incorporó entre 1989 y 1991.

No bastaban la claridad política de los objetivos, el soporte económico y la columna logística bélica, cuando el apoyo de la población no se daba en los términos esperados y los combatientes no llegaban. Además, aunque eso sucediera, se necesitaba tiempo para su adaptación, conocimiento del terreno y temple en el combate. Y esto no era cuestión de semanas o meses, sino de años. Convinimos en dar continuidad a la evaluación de la situación y proseguir con el trabajo de reclutamiento establecido en los campamentos de refugiados, monitorear muy de cerca al frente y apoyar en todo lo posible al primer capitán Oliverio, atento a los planes operativos y las necesidades.

Al presidente golpista Jorge Serrano Elías lo sustituyó el procurador de los Derechos Humanos, licenciado Ramiro de León Carpio, quien fue elegido por el Congreso para completar el periodo presidencial y dar continuidad a la fachada democrática que falazmente se difundía en el país. El poder político de los militares persistía y se confabulaba con un sector económico dominante que no cambiaba sus patrones de comportamiento.

El general Francisco Ortega Menaldo fue jefe de Estado Mayor Presidencial (EMP) de Serrano, y Otto Pérez Molina lo fue en el mandato de Ramiro de León Carpio, con todas las prerrogativas que esos cargos implicaban. Sus enlaces con el alto mando castrense, la estrecha relación con inteligencia militar y con el Departamento de Seguridad Presidencial (DSP) les permitían ejecutar labores especiales de inteligencia, operaciones encubiertas y la neutralización del primer mandatario mediante presiones, chantajes y prebendas. El presidente seguía siendo prisionero de los militares.

Con el ex mandatario exiliado en Panamá apenas se habían dado las pláticas iniciales para establecer el marco de diálogo de la negociación, y a pesar de que se vislumbraba un obligado periodo de reacomodo y reorganización con las nuevas autoridades, el camino de la lucha armada se desvanecía y daba paso a la solución pactada. Los estadounidenses habían puesto en claro que los militares dejaban de ser sus socios de conveniencia y era necesario reforzar las iniciativas de ascenso al poder de los civiles y la solución negociada, como ya había ocurrido en Nicaragua y El Salvador.

El movimiento revolucionario guatemalteco podía tener mejores posibilidades de desenvolvimiento en este esfuerzo de negociación, que de táctico pasó a ser estratégico, en la medida en que demostrara capacidad y resultados militares. Ya no era el poder lo que se buscaba, sino la vigencia como fuerza política y una inserción a la nueva realidad, para lo cual las debilitadas iniciativas en el escenario bélico aún debían cumplir un papel.

No es que no operáramos, que no mantuviéramos presencia y presión ante un ejército que también comenzó a dar muestras de desgaste, por lo prolongado del conflicto y las bajas sufridas. No es que no obtuviéramos resultados contra sus unidades o que los múltiples sabotajes no significaran costos. Mucho menos que en todos los frentes guerrilleros no estuviéramos haciendo los máximos esfuerzos, pero eso no era suficiente.

Las urgentes necesidades de la Comandancia General que representaba a URNG, que debía sentarse frente al gobierno y los militares en la mejor posición de fuerza posible, no correspondían al estado actual de las fuerzas guerrilleras en el país.

Gaspar y yo mantuvimos, en cierto momento, una comunicación permanente y un ritmo de reuniones constante. Éstas no tenían especificidad, ni horarios establecidos. Las hacíamos por la mañana o la tarde, aunque en varias ocasiones recibí llamadas telefónicas para presentarme en su casa por la noche. Estos intercambios nocturnos se iniciaban a partir de las 22:00 o 23:00 horas, y terminaban de madrugada. Incansable, optimista y conocedor de todos los temas, Gaspar daba siempre la impresión de saberlo todo y ser consultado para todo. Me recibía en su estudio e iniciábamos largas jornadas de trabajo. Cultivaba con especial cuidado la aureola de omnipresencia, y la atmósfera que envolvía dichas reuniones hacía pensar y creer que todo era viable. Pero en ese momento, a mediados de 1993, la realidad era diferente y negar lo posible no tenía que ver con falta de voluntad y determinación, sino con obstáculos infranqueables que rebasaban las disposiciones personales.

La situación se complicó desde el momento en que las limitantes fueron vistas desde diferentes ópticas y contrastantes oportunidades. El distanciamiento de las realidades concretas de la guerra puede hacer perder su verdadera dimensión. Los esfuerzos hechos en el terreno no siempre se interpretaban ni se comprendían debidamente. Gaspar tenía su opinión y sus puntos de vista, que no coincidían con lo que le expuse para afrontar la crisis. Su negativa a considerar dicho enfoque no me hizo sentir la obligación de seguir respondiendo de manera incondicional a sus pretensiones.

En una de esas reuniones nocturnas, un día del mes de julio Gaspar me informó que había hablado con Rolando y Pablo, y que ambos estaban de acuerdo en enviar de nuevo combatientes al Frente Unitario. Pretendían con ello impulsar una operación trascendente, si bien no tan importante como la de Escuintla en 1991.

Exigir de nuevo operar de esa manera, basándose en la subjetividad de lo necesario y el empecinamiento de lo posible, estaba fuera de la realidad. Querer continuar cegados ante lo irreversible de los hechos, sin tomar en cuenta los informes que alguien venido del terreno les transmitió, provocó entre Gaspar, Pancho y yo problemas, decepciones y rupturas insospechadas.

Un factor estratégico militar debilitado e imposibilitado de transformar la frustrante realidad de la reducción numérica y la calidad de conducción, no estaba alineado a las necesidades políticas y diplomáticas que la negociación requería y la Comandancia General exigía. El desfase era abismal.

Había sido explícito con Gaspar en varias oportunidades, con amplitud de detalles y argumentos, sobre los inconvenientes y las limitaciones presentes: 1] La relación con FAR, siempre difícil e imprevisible, no auguraba beneficios ni era transparente, como lo comprobamos en varias ocasiones anteriores. 2] La imposibilidad de lograr, a corto plazo, la integración y preparación de compañeros provenientes de otros lados, aunque tuvieran experiencia combativa, como era el caso del EGP. 3] El conocimiento del terreno y de las modalidades táctico-operativas requería tiempo para conocerlo y aplicarlas. 4] Las adversidades objetivas de ese momento se aunaban a la más que precaria y deficitaria situación de conducción que jamás tuvimos. 5] La insuficiente y ausente incorporación, intercalada, en una dinámica desfavorablemente oscilante, no permitió formar buenos guerrilleros. 6] Nos aislábamos cada vez más como fuerza militar beligerante, lo que dificultaba obtener financiamiento. 7] Y lo más grave, la población quería cambios, pero no la guerra; apoyar, pero no pelear.

Todo lo anterior no me permitía garantizarle resultados. Estaba claro para mí que no era sólo el envío acelerado de combatientes lo que podía cambiar las cosas. Mucho menos arriesgar la vida de los compañeros al embarcarnos de manera irresponsable en metas fuera de nuestro alcance. Fue un momento en que mi enfoque no pretendía poner en duda si estábamos dispuestos o no a dar la vida por la causa, sino hasta qué punto las exigencias operativas nos estaban llevando a poner en riesgo de muerte a los combatientes, cuando, objetiva y honestamente, no estábamos capacitados para emprender misiones de mayor complejidad.

No es lo mismo perder la vida en combate en circunstancias impuestas que propiciar ese desenlace, sabiendo de antemano las desventajas y debilidades. Sólo que esto sea parte de una estrategia en la que esté contemplado perder vidas para lograr a toda costa un objetivo. Pero era irresponsable y trágico para conmigo mismo y para aquellos que estaban bajo mi mando, aceptar una tarea que no consideraba viable en ese momento.

Partía del hecho de que nuestro concepto de guerra de guerrillas seguía teniendo como principal propósito la preservación, formación y capacitación de combatientes. Violentar tan reducidas capacidades provocaría muertos o descomposición, y desmoralización ante la frustración por falta de resultados. Habíamos cumplido en las costosas campañas de 1991-1992, cuyo saldo fue muy alto, hasta el punto de quedarnos sin oficiales y combatientes experimentados debido a los mayores riesgos asumidos.

No me sentía moralmente capaz de conducir a mis compañeros en acciones que sabía serían adversas. Reconozco que mi fuerza física ya no estaba en las mismas condiciones de antes. Con el paso del tiempo el cuerpo se resiente y es mayor el esfuerzo para mantenerse en el terreno. Tenía que ser sincero a la hora de prometer lo probable e involucrarme en su concreción. Si a los treinta y ocho años iba a seguir viviendo en la montaña, debía ser por algo que realmente valiera la pena, yo no soy de los que se conforman con dar informes complacientes y optimistas. Ni indecencias ni quimeras.

Además, sabía que después de realizada una primera acción, la fuerza se vería obligada a un desplazamiento permanente, con un puesto de mando sujeto a mucha movilidad y a un cambio constante de escenarios, si ambicionábamos mantener cierta iniciativa. Visualizaba los reiterados mensajes de Gaspar en los que me demandaba actuar ante la urgencia del momento, lo crucial de la situación y lo imperativo de los compromisos, como lo venía escuchando desde hacía varios años y cuando estuve en condiciones de responder como jefe y orientador de una guerrilla capacitada.

Sabía que después de recibir presupuesto y armamento se me exigiría su utilización, haciéndome sentir que él había cumplido y ahora me correspondía a mí hacerlo. Lo había escuchado también de Pancho; lo viví personalmente por muchos años; se lo leí a mis relevos cuando se requirió la premura del accionar, e incluso lo escribí, reforzando esta petición, cuando las políticas de incorporación ya no correspondían a la realidad y mucho menos a la necesidad.

No estaba cercano a la frialdad y racionalidad con que debían verse estas situaciones, en función de lograr el denominado "objetivo superior" de los designios. No encajaba en el esquema de Rodrigo que, como jefe de la Organización, se sentía obligado a tensar al máximo sus recursos.

Un escepticismo que no había conocido antes hizo su aparición, después de diez años de respetar y cumplir órdenes. A pesar de los problemas internos y la dualidad, que en cierto momento hubo, en relación a los planes y las órdenes operativas, no había tenido cuestionamientos ni negativas que los afectaran, ya que tanto a Gaspar como a Pancho les convenía un accionar exitoso del frente y por eso mismo mi trabajo tuvo un doble incentivo. A uno, porque consolidaba su condición de comandante en jefe victorioso; al otro, porque le permitía demostrar la validez de sus planteamientos y fortalecía su estatus.

Por eso le dije a Gaspar que no estaba dispuesto a regresar en esos términos, y esa respuesta hizo surgir un distanciamiento y un enfriamiento en nuestra relación política y personal, cuyas consecuencias y costos nos afectaron y dañaron mucho, junto con otras repercusiones.

Mi negativa ante una orden del máximo dirigente era una insubordinación inequívoca y, a partir de ella, se desencadenaron reacciones diversas de parte de los dos, que no abonaron en ayuda de una solución constructiva de la situación.

Nuestras reuniones se redujeron al mínimo –de agosto a diciembre no pasaron de diez– y, por razones estrictamente necesarias, centrándonos en los requerimientos del Frente Unitario: informes sobre el estado de la fuerza, sus operaciones, sus necesidades presupuestarias y logísticas, así como los resultados del trabajo de reclutamiento. Nos volvimos distantes e inflexibles.

En octubre, con ocasión del segundo cumpleaños de los gemelos, tuvo un gesto de acercamiento y conciliación, al llegar, por breves momentos, a la celebración que les hicimos. Pero la comunicación se había roto y los métodos de persuasión y clarificación de Gaspar no eran los que yo esperaba. Hubiera preferido las cosas despejadas y francas, no los subterfugios ni las indirectas. Fueron recursos practicados en esta y en muchas otras ocasiones.

A través de Pancho, quiso reiterar sus planteamientos acerca de las necesidades operativas que existían y la obligación de llevarlos a cabo. Éste cometió la ligereza de ofrecerse como sustituto ante mi negativa de retornar a dirigir la pretendida operación, lo cual fue aprovechado de inmediato por Gaspar, tomándole la palabra para así presentarse ante la Comandancia con un cambio de similar nivel en el mando, sin que ello despertara sospechas del problema interno que enfrentaba ORPA.

Más bien podía argumentar que había decidido enviar a Pancho, haciendo uso de la potestad que él tenía de seleccionar entre dos comandantes guerrilleros que conocían esa zona y que estaban igualmente capacitados para dirigir la fuerza combinada. Desconozco qué ofreció a sus otros colegas, pero lo cierto es que no le convenía en absoluto mostrarse en condiciones de debilidad ante ellos, ni mucho menos verse obligado a retractarse de un planteamiento y su hipotética ejecución, que le redituaría favorables dividendos y lo fortalecería a nivel interno en la medida en que ésta fuera exitosa.

Hablo de precipitación en el caso de Pancho, porque yo conocía de las condiciones en que se encontraba en ese momento. Llevaba varios años fuera, su condición física ya no era la misma y no estaba preparado para soportar de nuevo la dureza de la vida guerrillera. En varias ocasiones que hablé con él pude constatar que el alejamiento de lo que en mi opinión fue la etapa más productiva y meritoria de su militancia le hizo perder la dimensión del terreno y la evaluación objetiva de las distancias, así como las posibilidades reales de una fuerza que no tenía nada que ver con aquella que él pudo y supo aprovechar en tiempos pasados.

Sospecho que así como fue capaz de expresar ante Gaspar la baladronada de hacerse cargo del frente, con similar ímpetu y sobrado interés trató de persuadirme en los siguientes meses de que cambiara de opinión y fuera yo el que regresara. Era muy evidente su insistencia en el tema cuando nos reuníamos. Creo que su error de cálculo estuvo en el hecho de pensar que expresarle su disposición iba a ser suficiente, ya que seguirían buscando como primera opción mi retorno. Y pienso que volvió a equivocarse cuando apostó a que iba a ser capaz de convencerme. Una falla doble que le hizo padecer una experiencia muy desafortunada.

Lejos quedaron los tiempos de 1981 en los que pudo inducirme a no abandonar la lucha, e igual de distantes estaban los años 1984 y 1985, cuando pudo persuadirme de integrarme a una lucha interna que con el tiempo se diluyó y fracasó. Sus actitudes y maniobras hicieron que le perdiera la confianza política, al constatar que las razones y mejoras en liderazgo y conducción que propuso se fueron limitando hasta desvirtuarse, y terminar por responder a estrechos y propios intereses. Ya no tenía la solvencia moral ni el prestigio ante mis ojos como para lograrlo, y pagó caro su osadía del retorno.

Entretanto, yo seguía de cerca los acontecimientos en el frente. De hecho seguía siendo su comandante y, por tanto, el indicado para transmitir a Oliverio las orientaciones diversas que necesitaba y recibir sus informes periódicos. Tanto con él como con Silvia, Roberto y Miguel mantuve correspondencia escrita, aparte de la permanente comunicación radofónica, lo que me permitió estar enterado de su situación con bastante detalle, pudiendo tomar el pulso, con precisión y objetividad, a lo que acontecía.

La incorporación de nuevos combatientes era esporádica e irregular, pero lo más lamentable era que demorábamos más en hacerlos llegar que ellos en desertar. La mayoría provenía de los campamentos de refugiados. Se hicieron habituales para mí los nombres de Cuchumatán, La Laguna, Maya Balam, Maya Tecún, Los Laureles, Los Lirios, Corozal, Quetzal Estná, Queste, Los Mayas I y II, que se ubicaban en los tres estados del sureste, ya que el traslado de los alzados formaba parte del trabajo que debía coordinar con la retaguardia.

Los pocos que se pudieron integrar en la zona tampoco se

caracterizaron por su constancia. Las razones eran diversas: falta de adaptación, desesperanza en el proyecto, incertidumbre en relación con su integración, falta de visión objetiva de lo que se esperaba de ellos, así como la percepción de la falta concreta de apoyo del pueblo a la guerra. En los informes de julio me reportaron que las deserciones nos estaban llevando a ser los mismos veintisiete que cuando ingresé a finales de 1992; que estaban muy preocupados, ya que la tendencia apuntaba a un declive crítico. Hasta se permitieron compartir que a la posición desde la cual me habían escrito la llamarían La Reducción.

Los nuevos no se podían quejar de la atención, porque les dábamos buen trato y adecuada alimentación, estudio, entrenamiento, simulacros y transmisión de experiencias, pero no veían con seriedad ni formalidad la guerra. En cuanto a los pocos veteranos, y en particular algunos suboficiales afectados también por la falta de crecimiento y deserciones, habían manifestado su descontento y preguntaron a Oliverio sobre los descansos que me habían planteado poco antes de salir.

Con los compañeros responsables de Santiago Atitlán que restablecimos contacto, desarrollamos cursos de formación y capacitación en Tapachula para que pudieran ayudarnos en las incorporaciones. Conseguimos poco. La mayoría estaba volcada a la lucha abierta, a través de las organizaciones campesinas.

Contamos con una nueva unidad de apoyo urbano para tareas especiales, con dos compañeros residentes en Quetzaltenango, Raúl y Mateo, que disponían de un vehículo para todo terreno.

En octubre viajé a El Salvador a contactar a compañeros del FMLN, concretamente de las Fuerzas Populares de Liberación (FPL), que realizaron entrenamiento de comando y formaron parte de las tropas especiales, para proponerles una estancia temporal en el Frente Unitario. Cuatro se comprometieron, con la promesa de cubrirles gastos familiares y de traslado. Hice el contacto en San Miguel y después ultimé detalles en San Salvador, a fin de tenerlos en la acción de principios del próximo año.

Con Pancho y Hernán planificamos la operación Pochuta,

que ejecutaríamos en un esquema similar a Escuintla y Palín, aunque dicho poblado de la bocacosta de Chimaltenango no era el más conveniente en cuanto a difusión y trascendencia. Pero era lo único que podíamos hacer. Cuando propusimos a Oliverio avanzar de nuevo hacia las retaguardias montañosas que nos acercaban a las áreas de mayor trascendencia, informó que 98 por ciento de la fuerza no conocía la zona y necesitaríamos tiempo para prepararlos. Los reportes internos que recibí fueron fiel reflejo de un panorama muy desventajoso. En lugar de entusiasmarnos a realizar acciones audaces, nos desencantaban ante la falta de certezas. Un accionar de menor perfil se nos impuso y el tiempo ya no corrió a nuestro favor, a pesar del ingreso de veintisiete compañeros del EGP, a fines de noviembre.

Seguí cumpliendo mis responsabilidades y en espera de otra reunión aclaratoria con el comandante Gaspar, pero eran evidentes nuestros conceptos distintos en el manejo de la situación. No hubo amonestación directa ni sanción específica, pero la marginación en sí demostró que me estaban dejando fuera de la conducción de la fuerza. Lo supe de forma inesperada cuando a finales de noviembre, en Tapachula, leí unos mensajes en los que Gaspar y Pancho orientaban a la retaguardia. Se trataba de intercambios de los que no tenía idea, y me sirvieron para constatar que las repercusiones de mi negativa a retornar eran más graves de lo esperado.

Tenía que tomar medidas categóricas. En ese particular momento, el coraje que sufría me impulsaba a concretarlas. Estaba hastiado e indignado. Si ya no me tenían confianza ni tomaban en consideración mis planteamientos, nada tenía ya que hacer en ORPA. Empecé a buscar opciones que me permitieran vivir y responder a mis responsabilidades familiares. Entregué formal y legalmente el apartamento que ocupaba, y envié a una casa de la Organización las pertenencias que había obtenido en los escasos años en que solicité presupuesto familiar. Mi intención era devolver, íntegramente, todo lo que había sido comprado en dicho contexto, y ahora, que me retiraba, lo quería hacer exactamente igual como cuando me incorporé. No quería que se me acusara de aprovechamiento. En mis trece años de militancia, durante menos de tres había contado con presupuesto a raíz de mi relación de pareja y la paternidad responsable que los gemelos demandaron. Pero mientras estuve en el frente fui un guerrillero al que se le cubrieron sus necesidades con la cantidad promedio de once quetzales diarios, 330 al mes.

Sólo compartí mi decisión con algunos compañeros en quienes confiaba y me apoyaron en esos momentos, pero sin incitarlos a hacer lo mismo. No lo divulgué. Mucho menos lo compartí con aquellos que pudieran verse afectados con mi decisión, como eran los compañeros en el interior, aunque tenía los medios para hacerlo. Era una decisión personal y no era de ninguna manera mi intención comprometer a otros, hacer un trabajo de zapa ni propiciar divisionismos. Tampoco pretendía integrarme a otras organizaciones.

El martes 21 de diciembre, a las 11:00 horas, me reuní con Gaspar en su casa. Le dije que ante el curso de los acontecimientos: los hechos relacionados con la comunicación radiofónica, mi marginación de la dirección del Frente Unitario y el deterioro de nuestra relación, no podía continuar en ORPA y que había llegado el momento de comunicarle personalmente mi decisión de renunciar.

Ante la muerte de su confianza, me veía obligado a desprenderme del signo material que la simbolizaba. Me quité el reloj Rolex, recibido cuando me nombró comandante guerrillero, y lo extendí sobre la mesa para devolvérselo. Se negó terminantemente a recibirlo. Me dijo que representaba lo que había tenido que recorrer, aprender y aportar para llegar hasta ahí; era algo ganado que me pertenecía, y no tenía nada que ver con lo que en el presente estaba sucediendo. Luego nos enfrascamos en un intercambio de razones y argumentos que se prolongó casi tres horas. Este tiempo no le fue suficiente a él para convencerme de quedarme, ni a mí para persuadirlo de que reconsiderara sus propósitos. Incluso me dijo que el dinero no era problema, que me tomara el tiempo para pensarlo, a lo cual me negué. Dada la crisis económica que vivía la Organización, lo que menos buscaba era que me mantuviera. Lo positivo de todo fue que hablamos con respeto y serenidad, sin exabruptos ni ofensas, y nos despedimos en buenos términos, expresándome que lo sentía mucho, que las puertas quedaban abiertas para cuando quisiera regresar y que me cuidara. Nos dimos un fuerte abrazo y noté su pesar ante la situación. Fue algo considerablemente difícil y doloroso para los dos.

No fue una decisión fácil renunciar a la organización guerrillera a la que había pertenecido tantos años. Me ligué a ella entusiasmado por ser parte de un esfuerzo de lucha y transformación siguiendo a mis hermanos, y le agradecería siempre haberme dado un enfoque de vida distinto y una relación con mis semejantes más solidaria y más humana. Las razones personales, ideológicas y políticas seguían vigentes para mantenerme en la lucha. La actitud de mi superior, antes motivo de disciplina y estímulo, se convirtió en barrera y desencanto. No eran suficientes las ideas, también necesitaba un marco adecuado para concretarlas.

Retirarme como lo hice demostraba mi respeto a los fundamentos de la lucha. Creí que de esa forma mantenía las ideas y los ideales que la sustentaban, a pesar de que en esa particular coyuntura la Organización o, mejor dicho, los dirigentes que la conducían no pensaban ni actuaban de una forma que pudiera convencerme y comprometerme.

16. Intentos

La mañana del viernes 24 de diciembre de 1993, salí con la familia de la ciudad de México hacia Puerto Rico. Junto a ellos inicié un periodo de vida que supuestamente me alejaba de la política de forma definitiva y me abría la posibilidad de dedicarme a algo diferente.

No tenía ninguna intención de seguir en política orgánica, ni cruzaba por mi mente la más remota posibilidad de hacerle daño al proceso. Pensé mucho en mis escasas posibilidades, al querer comenzar de nuevo estando prácticamente desconectado de todo y de todos los que formaron parte de mi vida anterior. La vida militante y la obligada clandestinidad así lo exigieron. Mi mundo era la lucha y ahora tenía que buscar algo distinto, consciente de todas sus implicaciones. El pasado quedaba atrás.

Consideré que el país que podía presentar algunas ventajas era Costa Rica. Tenía familiares y amigos a quienes recurrir en un primer momento, pero no quería llegar con las manos vacías. No pensaba volver a ejercer como médico, más bien consideré la posibilidad de montar algún negocio y crear, por primera vez, ciertas condiciones materiales y económicas. Pero no tenía nada concreto, sólo la determinación de irme.

Debía decidir a quién recurrir para poder contar con un capital inicial que me permitiera definir mis ideas. Y recordé a un buen amigo de juventud a quien creí poder hacerle dicho requerimiento. Localicé a Ronald Homero Jiménez Chavarría por medio de la guía telefónica. Sus datos seguían siendo los mismos. El jueves 16 de septiembre hablé con él y dos días después, el sábado 18 por la mañana, en el vuelo 880 de United, arribó al D F procedente de Guatemala. Una respuesta muy rápida, que consideré un buen augurio.

Conocí a Ronald en 1970 y durante diez años fuimos buenos amigos. Vivía en la colonia Jardines de la Asunción, zona 5, y estudió en el Liceo Guatemala. Le agradeceré siempre haberme presentado a personas que marcaron mi vida y fueron muy cercanas en momentos trascendentales. En ese tiempo también conocí a Manuel Eduardo Conde Orellana, quien vivía en la misma colonia, jugaba volibol y asistía al mismo centro educativo.

Fue una relación que se extendió a las familias y, por un corto tiempo Ronald fue novio de mi hermana Paty. Su padre, militar retirado, y su madre tuvieron siete hijos: tres mujeres y cuatro hombres, uno de ellos fue mayor del ejército.

Si bien en las últimas ocasiones que nos vimos hubo algunas discusiones y diferencias respecto a problemas de relación en el círculo de nuestros amigos comunes, consideré que no por ello dejaba de existir la buena amistad cultivada.

Estuvo tres días en el D F, en el hotel Real del Sur de la calzada de Tlalpan, y pudimos platicar largamente. A través de su hermano Yeya, oficial castrense, pudo conocer mi paradero, la Organización y el frente al que pertenecía, así como el grado que ostentaba. Éste estuvo destacado en Sololá y varias veces le comentó que lo que menos deseaba era que nos encontráramos en combate. Hacía poco tiempo que había pedido su baja, pero aún mantenía contacto con compañeros de su promoción, dentro de los cuales había algunos en la G-2. Ellos le comentaron que se informaron que había algunos problemas en ORPA que tenían que ver conmigo. La fuga de información me sorprendió. No era mi intención compartir con él lo que sucedía, más después de tanto tiempo sin vernos. Más bien lo desinformé, diciéndole que eso no era cierto. Me centré en lo que quería explicarle sobre mi cansancio de la política y la guerra, de mis intenciones de cambiar de vida y saber cuál era su opinión, disposición y posibilidades de ayudarme. Fui claro al decirle que lo que necesitaba era un soporte monetario inicial para establecerme en Costa Rica.

Se mostró muy comprensivo de la situación y expresó estar más que dispuesto a hacerlo. Me dijo que le alegraba verme después de tantos años y que iba a hacer lo que pudiera para evitar que muriera por una bala. Lamentaba mi decisión de dejarlo todo, ya que mi historia merecía ser contada y mencionó la posibilidad de hacer algo al respecto. Le reiteré mis deseos de buscar una alternativa de vida tranquila y sin compromisos políticos de ninguna índole, así como el hecho de no estar interesado en escribir nada sobre lo que había vivido.

Me dijo que gozaba de una situación económica solvente, producto de un capital ahorrado y mejor invertido, que le permitió establecer algunos negocios comerciales en la capital y el interior del país, y buscaba instalar otro en El Salvador.

Me propuso compartir con Manuel Conde que nos habíamos visto. Podría ser alguien que también ayudara a crear esas condiciones que le había planteado. Habían pasado cuatro meses desde la salida de Serrano del poder y me dijo que éste estaba dedicado a sus actividades particulares como abogado, a la vez que continuaba dirigiendo una ONG abocada a temas de la paz. No lo vi mal y pensé que dos aliados eran mejor que uno.

Apasionados del volibol, Manuel y yo llegamos a jugar en el Deportivo Suchitepéquez y las selecciones juvenil y mayor. Cultivamos una respetuosa y solidaria relación personal y deportiva. Nunca nos referimos el uno al otro con apodos y siempre nos tratamos de usted.

Su historia familiar tampoco me era ajena. Su padre, de igual nombre, fallecido cuando él era niño, junto con su padrino, Mario Sandoval Alarcón, militaron en el partido de la ultraderecha guatemalteca, el Movimiento de Liberación Nacional (MLN). Este último llegó a ser la figura más prominente del anticomunismo, aliado de los militares en la lucha contrarrevolucionaria. Conocí a su madre y a Carlos (Calica), su hermano menor.

La última vez que nos vimos fue el 24 de septiembre de 1980, cuando ganamos el penúltimo partido del torneo y fuimos campeones por adelantado. Dos días después nuestras vidas tomaron rumbos diametralmente opuestos: yo a pelear en la montaña y él a litigar en los tribunales.

Al darle seguimiento a la campaña electoral de 1990, volví a ubicarlo como parte del equipo de Jorge Serrano Elías. Tuvo una destacada participación en la contienda y su meteórico ascenso lo convirtió en uno de los hombres de confianza del nuevo mandatario, quien como recompensa a su esfuerzo lo nombró secretario general de la Presidencia y secretario de la Paz (SEPAZ), liderando junto a los militares la delegación gubernamental que inició las conversaciones preparatorias de la solución negociada con la Comandancia General de URNG.

En abril de 1991 tuvo lugar en el D F la primera reunión de acercamiento de las partes y coincidió con mi presencia en la ciudad, presentándose la oportunidad de un encuentro extraoficial que se repitió en una segunda ocasión a principios de 1992. En ambas oportunidades me quedó la impresión de que trataba con alguien que pensaba diferente y con quien se daba un intercambio de ideas sin otras implicaciones. Vi a Manuel como un importante delegado del gobierno en funciones, independiente de la influencia castrense y determinado a contribuir a terminar un conflicto tan costoso y sangriento.

El 26 de diciembre de 1992 me demostró su aprecio en la ciudad de Guatemala, donde tuve un encuentro fortuito con él, su familia y los elementos de seguridad que lo custodiaban. Fue una situación incómoda, ya que la guerra seguía e iba de regreso al frente como jefe guerrillero, buscado por el ejército, y él era un alto funcionario gubernamental que podía ordenar mi arresto. Me vio y me dio un fuerte abrazo, mientras me decía que no me preocupara, que estuviera tranquilo pues no pasaría nada. Le respondí que lo estaba y que sabía que así iba a ser.

Fue un gesto humano solidario, que me ayudó a creer que lo construido, desde mucho antes de ser adversarios políticos, era sólido y permitía establecer acuerdos tácitos en los que no buscábamos aprovechar ninguna circunstancia para dañarnos ni física ni políticamente. Pero me equivoqué. Los hechos que acontecieron después derrumbaron la imagen positiva que el suceso anterior había delineado, y develaron aspectos condenables y decepcionantes en él.

Su buena estrella con el mandatario se debilitó y fue removido de su cargo de secretario general, dedicándose exclusivamente a la negociación de paz, pero después del fracasado autogolpe de Serrano Elías, en mayo de 1993, cayó en desgracia y pasó al ostracismo político que hundió y disolvió al partido de gobierno.

Del lunes 11 al jueves 14 de octubre, Ronald y Manuel estuvieron en el D F y en esta oportunidad conocieron al resto de la familia. Recuerdo muy bien que Manuel llevó su álbum de volibol en el que se recreaba una historia deportiva compartida, y lo interpreté como un gesto a través del cual me transmitía el sentimiento de que la amistad surgida en esas jornadas era especial y merecía respeto.

Tenía pendiente el viaje a El Salvador para buscar combatientes y acordé con el primero que aprovecharía dicha movilización para ir a Costa Rica, hacer los primeros contactos y realizar las averiguaciones pertinentes para establecerme.

El 24 de diciembre me fui a Puerto Rico a esperar la convenida comunicación con Ronald. Acordamos que en enero de 1994 ultimaríamos detalles para el traslado. Esto me acomodaba, porque mis escasos recursos me alcanzaban solamente para cubrir unas pocas semanas, pero en ese momento se develaron sus verdaderas intenciones.

Pasé mes y medio sin noticias, hasta que pudimos reunirnos en Miami del 22 al 26 de febrero. Fue un dilatado periodo sin una clara razón que lo explicara hasta ese momento, pero no tuvo que pasar mucho tiempo para darme cuenta de que las cosas habían tomado otro rumbo y estaba ante una situación no sólo precaria, sino muy comprometida y extremadamente peligrosa.

Ronald comenzó diciéndome que había un cambio de planes: que en lugar de pensar en ir a Costa Rica, considerara la posibilidad de hacerlo a Guatemala o El Salvador. En ambos lugares me ofreció el cargo de gerente de uno de sus negocios. Hasta allí parecían existir únicamente razones económicas para su contrapropuesta, pero me alarmé cuando me dijo que también podría participar en la ONG de Manuel. Ésta sería el espacio de difusión que se me había cerrado en URNG y de esa forma tendría la oportunidad de dar mi versión de los hechos, recordándome que había periodistas dispuestos a venderse y elaborar artículos apuntalando y ratificando mis posturas y planteamientos. ¡Que podía seguir luchando por Guatemala! ¡Que no dejara sola a gente como él, que desde adentro trabajaba y se arriesgaba por cambiar tantas injusticias!

Me sentí arrojado a un pozo con el vuelco de los sucesos. La insistencia en denunciar aspectos internos de la lucha y de URNG ya no me parecieron iniciativas ni propuestas independientes de los dos supuestos amigos. Esto ya tenía visos de ser un elaborado y cuidadoso trabajo de inteligencia enemigo, en el que ellos eran peones civiles de una confabulación en la que pretendían implicarme.

El apoyo prometido dio lugar a la extorsión y al chantaje. La Inteligencia militar, detrás de todo, esperaba mi traslado a los lugares propuestos para capturarme y obligarme a traicionar. A partir de ese momento las maniobras quedaron perfectamente claras: reencuentro y toma de confianza, asegurar cumplimiento de las promesas, respaldar iniciativas que indicaran su veracidad. En Miami se llegó a la exposición clara de las verdaderas finalidades, y culminó con la coerción y el estrangulamiento económico, ante mi terminante e irrefutable negativa.

En ese momento me di cuenta de que los apoyos y soportes en los que creí y confié para enfrentar mi nueva situación no sólo eran los menos indicados, sino los más equivocados. Pasados apenas dos meses, comprobé que lo que pretendían, enmascarados en un supuesto sentido de auténtico afecto, era convertirme en un delator.

Le reiteré que no estaba dispuesto a hacer nada contra URNG, que no iría a El Salvador, mucho menos a Guatemala.

Me encontré en Puerto Rico con una identidad falsa, sin dinero y con una familia que mantener. Necesitaba buscar otras opciones de ayuda, que en ese momento estaban muy lejos de la idea de retomar contacto con Gaspar, mucho menos doblegarme ante la obscena e infame propuesta de Miami, recibida de quienes consideraba amigos recuperados, pero resultaron ser despreciables marionetas de los militares.

El proyecto político de Manuel Eduardo se desmoronó con la caída de Serrano y sus actos indicaban que el repunte y recuperación buscados tenían que ver con ciertos grupos de la inteligencia militar. En alguna parte de su plan creyeron que podían incluir a un comandante guerrillero que se prestara a la felonía y a la calumnia. No me conocían. No llegaron realmente a conocerme.

Lo que sucedió con ambos en los últimos meses de 1993 y en los primeros de 1994 fue aleccionador para entender, valorar y demostrar la idiotez humana. Las consecuencias que resultaron de sus decisiones calculadas, intentando beneficiarse de una situación personal y afectiva, tuvieron resultados desastrosos e irreversibles en nuestra relación. Se traicionaron confidencias que equivocadamente supuse estaban por encima de las ambiciones políticas y las maquiavélicas intenciones del poder.

Había decidido dejar la lucha guerrillera por diferencias conceptuales y desacuerdos personales relacionados con problemáticas internas. No cuestionaba fundamentos de su estrategia ni la validez del esfuerzo.

Manteniendo la idea de conseguir un capital para trasladarme a Costa Rica, comencé a pensar en conocidos de Estados Unidos en condiciones de proporcionármelo. Sabía que varios de mis compañeros de estudio, algunos desde la secundaria y otros ya en la Facultad de Medicina, habían emigrado hacía muchos años y ejercían en diferentes estados.

Intenté localizarlos al volver del desafortunado viaje, y a los doce días lo logré. El jueves 10 de marzo hablé con Frank De Marino y con Sergio Muñiz. El primero, anestesiólogo en Marietta, Atlanta, y el segundo, neumólogo e intensivista en Amarillo, Texas. Del 7 al 13 de abril visité a Sergio para tratar personalmente mi situación. A los treinta y ocho años tocaba nuevamente suelo estadounidense continental, con documentación falsa y aún perteneciendo a una organización guerrillera que el Departamento de Estado calificaba de terrorista.

Pasados catorce años, nuestras condiciones eran muy diferentes y profesábamos ideas opuestas, pero, aun así, Sergio fue capaz de darme una constructiva lección de lo que era en realidad un amigo. Consideró que la honorabilidad y la determinación fidedigna merecían respeto y apoyo en ese momento.

La intención de irme a Costa Rica no le convenció y me propuso quedarme en Amarillo. Creía que podía volver a estudiar y a ejercer medicina. Así me recordaba y tenía la seguridad de que podía recuperar el tiempo perdido y practicar en Estados Unidos. Había que arreglar la situación legal y tenía algunas ideas y conocidos que podían ayudarnos.

En cuanto a la forma de estudiar y trabajar, necesitaba prepararme para superar los exámenes y poder realizar una residencia hospitalaria. Hablaría con otros amigos médicos que también podrían apoyarme a fin de resolver necesidades familiares básicas, completando ingresos con trabajos en horarios convenientes pero sin distraerme, y dedicarme al estudio de los textos y manuales de preparación, además de actividades docentes en el Hospital de Veteranos y acompañarlo en sus visitas a los hospitales donde trabajaba.

Me asaltaron reservas y temores por el respeto que me merecía mi profesión y la extrema dedicación que iba a requerirme, pero me entusiasmó la idea. Algo impensado, novedoso, sin duda una experiencia arriesgada, pero a la vez llena de gran emoción y desafíos. Así surgió un grupo de amigos que avalaron tal empeño.

Si algún día pudiéramos hacer cuentas, probablemente surgirían estimaciones que podrían cancelarse en papel moneda, pero lo que no tiene precio ni forma de compensar es la adhesión y la generosidad que todos ellos demostraron ante un fantasma intempestivamente reaparecido, que había sido dado por muerto y que estaba ubicado en un contexto diametralmente opuesto al de ellos.

17. Retorno

El martes 3 de mayo de 1994, emprendimos el largo viaje aéreo entre San Juan y Amarillo, con escalas en los aeropuertos de Miami y Dallas Fort Worth, iniciándose otra etapa de vida que, como todas las demás, presentó retos y transmitió enseñanzas. Durante los diez meses siguientes, el número 1014 de South Florida St., area code 79102, identificó el lugar en que viví. Con una minivan Chrysler hice insospechadas jornadas de actualización médica. Paula y Pablo tenían dos años y medio de edad.

Me introduje en una dinámica muy intensa y absorbente. Luego de asistir a los reportes matutinos que los jefes y veteranos residentes del departamento de Medicina Interna del Hospital de Veteranos realizaban de lunes a viernes de las 07:00 a las 08:00 horas, me dediqué al estudio individual en la biblioteca de dicho centro hospitalario. A mediodía llegaban especialistas a dictar conferencias en sesiones-almuerzo. Por la tarde me trasladaba a la biblioteca de la Facultad de Medicina del Tecnológico de Texas, donde completaba la actividad, de las 14:00 a las 19:00 horas.

Tuve que realizar un doble esfuerzo: el del idioma y el académico. Mi experiencia guerrillera no me había alejado del todo del ejercicio de la medicina, aunque más centrada en patologías comunes y en intervenciones quirúrgicas menores; pero sin duda ésta significó el abandono del necesario ritmo de consulta, sistematización y actualización en relación con los avances y nuevos descubrimientos de la ciencia médica, en un momento en que las especialidades se habían multiplicado y el volumen de conocimientos era considerablemente superior. Ser un médico guerrillero, con abundantes carencias y limitaciones, concentrado en atender heridos de bala, contener hemorragias, suturar lesiones y atender problemáticas respiratorias y gastrointestinales comunes no tenía nada que ver con el marco de preparación y práctica en condiciones normales, y mucho menos en ese país desarrollado.

El inicio gradual y progresivo del estudio se convirtió en la continuidad sistemática de largas jornadas de hasta doce horas. A fines de noviembre envié la solicitud y el giro monetario para participar en los exámenes respectivos en la ciudad de Dallas a principios de 1995.

La adaptación a esta nueva realidad no era un problema para los niños. Paula y Pablo se habían integrado a la escuela de preescolar en la que fueron inscritos. Su corta edad y rápida asimilación les ayudó a comenzar a aprender inglés como segundo idioma, y a relacionarse sin dificultad. Para ellos no dejó de ser una linda novedad el seguir viajando, experimentar vivencias en escenarios y climas diversos, y disfrutar de un periodo de convivencia con sus papás. En Texas están bien marcadas las cuatro estaciones. Experimentaron las lluvias primaverales, los calores veraniegos, los vientos otoñales y el frío invernal. La nieve, que blanqueó todo el entorno, les facilitó una experiencia que aún añoran y quisieran repetir.

El desajuste estaba en los padres y las razones de ambos eran divergentes. Para la madre, el modelo de vida, las condiciones climáticas y la falta de oportunidades fueron argumentos para considerar un regreso a su tierra natal. Además, manifestaba que teniendo más tiempo podía encontrar las tan esperadas oportunidades laborales, mientras se resolvía mi situación migratoria. No hubo alusión alguna a la posibilidad de retomar mi lucha en Guatemala. Su intención era lograr condiciones de vida familiar en Puerto Rico.

Por mi parte, era la primera vez que me encontraba realmente en el extranjero, alejado de la realidad de mi país y ausente del esfuerzo de lucha que durante largos años fue mi razón de ser y existir. Si bien estuve en México varias veces, nunca dejé de estar integrado a la lucha revolucionaria, y en particular en el interior, dada mi condición de jefe guerrillero. La vida familiar era una motivación importante, pero no podía ser la única.

El inesperado embarazo de María, confirmado el 16 de diciembre, dio un giro a los acontecimientos. No era mi intención abusar de los amigos, ni mucho menos aumentar gastos que inevitablemente se presentaban ante la necesaria atención prenatal, el parto y la manutención de un nuevo miembro de la familia. De nuevo se presentaba un momento de definiciones que obligaría a la toma de decisiones, asumiendo sus costos y consecuencias.

Se presentaron inconvenientes administrativos con la comisión educativa, que obligaron a posponer las fechas de exámenes para junio y agosto. Le propuse a Sergio un cambio de planes, ya que no consideraba justo recargar la situación. Su apoyo había sido más que generoso, pero debía comprender que para mí era a lo sumo incómodo y hasta incorrecto prolongar la estancia en Amarillo, ante las nuevas responsabilidades familiares.

Podía hacer los exámenes en Puerto Rico y, a partir de sus resultados, podrían considerarse alternativas de formación y entrenamiento que evaluaríamos conjuntamente. Sé que los argumentos no le convencieron, pero fue respetuoso. El sábado 4 de marzo de 1995 retornamos, después de diez meses en esa ciudad tejana.

No pasó mucho tiempo para terminar de darme cuenta que Puerto Rico no era compatible con mi concepto y valores de vida. De la misma manera, acabé de convencerme de que no volvería a ejercer la medicina. Estaba demasiado contaminado por la lucha político-social, y aunque ésta fuera atrayente, ya no me sentía lo suficientemente motivado como para retomarla.

Todo aquello por lo que decidí renunciar a la Organización se reproducía en otros ámbitos con similar crudeza y semejante contexto, con la gran diferencia de que allí no estaban en juego transformaciones sociales, sino intereses económicos. La lucha revolucionaria en mi país seguía siendo válida, y por ella merecía la pena trabajar.

A mediados de abril, conversé telefónicamente con Gaspar y le manifesté mi deseo de regresar. Su respuesta fue que, tal como me lo había expresado al irme, las puertas seguían estando abiertas y que no había ningún inconveniente para hacerlo. Lo primero era vernos. Necesitábamos un primer intercambio personal después del tiempo transcurrido, que sirviera para definir los términos de una posible reintegración y, al mismo tiempo, desechar cualquier sospecha que hubiera podido surgir por informes tendenciosos.

Estuve en la ciudad de México del 29 de mayo al 19 de junio, y las reuniones con él permitieron restablecer una relación que ayudó a ventilar diferencias y a lograr acuerdos constructivos. Fue inevitable la incomodidad, la desconfianza y la reserva inicial, que sólo podrían ser superadas con el tiempo y los hechos. Pero aparte de eso, creo que la iniciativa de comunicarme, en ese particular momento, me permitió regresar a ORPA en circunstancias coyunturales favorables, aun sabiendo que en su dirección y militancia existían escépticos y detractores.

Acordé con el comandante Gaspar que viajaría con la familia luego del nacimiento de Luis Santiago, esperado para agosto, y que estaría de vuelta en el D F lo más pronto posible para arreglar el ingreso al frente. Ésa fue la única condición que le expresé al volver a vernos, ya que no tenía ninguna intención ni interés alguno de estar en otra estructura, mucho menos en el extranjero.

Era la oportunidad de volver a la verdadera esencia de mi vida. Esto me daba la solvencia moral necesaria para mirar de frente y hablar sin reservas. Estaba dispuesto a permanecer en el peligroso escenario de la guerra con mi presencia y mi capacidad de conducción.

Fechas coincidentes marcaron mi militancia. La noche del 26 de septiembre de 1980 inicié mi vida guerrillera como un joven e inexperto médico en el volcán Atitlán. Quince años después, la noche del 26 de septiembre de 1995, la reiniciaba como adulto maduro y jefe guerrillero en la ciudad de México.

Los meses de octubre y noviembre sirvieron para oficializar, ante la dirección nacional de ORPA, mi reintegración y realizar una serie de actividades y tareas preparatorias previas a mi ingreso al frente. Supe que mi caso fue motivo de una larga discusión y que existió rechazo por parte de algunos miembros de dicho colectivo para aceptar mi retorno y las responsabilidades que se me iban a asignar.

En un momento dado, Gaspar tuvo que hacer valer su condición de comandante en jefe y manifestar que su decisión se fundamentaba en las necesidades de la Organización y del Frente Unitario. Él confiaba que yo podría solucionar problemas que se habían agravado con el tiempo. Nunca me he preocupado de averiguar quiénes o cuántos eran. La situación se prestaba para muchas y diversas reacciones. Las manifestaciones adversas entraban en la lógica de los acontecimientos.

Las disposiciones se encaminaron a restablecer contactos con los responsables de las estructuras con quienes debía trabajar, así como las necesarias reuniones explicativas e informativas con Oliverio y Hernán, a los que iba a sustituir en el mando. Con ellos necesitaba seguir teniendo una relación de respeto, cercanía y colaboración recíproca. Se incluyeron también jornadas de revisión de documentos políticos, análisis coyunturales, reportes de inteligencia, resúmenes de los intercambios radiales, informes y evaluaciones del funcionamiento y la experiencia militar del Frente Unitario durante los años 1994 y 1995. Todos ellos me sirvieron para tener un panorama completo de la situación.

Tuve reuniones con Pancho para informarme de lo sucedido y de las actuaciones de Oliverio y Hernán que, con Peter del EGP, constituyeron el mando colectivo que me había sustituido. Viajamos a Tapachula para sostener dos reuniones: una con Oliverio y Hernán (jueves 9 de noviembre), y la otra con ellos y la instancia creada en mi ausencia, que respondía al nombre de Plana Mayor (viernes 10), en la que se incluían diversos responsables encargados de las tareas de apoyo a los frentes. En ellas, se oficializó el traspaso de mando y se revisaron las futuras condiciones de relación conmigo.

Trabajé con Martín "Nim", quien compartió conmigo documentos informativos diversos. Se incluían aquéllos referidos al ejército, su operatividad y condición actualizada, así como los relativos a las evaluaciones, observaciones y propuestas de solución a la problemática del Frente Unitario. Es pertinente mencionar que se consideraron varias alternativas, sin que ninguna de ellas fuera viable y oportuna.

Me percaté de que también cumplía el papel de emisario de su padre, y en ese contexto, no dejó de recordarme que debía tener presente mi condición de militante ajeno a la dirección, y que quizás entendería que no podía regresar con el grado de comandante. Ésa era una decisión lógica. Sí dejé claro, a través de él, que para dirigir el frente era necesario un solo responsable y no un colectivo.

En sus reuniones periódicas, a lo largo del año 1995, la Plana Mayor estuvo señalando que los informes que recibía del Frente Unitario indicaban que éste pasaba por una crisis interna y, en un afán por mejorar las cosas, en el mes de julio se orientó a Oliverio, Hernán y Peter a hacer una evaluación, la cual comprobó las deficiencias de los mandos pero también evidenció la falta de atención política por la dinámica de operaciones y la escasez de combatientes.

Durante la actividad surgieron desavenencias con tres compañeros internacionalistas mexicanos (Antonio, Eugenia y María) de origen urbano y formación universitaria, integrados para apuntalar las tareas de formación política e inteligencia, los que señalaron con dureza la conducta de los principales oficiales. Oliverio decidió sacarlos, aduciendo, como razones, su desadaptación y la próxima realización de operaciones.

Cuando los compañeros regresaron a la ciudad de México, entregaron un informe que le permitió a Gaspar confirmar la gravedad de la situación. El ataque y ocupación del puesto de mando el lunes 21 de agosto, en que unidades militares ocasionaron dos bajas y capturaron a tres compañeros (Yolanda, Leticia y Édgar), fue el detonante final que condujo a la Plana Mayor a realizar, con urgencia, una evaluación el 25 de agosto, en la que concluía con una frase lapidaria: la del Frente Unitario era una "situación en extremo delicada que podía conducir a graves consecuencias de carácter estratégico".

Este documento me sirvió para notar que la problemática era múltiple y extrema, siendo varios los puntos que la evidenciaban. 1] En los últimos tres meses habían perdido veintitrés guerrilleros (nueve desertores, cinco muertos, tres dados de baja, tres heridos y tres capturados). 2] El nivel político-ideológico de mandos y combatientes era muy bajo y había ausencia de vida política. 3] La falta de una adecuada conducción provocó serias consecuencias en la relación con la población y con los combatientes en general, acentuada con los de reciente ingreso. 4] Se veían afectadas las relaciones unitarias. 5] Se evidenciaban tratos racistas con las mujeres y los indígenas. 6] Existía una mala administración y un uso inadecuado de medios y recursos. 7] Ingesta de licor por los mismos jefes, a pesar de establecerse, como medida disciplinaria extrema, la "ley seca". 8] No funcionaba el trabajo en equipo entre la jefatura y secciones de la Plana Mayor, en particular con las de inteligencia y comunicaciones. 9] Los reportes de acciones militares no eran objetivos y contenían datos alterados, en los que no se incluían situaciones desventajosas. 10] Faltaba "mayor espíritu autocrítico" de parte de la jefatura en su ejercicio de dirección, y se percibía más bien una actitud de justificación. Ahí me di cuenta de lo que en realidad iba a significar hacerme cargo nuevamente del frente.

Gaspar organizó la tradicional cena de despedida en su casa y su trato cordial y cercano mostró la confianza y la satisfacción que le provocaba mi regreso. Pero lo vi diferente. Lo sustancial de nuestros intercambios ya no gravitó en torno al aspecto militar. No era más aquel jefe que se entusiasmaba con la planificación operativa y mencionaba, con precisión, a los jefes enemigos, exponiendo detalles que indicaban un profundo conocimiento de ellos. Tampoco me describió como antes, de memoria y con minuciosidad, el contenido de los cargamentos que enviaba a los frentes de guerra. Su mayor interés se centraba en el tema de los contactos diplomáticos y los roces internacionales, pendiente del reforzamiento publicitario de su imagen y asistiendo a estudios fotográficos del D F vestido de verde olivo. Era una práctica, casi generalizada en ese entonces, que los miembros de la Comandancia General se tomaran ese tipo de fotografías y las enviaran a los medios que los entrevistaban. Era otra guerra la que estaban librando en esos momentos. Alejada de su país y más relacionada con una inserción política, a la que debían llegar en las mejores condiciones y con la mayor ventaja.

El jueves 7 de diciembre volé a El Salvador y luego viajé por tierra a Guatemala. A las 19:45 horas del mismo día, en el tramo carretero que une los municipios de Patzicía y Patzún en Chimaltenango, una patrulla de cinco compañeros al mando del subteniente Fidel me recibió en un cruce de caminos en las faldas del cerro La Cumbre y emprendimos la marcha nocturna hacia el campamento, llegando a primeras horas de la mañana del día siguiente. Pisé de nuevo esa tierra que formaba parte de la extensa zona de operaciones que los Frentes Javier Tambriz y el Unitario en su época poblaron de guerrilleros, sembraron de esperanzas y llenaron de acciones libertarias. Lo hicimos antes y lo íbamos a volver a hacer ahora. Dar su lugar al Frente Unitario, reivindicar sus logros, actualizar su aporte y honrar a los caídos, se convirtieron en las principales razones de mi regreso.

En el caso particular que nos ocupa, es decir la dirección del Frente Unitario, puede afirmarse que si bien los compañeros capitanes dieron muestras de poseer cualidades de oficiales operativos, de guerreros capaces de dirigir combates, no demostraron la misma aptitud para conducir de manera integral un colectivo guerrillero. La complejidad de las circunstancias alrededor de una tarea de esta magnitud no fue interiorizada debidamente y olvidaron que el paradigma personal es fundamental para lograr el respeto y la motivación de los combatientes. Creyeron equivocadamente que su condición de jefes les daba mayores derechos y beneficios, en lugar de considerar que imponía mayores deberes y responsabilidades.

Su consecuencia revolucionaria, su militancia guerrillera y el esfuerzo operativo que desarrollaron están fuera de discusión y merecen respeto. Sé lo difícil que es esta experiencia de vida cercana a la muerte y el desgaste mental y físico que conlleva, máxime con los dilatados plazos que presentó la lucha guatemalteca.

Fueron muchos los años que compartí con Hernán y Oliverio. Estuvieron cargados de memorables jornadas de satisfacción y victorias compartidas, de aciertos y rectificaciones recíprocas, de enseñanzas y vivencias conjuntas que sustentaron una relación llena de admiración y cariño. En cierta forma, esperé que estas experiencias les hubieran servido.

Los análisis de inteligencia sobre el enemigo, incluidas sus operaciones y los partes de guerra que resumían el accionar guerrillero, afirmaban que en el año 1995 se experimentaba un agotamiento por parte de las dos fuerzas militares en pugna. En el tiempo que estuve ausente, la dirección de los acontecimientos se alejó de las soluciones extremas, de las victorias absolutas y las derrotas incondicionales.

En el ejército guatemalteco convivían dos escuelas de contrainsurgencia: la de Taiwán, brutal e intransigente, y la estadounidense, diplomática y neutralizadora por medios políticos.

La taiwanesa era más reacia a ceder posiciones, y defendía el postulado de que un movimiento guerrillero sólo podía ser disuelto de forma definitiva a través de una completa derrota militar. Los estrategas estadounidenses eran más proclives a la búsqueda de una solución negociada, que al mismo tiempo que comprometía a las partes para los tiempos de paz, les permitía instrumentar medidas de neutralización y disminución de las posibilidades electorales y, por consiguiente, políticas, de las organizaciones guerrilleras para acceder al poder.

Para ese entonces, se había reiniciado el diálogo con el gobierno de Ramiro de León Carpio. En el año 1994 se firmaron los acuerdos sobre derechos humanos y la conformación de la Comisión de Esclarecimiento Histórico (CEH). Éstos oficializaron la instalación de la Misión de Naciones Unidas para la Verificación de los Derechos Humanos en Guatemala (MINUGUA). Sus oficinas cubrían la totalidad del país, dando cabida a muchas iniciativas de la sociedad civil. Su labor de verificación y supervisión obligó al inicio de los cambios en los métodos represivos, pasando de las desapariciones y los asesinatos a las amenazas y los amedrentamientos. Uno de los puntos de mayor atención de la presencia internacional fue el relativo a la suspensión del reclutamiento forzoso y el servicio militar obligatorio.

Las bajas y la imposibilidad de suplirlas, como en el pasado, produjeron en las fuerzas armadas una reducción de sus efectivos, reflejada en la mayor cautela y cuidado de sus operaciones, respondiendo sólo cuando la precisión informativa les garantizaba un accionar ventajoso. De lo contrario, permanecían bajo un esquema de defensa y patrullaje periférico de sus instalaciones. Su moral aparecía disminuida por los costos del tiempo y los golpes, y acentuada por la descomposición y la corrupción. Del lado guerrillero la situación tampoco era halagüeña. Sus fuerzas no se incrementaban, y no contaban con el apoyo popular masivo que esperaban. Ello redujo sus posibilidades de desarrollo y lo imposibilitó para cumplir la constante reiteración de que para lograr más había que crecer más. Pero le sucedía todo lo contrario: cada vez se lograba menos al ser menos. Por consiguiente, en lugar de abundar en fuerza y capacidad operacional que despertara confianza y produjera incorporaciones, se experimentaba una pobreza en la calidad e incidencia de ésta y una debilidad de captación del pueblo para la lucha.

18. De nuevo comandante. La Democracia

El viernes 8 de diciembre regresé al zanjón del río Lanyá, a un costado del cerro Balamjuyu, que nos resguardó seis años atrás durante la exitosa campaña militar de 1989. El campamento de Los Dos Heridos me recibió otra vez, e incluso pude asentarme en la misma posición que ocupé hacía tanto tiempo. Éramos cuarenta y cinco.

La atención de la situación interna y la seguridad fueron los dos objetivos iniciales. Hablé con los pocos veteranos que quedaban y recibí de ellos su testimonio y versión de lo que habían vivido los últimos dos años. Atendí a todo aquel interesado en plantearme sus inquietudes y problemas, así como determinar la salida de otros, tanto de los que reclamaban el cumplimiento de los plazos de permanencia y que no estuvieron dispuestos a prolongar su estadía (cinco del EGP), como aquellos que lo requerían por problemas de salud (dos).

En ese entonces, el Frente Unitario lo formaban combatientes de tres de las cuatro organizaciones de URNG. El PGT Comité Central contribuía con cinco o seis integrantes y eran parte de la novedad actual, ya que antes eran los ausentes y ahora sustituían a las Fuerzas Armadas Rebeldes –FAR– que habían optado por concentrarse en el departamento de Santa Rosa. Compañeros del FSS estuvieron en los primeros meses de 1994 para una puntual operación, en marzo, que no obtuvo los resultados esperados. Era aquella que debí haber dirigido y que provocó las serias diferencias que llevaron a mi renuncia. Pancho se aventuró a realizarla, pero fracasó en su propósito.

Una semana más tarde inicié un plan de estudio político y de entrenamiento militar. Lo fundamental era recuperar los buenos hábitos en todos los aspectos. La tregua unilateral anunciada por URNG, que iba del 24 de diciembre de 1995 al 8 de enero de 1996, ayudó a darle continuidad a las múltiples actividades internas con relativa calma. Las fiestas de fin de año tuvieron un colorido semejante al de los mejores años, sin excesos ni riesgos de seguridad.

El domingo 24 de diciembre recordé en formación los siete principios del buen guerrillero: ejemplo, estudio, entrenamiento, estímulo, emulación, persuasión y disciplina. Con ello, quise recapitular el marco de nuestro accionar y convivencia.

En el acto cultural y baile disfrutamos de fuegos artificiales (volcancitos, estrellitas y cachinflines). La intención de compensar muchos juegos rezagados desde la infancia pareció flotar en ese colectivo guerrillero que, como siempre, estuvo formado en su mayoría por jóvenes.

El domingo 31 de diciembre presenté un informe de evaluación sobre el frente y el mensaje de fin de año que, como era tradición, nos envió el comandante Gaspar. El baile tampoco faltó y algunos esperamos las doce de la noche para darnos los abrazos, y compartir buenos deseos e intenciones.

Tomé muchas fotos y, entre ellas, hay una que guardo con especial afecto. Estamos los siete sobrevivientes de mejores épocas que junto a Hernán, aún fuera en ese momento, completábamos los ocho que quedábamos de los ciento cincuenta que llegamos a ser: Fidel y Teresa desde 1990, Rolando desde 1989, Javier desde 1986, Oliverio desde 1985, Hernán y Roberto desde 1981, y yo, desde 1980. Me sentí contento de haber regresado.

En el transcurso de los días que siguieron a mi retorno se fueron acumulando muchos testimonios, múltiples intercambios y gran cantidad de charlas. Con ellos completé el delicado panorama que se había creado, cuyas implicaciones políticas, orgánicas y militares hicieron hablar primero de un retroceso que necesitaba rectificarse, pero luego se llegó a considerar hasta una posible disolución.

El Frente Unitario se había nutrido de una gran cantidad de fuentes de incorporación, correspondientes a cada una de las organizaciones que se encontraban representadas en él, aunque es oportuno mencionar que el mayor peso de su constitución se debía al aporte de ORPA y EGP. Varios de los combatientes enviados por esta última organización, desde su etapa de participación en sus frentes guerrilleros, habían dado muestras de tener una personalidad difícil y una rebeldía enmarañada. Se dieron problemas de indisciplina con ellos y no siempre se logró encauzarlos y mantenerlos integrados, varios fueron objeto de severas sanciones. Casi todos eran combatientes temporales. Compañeros con este tipo de características conflictivas, de temperamentos fuertes y proclives a quebrantar esquemas no podían tener mejor caldo de cultivo que una fuerza guerrillera en la que el mando fuera débil y no predicara con el ejemplo. Eso mismo los hacía incapaces de imponer el correspondiente orden y respeto. La consecuencia lógica fueron las deformaciones y las malas costumbres que contaminaron al frente.

En términos de formación y desarrollo, el Frente Unitario había cubierto dos etapas y se presentaba el reto de iniciar y adelantar una tercera; éstas se podían dividir por el tiempo y las particularidades que las conformaron.

La primera abarcó de 1991 a 1993. Se vio influida por el peso de ORPA, porque un frente de dicha organización sirvió de base para conformarlo. Contó con oficiales de ésta y de FAR, que respetaron un esquema de dirección caracterizado por la presencia del comandante del frente y un Estado Mayor. Las dinámicas de convivencia, los hábitos alimenticios, las formas de resolver necesidades logísticas, las maniobras de orden cerrado y los conceptos operativos eran diferentes. Su intercambio y asimilación necesitaban más tiempo que el que nos dejó la urgencia de accionar. Por eso, prevaleció la que contaba con mayores ventajas en ese momento. Basado en el conocimiento que tenía de la situación operativa y del terreno, el contingente de ORPA pesó en las decisiones. Ello provocó situaciones impuestas y en cierto momento molestas, ya que la conducta de algunos oficiales fue de confrontación y descalificadora hacia los otros grupos, pues aún no lograban entender la importancia estratégica e histórica de lo que estábamos viviendo.

Lo favorable es que esto no fue tan grave como para afectar los planes y, a pesar de dicha adversidad, logramos una relación de respeto. Las dificultades que encaramos, traducidas en la pérdida de la iniciativa táctica, se debieron a los imponderables surgidos ante la falta de crecimiento y a planes contrapuestos. Las diferencias conceptuales en la Comandancia General, que no permitieron suplir bajas por combates, deserciones y traslados, fueron más dañinas. Limitarse a los compromisos temporales que cada comandante en jefe asumió fue lo que llevó a la pérdida de la iniciativa estratégica, y, con ello, debilitamiento del único esfuerzo militar unitario de nuestra historia.

La segunda fase comprendió de 1994 a 1995. Ésta se vio afectada por una influencia negativa y deformante, proveniente de compañeros de EGP y ORPA. No se puede decir que lo sucedido en este periodo fuera consecuencia de la aplicación de las normas que rigieron a una u otra de las organizaciones mencionadas. El estilo de trabajo y el reglamento disciplinario se dejaron de lado. La falta de crecimiento se debió más que todo a bajas por deserciones (la mayoría), caídos en combate y salidas por cuestionamiento hacia el mando. Esta descomposición y la imposibilidad de encontrar una solución a tan lamentable situación fueron las que propiciaron la oportunidad para que se concretara mi retorno.

La tercera fue de enero de 1996 a abril de 1997. La experiencia acumulada contribuyó a visualizar que necesitábamos una integración y aplicación de todos aquellos aspectos constructivos, formativos y positivos que eran parte de los lineamientos de las organizaciones allí representadas. Teníamos oficiales provenientes de ORPA, EGP y PGT, con los que trabajamos con respeto y armonía.

Una de mis primeras iniciativas fue rendir un informe de la situación interna del frente, tanto al comandante Gaspar como al comandante Tomás. En él pormenorizaba las condiciones que había encontrado, la necesidad de depurar algunos elementos y las medidas tomadas para comenzar a revertir la situación.

Decidí regresar, no porque me quedara alguna esperanza de la solución militar. Más bien estaba consciente de que no existía ninguna y que no había la más mínima posibilidad de alcanzarla. El retorno me ubicaba de nuevo en un colectivo guerrillero rural. La situación del Frente Unitario no podía ser mejor para mí, ya que en cierta forma era comenzar de nuevo, rescatar una fuerza guerrillera y colocarla en el lugar que se había ganado, después de un glorioso pasado, y merecedora de un mejor presente.

La nueva dinámica electoral hacía suponer otros escenarios, sin embargo, las operaciones militares aún continuaban. Éstas permitirían demostrar la nueva etapa que el frente iniciaba, y en esa dirección, se comenzaron a preparar alternativas operativas en el altiplano central de Chimaltenango.

Muchos acontecimientos poblaron esa primera quincena de enero. Articulamos una dinámica interna provechosa y una serie de tareas preparatorias para poder operar, al recibir la orden de hacerlo el sábado 6. Regularizamos el estudio de oficiales y de la fuerza. Retomamos el entrenamiento militar y preparamos una defensa activa de la posición. Cubrimos tareas logísticas y enviamos exploraciones con la finalidad de determinar la viabilidad de la operación con la que queríamos iniciar el año.

Peter salió del campamento el 8 de enero. Con su salida, el comandante Tomás me envió el mensaje tácito de que estaban interesados en crear las mejores condiciones para el presente periodo. Hernán llegó el 9.

En enero de 1996 éramos treinta y tres. Este reducido contingente había interiorizado la necesidad de ser parte importante del accionar militar de URNG. Estaba consciente de lo que el frente significaba, puso mucha atención a las explicaciones y orientaciones preparatorias. El entrenamiento de las maniobras y los simulacros se realizaron con seriedad y realismo, ilustrando diferentes situaciones y variables alrededor de la operación principal.

El domingo 7 Álvaro Arzú, del Partido de Avanzada Nacional, ganó las elecciones presidenciales en segunda vuelta, reforzándose la línea negociadora y la posibilidad de firmar un acuerdo de paz. No por ello debíamos suspender el accionar, sino más bien incrementarlo para que el recién electo gobernante se percatara de que la disposición al diálogo era auténtica, pero, al mismo tiempo, la lucha militar podía continuar si mediaba una traición.

A las 15:45 horas del sábado 13, el capitán Oliverio y como

segundos el teniente Rolando y el subteniente Fidel, al mando de una fuerza de veintitrés integrantes, emprendieron la marcha de aproximación al objetivo explorado. A las 16:15 horas, el puesto de mando, conformado por los diez restantes, cambió de posición, a poco más de una hora del campamento donde ingresé, rebautizado como El Sacerdote, porque ésa fue la impresión que produje a unos compañeros cuando me vieron.

El 15 de enero, a las 10:00 horas, el capitán Oliverio me informó que se encontraban cercanos al punto y preparados para operar. De las 14:00 a 17:30 horas realizaron el retén en la carretera Interamericana (CA-1) en el kilómetro 80, entre los poblados de Patzicía y Tecpán. Los objetivos político-propagandísticos se lograron, no así los militares. Las unidades acantonadas en los alrededores se movilizaron tardíamente y con excesivas precauciones. Al ser una de las rutas más transitadas del país, suspendimos el paso de una gran cantidad de vehículos, cuyos ocupantes se aproximaron a los distintos puntos en que se desarrollaban los mítines, a escuchar nuestra visión de la guerra, la negociación y las expectativas que ésta generaba para alcanzar la paz.

La cobertura periodística fue total. Los medios informativos nacionales de radio, prensa y televisión se encargaron de difundir el retén guerrillero durante tres días. La emisora internacional VOA (La Voz de los Estados Unidos de América) analizó las operaciones guerrilleras de principios de año, destacando el retén de la CA-1. Las consideraron un mensaje para el presidente Arzú: "la voluntad de la guerrilla de aceptar una negociación seria y con contenido, pero si se trataba de maniobras, la guerra continuaría". De mayor impacto fueron sus propias declaraciones y las del ministro de Defensa, general Julio Balconi, precisando su compromiso con la negociación y la búsqueda de la paz.

El Frente Unitario estaba de vuelta y muchos se enteraron de ello. Seguimos haciendo presencia en poblados y tramos carreteros de los alrededores de la zona montañosa ocupada, pero ésta más bien buscó el contacto con la población y la solución de necesidades logísticas, ante la inmovilidad castrense.

A partir del martes 16 de enero inicié mis lecciones de inglés, impartidas por la frecuencia internacional de la BBC de Londres, a través de un programa de quince minutos que difundían todos los días de 20:45 a 21:00 horas, llamado "English Teaching Program".

Comenzamos a preparar una segunda acción que dirigiría el capitán Hernán. El poblado de Patzún fue el segundo objetivo, y el jueves 15 de febrero dicha cabecera municipal fue ocupada. La prensa hacía mención del accionar guerrillero en sus informaciones.

Paralelo a la negociación, guerrilleros y militares continuaban sus esfuerzos para provocarse y neutralizarse. Ya sabíamos que habían creado una nueva fuerza de tarea de unos mil efectivos. Predominaba una táctica de cautela y evasión, colocando tapadas rápidas y emboscadas en rutas y accesos a montaña.

El miércoles 21 de febrero, dejamos el Balamjuyu para cambiar el área de operaciones a las faldas del volcán de Fuego. El traslado de los escenarios de combate significó bajar del altiplano central chimalteco a los municipios escuintlecos de Siquinalá y Santa Lucía Cotzumalguapa. Esto nos llevó varias jornadas de marchas nocturnas para pasar inadvertidos, combinadas con periodos de descanso y recuperación, por lo quebrado y extenso del territorio recorrido.

Los contactos entre el presidente Arzú y la Comandancia General eran frecuentes, y a través de la prensa se conocían declaraciones de ambas partes, en las que por primera vez se mencionaba que los defensores del sistema y los revolucionarios dejaban de enfrentarse; esto reforzaba la idea de la solución política y daba la pauta del ambiente positivo existente.

El 27 de febrero, por la noche, recibí a los capitanes saliente y entrante del EGP. Peter regresó únicamente para presentarme a Willy y, a partir de esa fecha hasta la desmovilización, encontré en él a un compañero disciplinado y respetuoso. Inyectó a la fuerza un necesario complemento de orden y ejemplo personal que comprometía al resto de compañeros de la organización hermana.

En los últimos días de febrero y los primeros de marzo ingresaron quince combatientes, enseguida empezó su preparación, con la idea de incluirlos en las operaciones que se centrarían sobre la ruta costera del Pacífico. El viernes 15 de marzo, recibimos un cargamento de Comandancia con armamento y otros requerimientos, realizamos el reconocimiento del terreno y las exploraciones de los objetivos de atracción y emboscadas. El uso de los combates escalonados y la defensa de montaña, con resultados favorables en ocasiones anteriores, era el punto nodal de nuestras pretensiones militares. Una circular de la Comandancia General, con elementos de análisis de coyuntura y orientaciones operativas, respaldaba los planes elaborados.

La estructura de logística es un capítulo especial y determinante de la organización y del movimiento revolucionarios, sus aportes fueron decisivos para la concreción de muchas tareas. Varios años después de finalizada la guerra, pude enterarme de algunas de sus particularidades. La primera, confirmar su profesionalismo y disciplina. Todo operativo cumplía la secuencia establecida: preparación, ejecución, evaluación e informe escrito. Sus integrantes tenían un alto grado de especialización, desde los pilotos hasta los encargados de acomodar el material en los compartimentos secretos. Se contaba con infraestructura fija en Panamá, Costa Rica, Nicaragua y México, en los estados del sureste, Puebla y D F por mencionar algunos. Una permanente y numerosa flotilla de vehículos de diversos volúmenes de carga fue articulada y alternada para el ingreso a Guatemala. Todos respondían a nombres propios.

El más famoso y más querido fue la Violeta, decana de los motorizados. Era una camioneta Dodge 1980 que sirvió de escuela. En ella muchos aprendieron el mecanismo de cierre y apertura de buzones, y fue la primera en contar con innovaciones tecnológicas. Estaban otros más rudimentarios y de poca capacidad como Bernabé, un Valiant Volare; Pancho, un Renault, y Tobi, una Combi VW azul. Pero fue el Chícharo el transporte estratégico. Era una camioneta Dodge 350 de doble tracción con capacidad para transportar una tonelada de material bélico.

A partir de 1991, esta estructura de ORPA distribuyó armamento y pertrechos a los frentes de FAR, y en ocasiones también al EGP. Gesto unitario importante, digno de mencionarse.

Las compañeras y compañeros pilotos fueron valientes, decididos y solidarios, al punto de que en ocasiones llegaron a desobedecer las orientaciones de no ingresar por tramos difíciles o en condiciones climáticas adversas. La lluvia, en particular, dañaba los caminos de tierra. En ocasiones se quedaron atascados, teniendo que buscar formas creativas para remolcar los vehículos. Esto obligó a la patrulla que recepcionaba a dar apoyo para sacar los carros del lodazal, entró a romper la compartimentación y conoció a los pilotos. En estas ocasiones echaron mano a todo, incluido caballos y tractores. En condiciones muy adversas pudieron librarse de las dificultades y el susto, y emprender el regreso para dar el informe de la misión cumplida.

Sin ellos, nada o poco hubiéramos podido hacer los guerrilleros de montaña.

Una acumulación de situaciones y trabajos conformaron el escenario de la tarea logística: la obtención del armamento y su traslado por varios países, su almacenamiento y preservación, sortear los múltiples pasos fronterizos, los controles aduaneros y los minuciosos registros. También, superar los tediosos trámites migratorios, junto a los numerosos retenes militares y policiales.

Todo ello obligó a asumir riesgos en lugares distantes de los hogares y las familias, requiriendo mucha sangre fría, más valor y una admirable determinación de nacionales e internacionalistas.

Con especial cariño recuerdo a Ismael, Mario, Violeta y Sandra, compañeros mexicanos que, además, estuvieron muy cercanos a mis salidas y entradas a Guatemala en momentos delicados y riesgosos.

El sábado 16 de marzo ingresaron cuatro periodistas extranjeros, tres españoles y un inglés. Estuvieron diez días realizando entrevistas, filmando actividades y siendo testigos de varias de nuestras operaciones. Sus reportajes fueron difundidos en Europa por una cadena española.

La operación militar tenía como atracción la ocupación del municipio de Siquinalá y el ataque a la subestación de policía local. Estaba ultimando los detalles, cuando el martes 19 recibí el mensaje del comandante Gaspar en el que me informaba que URNG había decidido anunciar a través de un comunicado el cese unilateral de operaciones militares, como una muestra de voluntad política en la negociación. Me ordenaba que suspendiera toda acción ofensiva. Tuve el atrevimiento de pedirle autorización para realizar la última operación, ya que todo estaba preparado, y después el Frente Unitario podría sumarse a la proclama. Por supuesto que su respuesta fue negativa y enfatizó la necesidad de respetar, de manera absoluta, la declaración de la Comandancia. El miércoles 20, el gobierno y el ejército respondieron que por su parte suspendían las operaciones de búsqueda de fuerzas insurgentes, y que habían dado la orden a sus unidades de concentrarse en sus destacamentos.

Ambas iniciativas dieron origen a una declaración conjunta en la que se estableció que las fuerzas guerrilleras tendrían la posibilidad de desarrollar acciones político-propagandísticas sin el temor de posibles reacciones militares. Esta última disposición no fue estudiada con detenimiento por la Comandancia y el alto mando representado en la mesa de negociaciones, pues no especificaba las características de los poblados a los que teníamos acceso ni se delimitaban zonas particulares.

Por eso mismo propuse a Gaspar que aprovechando que ya teníamos estudiado el terreno, bien podríamos realizar una acción de propaganda en el mismo municipio. Al no recibir respuesta supuse que no había restricciones, y ordené a la patrulla que ocupara la ciudad de Siquinalá en la madrugada del martes 26 de marzo. A pesar de que fue una breve permanencia, en esta oportunidad la cobertura de los medios fue mucho mayor, porque la declaración de cese al fuego permitía a los periodistas mayor libertad para cubrir este tipo de eventos. Una airada respuesta del ejército, en la que decía sentirse indignado y ofendido ante el incumplimiento de lo acordado, evidenció que los términos de dicho gesto bilateral no estaban del todo delineados. El 28 recibí la orden de suspender operaciones y reconcentrar a toda la fuerza.

Entonces nos enviaron orientaciones más precisas sobre las posibilidades del accionar, ordenando la suspensión de los retenes y la ocupación de municipios, más aquéllos ubicados en rutas estratégicas. Cualquier alternativa fuera de ese marco debía ser autorizada por la Comandancia General.

Durante los dos meses siguientes visitamos la mayor parte de parcelamientos campesinos, comunidades agrarias y fincas del municipio de Siquinalá, alternando el mensaje político con la participación en diferentes actividades culturales y torneos futbolísticos, que se convirtieron en una excelente forma de acercamiento a los pobladores.

El jueves 28 de marzo, al ser informado de la necesidad de suspender operaciones recibí el primer mensaje dirigido al "comandante Santiago". El domingo 7 de abril, a las 12:35 horas a través del mensaje radiofónico número 43, Gaspar me notificó que en su condición de comandante en jefe me restituía el grado de comandante guerrillero y que de nuevo era miembro de la dirección nacional de ORPA.

Cuatro meses después de mi regreso recuperé un grado militar que convalidó una situación formal y oficializó el trabajo que venía realizando. El alejamiento temporal no había mellado el respeto y la calidad acumulada. Lo más importante y conmovedor para mí fue comprobar que los compañeros y compañeras bajo mi mando, particularmente los veteranos, nunca cuestionaron, sino que más bien me demostraron, de muchas maneras, su lealtad. A los pocos días de regresar y explicarles el porqué de los mensajes dirigidos al "compañero" Santiago, varios de ellos me dijeron que no se podían acostumbrar a ese trato. Siempre había sido su comandante, y así me llamarían. Más que el grado, valió la pena recuperar mi especial relación con mis compañeros de armas.

Al revisar hoy mis libretas de apuntes y las agendas que usé esos intensos meses de finales de 1995 y a lo largo de 1996, percibo la minuciosidad y la profusión de detalles a los que hacía referencia y apuntaba con letra diminuta en sus páginas. Me preocupé de no dejar nada al azar ni confiar excesivamente en mi memoria; todo se plasmó en tinta y papel: la vida interna del frente; la preparación y planificación de operaciones; los contactos con población y metas organizativas; reacciones de los medios a nuestras acciones; repercusiones en propios y extraños, amigos y enemigos del accionar en nuestra zona; observaciones sobre la situación económica; la distribución de los fondos con los capitanes y jefes de pelotón; alegrías y penas; aciertos y errores; reconocimientos y sanciones; incorporaciones y deserciones; sin dejar de escribir cada 7, el mes que añadía Luis Santiago, mi hijo menor, a su temprana existencia, como lo hacía cada 16, día del nacimiento de los gemelos.

Todas las agendas y libretas de apuntes, desde 1991 hasta el final de la guerra, que describen una parte sustancial de mi vida como persona y como guerrillero, las guardo como uno de mis mayores tesoros. Pensamientos extraídos de los libros de estudio, meditación y relajación, datos relevantes de diferentes temáticas que capté en emisoras internacionales, están enmarcados en rojo en diferentes lugares de las páginas que registraron datos de trabajo. Muchas veces los compartí con el colectivo para hacerles reflexionar o para arengarlos antes de alguna operación, cuyo contenido consideraba propicio para estimularlos, ubicarlos y entusiasmarlos.

El lunes 6 de mayo se firmó, en la ciudad de México el Acuerdo Socioeconómico y Situación Agraria (ASESA), concreción importante de las discusiones de los temas sustantivos que se ventilaban en la negociación. Al día siguiente, el 7, se me ordenó suspender el cobro del impuesto de guerra. La inercia de la solución política negociada nos arrastraba irremisiblemente, y en la población percibimos una sensación de tranquilidad que le había sido vedada durante largas décadas.

Del 12 al 17 fui a la ciudad capital, haciendo realidad un deseo largamente postergado de reencontrarme con gente muy querida. Vi a parte de la familia que se reunió en la casa de los Santa Cruz Molina en el proyecto 4-4 de la zona 6. Tíos, primos y sobrinos celebramos la dicha de volvernos a ver después de tantos años. Asimismo visité a la familia Estrada Galindo, la que le proporcionó un hogar y una cálida convivencia a Estuardo, el niño que súbitamente perdió a su madre y tíos en la vorágine de la guerra. Don Augusto y doña Emma, como siempre, me acogieron con afecto.

Tan importante fue restituir los lazos familiares, como concretar una tarea largamente aplazada al tener que explicar a Jorge Estuardo las circunstancias que rodearon las desapariciones y los decesos de sus seres queridos. No tenía una idea clara de lo sucedido. Desde los años más álgidos del conflicto acordé con don Augusto que debía esperarse el momento oportuno para hacerlo. Nos reunimos en la casa de la logia masónica, de la cual mi querido amigo era secretario, ubicada en la esquina de la 11ª Avenida y 9ª Calle de la zona 1 y necesité varias horas para poder ilustrar a ese joven de diecinueve años lo sucedido hacía tanto tiempo. Quince años antes, su corta edad le impidió captar la tragedia que nos absorbió, y en ese momento tuve que esforzarme para tratar de integrar el dolor de la pérdida materna y familiar al drama general de la lucha revolucionaria. Fue una aclaración que trajo consigo duros y dolorosos recuerdos, pero también la oportunidad del reencuentro de los dos únicos sobrevivientes, ansiosos de recuperar el tiempo perdido y confortarse en la adversidad.

A fines de mayo, el núcleo de conducción del frente llegó a la conclusión de que la presencia en el sector de Siquinalá había sido suficiente y era necesario buscar nuevos escenarios para así contactar otras poblaciones a quienes transmitir la marcha de la negociación y las particulares consideraciones del movimiento revolucionario sobre ella, para que los acuerdos no sólo fueran entendidos, sino también apoyados por la misma población que se buscaba beneficiar.

Con el cese al fuego, vimos la posibilidad de ampliar nuestra presencia al extenso territorio de la costa sur. Dispusimos explorar el sector entre los municipios de La Democracia y La Gomera, a diez y veintisiete kilómetros abajo de la carretera del Pacífico, tras haber encontrado lugares adecuados para acampar y continuar la campaña de acercamiento.

Recuerdo una fecha histórica: el sábado 1° de junio se dieron los primeros ascensos en forma unitaria, con autorización de la Comandancia General, quien delegó en mí la facultad plena para otorgarlos. Veintiún compañeros recibieron los grados de subtenientes, tenientes y primeros tenientes: ocho del EGP, cuatro del PGT y nueve de ORPA. A través de esa significativa ceremonia pasaron a ser los primeros y únicos oficiales en la historia de la Unidad Revolucionaria Nacional Guatemalteca. A pesar de que los sucesos indicaban la solución política y la disolución de las fuerzas guerrilleras, el Frente Unitario continuó su trabajo de estructuración y fortalecimiento interno, sin confiarse ni descuidarse hasta que las cosas estuvieran perfectamente definidas. Mantuvimos la preparación y la disposición combativa para garantizar una adecuada reacción en caso de acciones promovidas por los enemigos de la negociación.

En los años 1992 y 1995, fuerzas operativas importantes se habían desplazado por la costa sur de Escuintla y sus acciones fueron bien recibidas, constatando un importante apoyo popular. Al consultar a Hernán y Oliverio acerca de la forma de aproximación, me informaron que en ocasiones anteriores, obligados por la necesidad del secreto, les había llevado diez noches llegar de los cafetales a los cañaverales y potreros. Eran otros tiempos, y no podíamos invertir tantos días en una marcha. Trabajamos la posibilidad de realizar un rápido desplazamiento vehicular en horas nocturnas, antecedido por exploraciones, e información oportuna respecto a las movilizaciones y retenes militares.

Hicimos contacto con propietarios de vehículos que residían en la comunidad agraria de San Andrés Osuna, quienes aceptaron movilizarnos. La noche del lunes 3 al martes 4 (01:55 a 04:55 horas) llevamos a cabo el operativo. En dos camiones y dos camionetas, todo el frente se desplazó por espacio de tres horas, sin que la mayoría de sus integrantes supiera hacia dónde íbamos. Se multiplicaron los comentarios ante la sorpresa por lo que estábamos haciendo. Parte del recorrido fue por la accidentada terracería que comunicaba dicha zona rural con la carretera del Pacífico, y otra por esta misma ruta hasta llegar a Siquinalá, siguiendo por el tramo asfaltado que nos acercó al sector pretendido.

El amanecer nos sorprendió en medio de cañaverales desmontados, cerca de una pequeña área montañosa perteneciente a una finca que respondía al gracioso nombre de Quién Sabe, condición en la que se encontraba la mayoría de los compañeros. Se llegó a dar el caso de que uno de ellos se preguntó a sí mismo "dónde habían quedado sus volcanes"; pues sólo podían apreciarse en lontananza, muy pero muy distantes del nuevo territorio.

El resto del día sirvió para informar el significado del traslado y hacer tareas de asentamiento. El preludio de una operación que iba a marcar al Frente Unitario pasó rápidamente y nos acercó a una experiencia inolvidable y memorable.

Todo este periodo, desde que retomé el mando, se caracterizó por una fluida y permanente comunicación con el exterior. Al decir esto me refiero a diferentes instancias, como eran la Plana Mayor para los temas logísticos, con Pancho y Tomás para tratar el estado de la fuerza y los mecanismos de funcionamiento interno, y, por supuesto, con Gaspar Ilom, a través del cual recibía lo que se acordaba en la Comandancia General y sus particulares orientaciones y apreciaciones. La nueva situación no fue excepción y le comuniqué la decisión de cambiar de teatro de operaciones, exponiendo las condiciones favorables, pero para ser honestos, sin dar a conocer con detalle el objetivo político inicial.

Sabía que estaban suspendidas las ocupaciones de municipios en aquellos territorios que el ejército consideraba bajo su control, aun después del cese al fuego. Pero también consideré que ocupar uno de ellos, al que se llegaba por una carretera secundaria, no vulneraba las indicaciones recibidas. Me pareció oportuno hacerlo para visibilizar de esta manera la presencia guerrillera en el sector, y nos preparamos para tomar el municipio de La Democracia.

Lo que en un inicio concebimos como una acción de acercamiento e intercambio con la población local, que no llevaría más de dos horas, se convirtió en una actividad política y propagandística de mayores dimensiones y repercusiones, que se prolongó el triple de tiempo. La decisión de ocupar dicha cabecera municipal culminó con una inesperada reacción periodística.

El día se inició con una reunión del mando del Frente Unitario: los tres capitanes y yo con el Estado Mayor, formado por los primeros y segundos jefes de pelotón. En ella les informamos de la operación a emprender, dimos los señalamientos cartográficos pertinentes para ubicar a las unidades en el terreno y repasamos las medidas de seguridad. Más tarde, realizamos la formación general, de 07:30 a 08:15 horas, en la que se lo notificamos a todo el colectivo, dando lectura al discurso que todos debían transmitir en las oportunidades que se presentaran. Concluimos con la consabida arenga de motivación recíproca.

La marcha de acercamiento se inició a las 08:45 horas, pero pasada una hora y quince minutos de camino los conocedores del terreno informaron que el objetivo aún se encontraba demasiado lejos como para poder llegar a la hora programada. Providencialmente, encontramos a un grupo de trabajadores del corte de caña que nos señalaron el medio de transporte, propiedad del ingenio azucarero donde laboraban. Éste servía para distribuirlos en las áreas de trabajo y respondía al gracioso sobrenombre de el Marimacho. El sentido popular del término evoca a una mujer tosca, cuyo comportamiento se asemeja al de un hombre, pero que en este caso particular más parecía describir un automotor utilizado indistintamente por campesinas y campesinos. Éste era un cabezal con una plataforma integrada, a la que se le implantaron dos carrocerías de antiguos buses, una sobre la otra, pareciendo una rudimentaria versión de los famosos transportes colectivos londinenses de dos niveles. A las 11:00 horas una pick-up como vanguardia y el Marimacho totalmente ocupado por guerrilleros reiniciaron su desplazamiento, y a las 11:45 horas ingresaron a La Democracia.

La primera y obligatoria medida fue ubicar la subestación de la policía nacional e informar al reducido grupo de efectivos (cuatro o cinco) que conformaban la guarnición, los motivos de la presencia guerrillera, para evitar malentendidos y posibles disparos. Enseguida hablamos con el alcalde, a quien solicité el uso del teléfono para informar al enlace militar de MINUGUA (destacado en la suboficina regional de Escuintla) y a la oficina regional de la Procuraduría de Derechos Humanos (PDH) sobre nuestra presencia, y que por su parte pudieran hacérselo saber a los jefes militares de la zona militar 12 en Santa Lucía Cotzumalguapa. Esto fue conveniente, ya que luego tuvimos información de que un contingente de tropas paracaidistas realizaba un ejercicio paralelo de entrenamiento en el sector, que se inició con el lanzamiento de sus efectivos en terrenos de una finca de los alrededores y tenía como punto de concentración el municipio en que nos encontrábamos. De inmediato, recibieron la orden de suspender su avance y esperar nuevas instrucciones.

Con ayuda de la guía telefónica ubicamos los números correspondientes a varios medios de comunicación, informándoles de nuestra presencia en La Democracia. Varios de ellos, radiofónicos y escritos (Patrullaje Informativo de Emisoras Unidas y Siglo XXI) se conformaron con el reporte telefónico, pero otros dos se movilizaron velozmente desde la capital con la finalidad de desarrollar reportajes en vivo, siendo nosotros los primeros sorprendidos de la celeridad de su desplazamiento. En menos de hora y media recorrieron los casi cien kilómetros que nos separaban de la ciudad capital, por una carretera que no es de alta velocidad y con un intenso tráfico.

Periodistas y fotógrafos de *Prensa Libre*, y un equipo televisivo, Noti-7 (TV7), se hicieron presentes en el parque central del lugar. Enseguida comenzaron a dar cobertura a los mítines que se les estaban dando a los pobladores, realizaron entrevistas, tomaron fotos y filmaron a guerrilleras y guerrilleros que compartían con la gente. Les transmitíamos nuestra forma de pensar, como pocas veces habíamos tenido oportunidad en los largos años de lucha armada. No sentíamos el tiempo. Dejamos de lado los plazos iniciales de permanencia ante el impacto de la actividad periodística y la oportunidad de mostrar un rostro guerrillero desconocido: guatemalteco, multiétnico y organizado. Nuestra presencia mostraba la realidad. La guerrilla estaba conformada por gente del pueblo, proveniente de distintos estratos y lugares. Nada tenía que ver con fuerzas extranjeras ni con ideologías "extrañas y exóticas", como fácilmente se argumentaba.

Una acertada actividad publicitaria logró, en poco tiempo,

contrarrestar el desfigurado perfil del revolucionario guatemalteco y presentarlo en su verdadera esencia: como un luchador social, un transformador de realidades injustas y un soñador armado de fusil para concretar sus ideales. El Frente Unitario aparecía como el prototipo de todas las compañeras y compañeros que, en diferentes momentos, circunstancias y regiones, fueron capaces de incorporarse a una lucha revolucionaria con valor y decisión, que si bien se preparaban para integrarse al quehacer político por medios pacíficos, esto no significaba que abandonaran sus propósitos. Fue una oportunidad bien aprovechada para aclarar y difundir esta determinación.

La expectativa que generamos en una comunidad que respondía al emblemático nombre de La Democracia, que en griego significa "poder del pueblo" transmitió a Guatemala y al mundo el espíritu que embargaba las acciones negociadoras del movimiento guerrillero y las honestas intenciones en que se respaldaban las propuestas y actos de sus integrantes. Toda acción de comunicación, en ese momento, pretendía explicar lo que quisimos lograr con la guerra y seguiríamos buscando en tiempos de paz.

El seguimiento de la acción política, los testimonios presentados por varios compañeros y las opiniones vertidas por pobladores de la localidad se complementaron con una entrevista personal que en las afueras del pueblo me hizo el periodista del noticiero televisivo que se hizo presente.

Al día siguiente, pudimos comprobar la amplia cobertura que la operación había desencadenado. *Prensa Libre* publicó en primera plana una foto en la que yo estrechaba la mano a un agente policial, y dedicó varias de sus páginas interiores a describir y detallar el acontecimiento. La edición de dicho periódico se agotó por completo. Canal 7 preparó un programa especial de dos horas que denominaron "De la guerra a la paz", con cuatro reportajes de media hora: uno sobre la ocupación, otra sobre los testimonios de combatientes, y dos que abarcaron la entrevista que me hicieron. Éstos fueron difundidos, durante tres días, en tres emisiones diarias. Varios columnistas, de diferentes medios, escribieron sobre el tema; valoraban la imagen que los guerrilleros habían transmitido, declarando su complacencia con la actitud de reconciliación y disposición a la paz, reflejada en las declaraciones, y coincidían en que en la medida que los acuerdos sustantivos y operativos se discutieran y elaboraran con responsabilidad y flexibilidad, Guatemala tendría una oportunidad histórica que no debía desaprovechar.

Fue una difusión oportuna y conveniente que sin duda hizo que los guerrilleros acumuláramos créditos positivos para nuestros propósitos.

El informe radiofónico pormenorizado a Gaspar encontró enseguida la respuesta esperada, al señalarme que se había violado lo negociado con los militares y que se estaba a la espera de las implicaciones, supuestamente desfavorables, centrando lo fundamental de sus argumentos en las reacciones castrenses. Pero a los pocos días y quizás después de considerar y sopesar los aspectos favorables y estimulantes de la acción para el movimiento revolucionario, además del silencio de los militares y la proyección nacional e internacional obtenida, me envió otro mensaje cuyos términos variaron de forma considerable, al enfatizar sobre lo positivo y oportuno de la iniciativa, y enviaba una calurosa felicitación a todos.

La inteligencia militar tuvo información de mi regreso a principios de año, cuando aún no había sido declarado el cese de hostilidades. Los representantes militares en la negociación se vieron obligados a preguntar a Gaspar las razones del mismo y le manifestaron sus preocupaciones al respecto, sobre todo por el hecho de que éste podría significar parte de una escalada militar para continuar la guerra. El compañero comandante respondió que era todo lo contrario: buscábamos así garantizar una desmovilización ordenada y disciplinada, acorde con lo establecido en la mesa de negociaciones. La ocupación de La Democracia era la prueba de dicha aseveración.

19. La dialéctica de los secretos

El año 1996 marcó un viraje irreversible en los acontecimientos políticos y bélicos del país, mucho antes de que lo supieran las organizaciones guerrilleras, la institución castrense, las fuerzas políticas y sus círculos de influencia y, menos aún, las organizaciones de la sociedad civil y la población en general. El proceso de diálogo y negociación entró en una etapa sin retorno. Las diferentes iniciativas, los concilios abiertos y secretos, las presiones diversas y múltiples desencadenadas obligaron a los protagonistas del conflicto a traspasar el punto de inflexión de la guerra a la paz y, por ende, a renunciar a métodos violentos, centrándolos en la necesidad de buscar formas más humanizadas de tratar las diferencias y de encontrar soluciones.

En junio, me llamó Gaspar para entregar un informe del Frente Unitario y participé en una serie de hechos que gravitaron en el desenlace de las iniciativas negociadoras.

Fui reintegrado a las reuniones de dirección. En la primera a la que asistí me percaté de que el colectivo de conducción había crecido y no sólo lo conformaban los jefes guerrilleros con grado de comandante, sino también otros responsables. Éramos once: Gaspar, Pancho, Isaías, Aníbal, Nery, Margarita, Enrique, Tomás, Cristóbal, José y yo, faltando únicamente Chayo, responsable de Europa. Era la primera vez que nos reencontrábamos después de mi regreso. Conocimos las dinámicas que se desarrollaban en otros ámbitos, lo que nos permitió contar con un panorama integrado del accionar del conjunto y con la información proveniente de Gaspar que nos actualizó sobre el estado de la negociación.

Pasadas tres semanas en México, regresé al frente con el convencimiento de que la solución política-negociada era un hecho y que sólo era cuestión de tiempo, muy poco por cierto, para definir la fecha del acuerdo de paz definitivo.

Nos concentramos en tres ámbitos de acción: la seguridad, el estudio interno y el trabajo popular. Debíamos tener en cuenta la posibilidad de las provocaciones de un aparato represivo que se mantenía intacto y vinculado a sectores duros y reacios al proceso. Obligatoriamente mantendríamos la atención y cuidado en campamentos, marchas, movilizaciones vehiculares y en operativos de contacto con la población.

En relación con el estudio interno y el trabajo de organización y agitación, se conformaron colectivos unitarios que atendieron ambos campos, llamados Equipos de Vida Política (EVP) y Equipos de Comunicación y Propaganda (ECP), que daban charlas educativas y orientadoras al respecto. Durante junio y julio hicimos presencia en cuarenta y siete poblados diversos: fincas, haciendas ganaderas e ingenios azucareros, comunidades agrarias, aldeas, caseríos y pequeños poblados, muchos de los cuales se encontraban a la misma orilla del mar. Agradable cambio de escenario y de movilización, que permitió a nuestros compañeros disfrutar una experiencia única de convivencia humana en parajes de otro tipo. Ya no se hablaba de campamentos en la profundidad de la montaña, sino de ocupaciones de playas y desembocaduras de ríos, los mismos que años antes tuvimos que atravesar a mayores alturas.

En esta combinación de tareas de estudio y trabajo popular, instrumentamos la estimulación y la emulación al nivel de pelotones. Aquellos que mostraran interés en su formación político-ideológica y educativa, tanto individual como colectiva, saldrían con mayor frecuencia a operar. De lo contrario, se mantendrían en campamento hasta que evidenciaran un cambio en su conducta. Ésta debía ser ejemplar y diferente en momentos en que el valor en el combate se encontraba reposando debido al giro de los acontecimientos.

Los nombres de guerra de algunos jóvenes recién incorporados fueron ilustrativos del cambio de los tiempos y la superficialidad de las razones que, en la recta final del cruento conflicto, motivó a los guerreros de última hora. Al principio prevalecieron nombres de históricos revolucionarios de todas las épocas, en particular los cubanos y mexicanos como Fidel, Ernesto, Camilo, Emiliano, Francisco, por citar algunos; luego se completaron con una larga lista de personajes bíblicos y religiosos, como Aarón, Abraham, Tomás u Oseas; pero cuando los recientes compañeros escogieron nombres como Antonio Banderas o Mike Tyson, siendo la única razón que los impulsaba su condición de buenos peleadores, me convencí de que el mundo de Hollywood y los cuadriláteros de los hoteles de Las Vegas, transmitidos por el cine y la televisión, dictaban las normas de la justicia y el prototipo que la encarnaba.

Jóvenes urbanos vinculados a ONG afines al movimiento se unieron a nosotros y promovieron campañas médicas, jornadas de alfabetización y actividades culturales.

La noche del martes 23 al miércoles 24 de julio realizamos la segunda y última movilización vehicular masiva del frente en condiciones de ilegalidad. En dos buses nos trasladamos de La Democracia a la aldea Las Chapernas, municipio de Guanagazapa, de grato recuerdo por haber completado en sus inmediaciones los preparativos de formación del Frente Unitario en 1991. Para ello nos desplazamos de nuevo hacia Siquinalá, por la carretera del Pacífico, pasando por la periferia de la cabecera departamental, para luego seguir por la CA-2 hasta el kilómetro 67 de la ruta que lleva a la frontera con El Salvador. Fue un trayecto de una hora, de las 23:40 a las 00:40 horas, sin inconvenientes, y amanecimos en una comunidad que antes nos apoyó de muchas formas.

Cinco años más tarde volvimos a ocupar el campamento denominado El Castaño, desde el que preparamos una parte de la fuerza para el cerco de Escuintla. Al llegar no imaginábamos que dicha posición se convertiría, pocos meses después, en la última escala guerrillera antes de la desmovilización definitiva. Nos recibió antes para pelear. Ahora lo hacía de nuevo para reposar. El enorme árbol castaño que originó su nombre seguía frondoso, acogedor y tan cómplice como en el pasado.

Desde este campamento realizamos las últimas operaciones propagandísticas, hicimos el recuento del armamento disperso en la zona, sin descuidar nuestros contactos, visitas y tareas.

En agosto, fui convocado de nuevo al D F. En la reunión de

317

dirección se informó de nuestra participación en el primer encuentro conjunto entre la Comandancia General y las cuatro direcciones nacionales de las organizaciones de URNG, en Cuernavaca, del 17 al 19. Se inició el proceso de unión de diferentes estructuras. Así lo demandaba la lucha política actual. Se formó el Consejo Político, constituido por la Comandancia General y los cuarenta y cuatro miembros de las direcciones nacionales de EGP, FAR, ORPA y PGT.

Por vez primera nos veíamos con la mayoría. Dejábamos de lado la compartimentación que hasta entonces había regido nuestro quehacer clandestino, para dar cabida a un trabajo conjunto que se suponía debía prescindir de los intereses circunscritos a cada organización, empeñados en dar nacimiento a un pensamiento y una práctica única, como teóricamente lo expresaban los innumerables materiales de URNG.

La idea que plantearon y defendieron de manera reiterada los compañeros de la Comandancia General, en esta oportunidad, fue que por las necesidades del movimiento revolucionario era preciso enfatizar las convergencias y dejar de lado las diferencias. Tendríamos tiempo más adelante para tratarlas, pero lo que el momento exigía era aunar esfuerzos.

La intención era buena y la apreciación acertada, pero sin resultados. La unidad tendrá que esperar mejores tiempos y nuevas generaciones, educadas de forma diferente, lo más alejadas posible del sectarismo y la artimaña. De no ser así, y al continuar por el camino de la formación hegemónica, seguirán repitiéndose los ciclos de la división. Paradójicamente, seguimos siendo depositarios de "la causa más justa", aunque todavía amarrados a feudos y estructuras urgidas de cambio.

Experimenté emoción al sentirme parte de un colectivo político-militar que había actuado en diversos lugares, cuyos integrantes llegaron a contribuir en la articulación de los factores estratégicos que demandó la guerra irregular en tiempos modernos. Ahora, nuestra ineludible tarea era negociar y continuar.

A las reuniones de dirección de ORPA y a la del Consejo Político se sumó una tercera que resultó una sorpresa mayor. El viernes 23 de agosto por la tarde, en una suite del hotel Real del Sur, por intermedio del comandante Gaspar Ilom, cinco jefes guerrilleros –Ruiz de FAR, Tomás y Alberto del EGP, y Pancho y yo de ORPA– conocimos al ministro de Defensa, general Julio Balconi Turcios y a su asistente, el teniente coronel Mauricio López Bonilla.

Este acercamiento era la continuación de una serie de iniciativas desarrolladas hacía algunos años. Según compartió conmigo Gaspar, desde que el general Balconi comenzó a formar parte de la delegación militar en 1991, ambos iniciaron un intercambio secreto, desconocido incluso por los más cercanos de los dos bandos. Llegaron a ser cómplices de una doble conspiración, esperando el momento oportuno para comunicárselo al resto de los dirigentes y mandos militares. En el caso de Gaspar, a los otros miembros de la Comandancia primero, y a continuación a los comandantes guerrilleros. En lo que respecta a Balconi, a la jefatura de la institución castrense y posteriormente a la junta de comandantes, formada por los jefes de zonas militares.

Las reuniones bilaterales dieron paso al intercambio entre el general y los cuatro miembros de la Comandancia General entre 1992 y 1995. En octubre de 1995 se realizó la primera reunión separada de las convocatorias oficiales entre URNG y altos jefes militares en Cancún, Quintana Roo, México. Antes de finalizar el año hubo una segunda, en el mismo balneario, y ambas sirvieron para que las partes se conocieran, platicaran con sinceridad e interés, y decidieran ampliar el círculo de transmisión de la experiencia.

En 1996, con la permeabilización lograda en el escalón superior, se promovieron otros encuentros, con mayor participación. Una numerosa delegación de veintitrés oficiales viajó a Cuba. Fue presidida por el general Balconi, ya para entonces ministro de Defensa, en la que incluyó hasta capitanes, para demostrarle a URNG la verdadera disposición que tenía de hacer el mejor esfuerzo por lograr la paz. Estuvieron tres días, y tuvieron la oportunidad de almorzar con el comandante Fidel Castro, su hermano Raúl y otros militares de alto rango. Esta reunión fue determinante.

En la isla de Roatán, Honduras, se llevó a cabo la reunión entre la Comandancia General con el Estado Mayor de la Defensa Nacional y los jefes de zonas militares. Los preparativos se mantuvieron en la debida discreción y ninguno de los oficiales sabía el lugar de destino ni la razón por la cual el ministro los había convocado. Cuando le preguntaban adónde se dirigían, lo único que éste respondía era que iban a "la isla de la Fantasía". Hacía referencia a un conocido programa televisivo de la década del setenta, protagonizado por Ricardo Montalbán y Tatú, cuya trama principal era que los invitados que llegaban a dicha isla tenían la oportunidad de hacer realidad sus deseos más recónditos y las ilusiones más descabelladas.

El escenario se conformó en un apartado en el que sobresalía un amplio sofá, frente al cual había unas hileras de sillas, que fueron ocupadas por los jefes castrenses. Poco después, observaron el ingreso de los cuatro dirigentes de URNG. Se sentaron en el sofá. Después los siguió el general Balconi y se colocó en medio de ellos. Es de imaginar la incomodidad inicial que provocó este acto de reconciliación. Luego dio paso a las explicaciones pertinentes y al diálogo buscado. Este tipo de iniciativas, poco conocidas, contribuyó a disminuir tensiones, creó un ambiente adecuado para la discusión y estableció canales de comunicación que lograron evitar ajustes de cuentas posteriores.

Seguidamente, se realizaron tres reuniones más entre contados jefes militares y comandantes guerrilleros, que culminaron con la más concurrida el jueves 12 de septiembre, en la ciudad de Tapachula, Chiapas.

En el salón Frida Kahlo, del Centro de Convenciones del hotel Loma Real, nos reunimos catorce altos oficiales militares y siete comandantes guerrilleros. Las medidas de distensión se concretaban previamente a la firma de cualquier documento, guardando el secreto requerido.

La delegación del ejército de Guatemala, todos sus oficiales Diplomados en Estado Mayor (DEM), estuvo integrada por el coronel Duarte (Zona Militar 13-16), jefe de la Delegación; coronel Peláez Morales (Zona Militar 17-15); coronel De León Cabrera (Zona Militar 12); coronel Hernández Ponce (Zona

Militar 19); coronel Otto Aragón (Zona Militar 18); coronel Godoy (Zona Militar 20); coronel Rivas (Zona Militar 11); coronel Radford, 2° (Zona Militar 22); coronel Ovalle Maldonado (Zona Militar 21); coronel Pimentel (Zona Militar 23); coronel Ruiz (S-3); coronel Rosales (S-5); teniente coronel Escobar (S-2) y teniente López Bonilla (enlace MDN).

La delegación de la URNG estuvo constituida por los comandantes guerrilleros, Tomás y Alberto (EGP); Ruiz y Abel (FAR); Isaías, Nery y Santiago (ORPA).

La reunión comenzó a las 09:30 horas y se prolongó por más de nueve horas. Después de las presentaciones –nombre, grado y zona militar–, iniciamos una ronda de intervenciones sin agenda, en la que abundaron las aclaraciones, buscando superar las previsibles reticencias. Despejamos las dudas referentes a los términos del cese al fuego. Lo más importante fue que las dos partes manifestamos el compromiso de cumplir los acuerdos operativos, fundamentalmente la suspensión de toda acción militar y la entrega del armamento, posterior a la firma.

Uno de nuestros señalamientos fue el carácter institucional de la represión y su vigencia. A esto los oficiales castrenses respondieron que era cosa del pasado, que era tiempo de darnos una oportunidad y dejar de lado la confrontación. Nos aseguraron que no debíamos tener ningún temor en cuanto a las posibilidades de represalias de su parte, pero que no podían evitar acciones provenientes del resentimiento o de la delincuencia.

Al final, compartimos un refrigerio y brindamos por la paz, comentando particularidades e intimidades referentes al enfrentamiento bélico propiamente dicho, que permitieron completar versiones, aclarar equívocos, destrabar confusiones e intercambiar anécdotas de acontecimientos vividos en los distintos frentes de guerra.

Me convencí de que quienes forman parte de fuerzas militares antagónicas, especialmente los oficiales operativos y tropa, pueden llegar a compartir con algunos de sus contrarios una relación de mutuo respeto y, en ciertos casos, admiración, independientemente de las ideologías que las sustentan.

Se llega a instituir lo que podría denominarse "el respeto entre guerreros". No sólo en aquellos casos en los que la inteligencia, la creatividad y el valor predominan, y estas cualidades logran enmarcarse dentro de ciertas normas que aun en situaciones límite logran acatarse, sino también con los personajes insensibles e implacables, ante quienes se deben realizar las acciones de tal manera que les impida aplicar represalias.

Los que se ven inmersos en la traumática e impactante experiencia de la guerra y son capaces de valorar estos criterios, son merecedores de dicha opinión, que nada tiene que ver con simpatía y mucho menos con identificación. En el marco de una contienda se le debe dar su lugar al enemigo.

Así como hay que condenar, con la más absoluta convicción y sin el menor rastro de duda, los actos insensibles y excesivos producto de decisiones deplorables y mesiánicas, también es preciso ubicar a los protagonistas directos en un enfrentamiento bélico. Los oficiales operativos, los especialistas, el personal de tropa, es decir, los que se encuentran en el terreno, que en muchos casos están alejados de los verdaderos y muchas veces ocultos intereses que motivaron la guerra. Aquéllos cuyo patriotismo y sentido del deber es manipulado y tergiversado para otros fines, o los que en un momento dado se ven forzosamente comprometidos en actos reprochables al ser víctimas de las circunstancias y las presiones.

En el caso de un ejército como el guatemalteco, la impunidad que propiciaba la lucha contrainsurgente le permitió vincularse al crimen organizado, y encontró en las actividades ilícitas del sicarismo, el narcotráfico, el secuestro, el robo de vehículos y el contrabando instrumentos de enriquecimiento rápido y arbitrario, que lo llevó a renunciar a la dignidad y al ideal que decían defender.

Los militares comenzaron siendo guardianes de la oligarquía y terminaron siendo sus competidores económicos, utilizando ambos las leyes a su conveniencia, las voluntades a su antojo y la discriminación y el racismo como excusa para justificar desmanes e imposiciones.

Hay pactos de silencio y secreto que aún persisten, y que algún día se tendrán que romper. Según los informes especializados que dieron seguimiento a los procesos jerárquicos y promocionales dentro de las fuerzas armadas, el año 1996, todos los oficiales con el grado de capitán para arriba estuvieron comprometidos en actos de represión masiva, como parte de las fuerzas operativas que los ejecutaron o como miembros de las instancias de planificación que delinearon las características de dicha estrategia.

Los comandantes guerrilleros que nos dimos cita en esa oportunidad tuvimos frente a nosotros a individuos que, investidos de un rango y de una responsabilidad, fueron parte de la estrategia de destrucción del movimiento revolucionario. Todos, sin excepción, estuvieron inmersos en el torbellino de violencia y muerte cuyos mayores costos los padeció la base y la población en general. Ellos quizás compartían la convicción de que fue necesario impulsar un esquema represivo, que marginó marcos jurídicos y derechos ciudadanos, y pasó por encima de normas constitucionales, transgrediendo la integridad y la dignidad de numerosos núcleos de población, como parte de las necesidades para la consecución de sus fines.

La crueldad y la insensibilidad de las fuerzas militares no tiene murallas históricas, ideológicas ni geográficas.

Aunque el ejército negó y minimizó, de forma persistente, la existencia de una guerra, no vaciló en fomentar medidas de control y eliminación brutales y generalizadas. La conciencia de la sociedad, en su conjunto, necesita sanarse para emprender nuevos propósitos. No será saludable persistir en el ocultamiento y el olvido ciego.

Soy consciente de que lo que experimentamos los oficiales militares y los comandantes guerrilleros no puede entenderse tan fácilmente –ni pretendo que así sea–, pero estoy plenamente convencido de que todo aquel que se habitúa a funcionar con el miedo a cuestas y cercado de riesgos, en medio de los cuales se ve obligado a tomar decisiones de vida o muerte, merece respeto. Un buen guerrero con mayor razón, y creo que los hubo en ambos bandos.

No se trata sólo de hablar de la guerra y de su inevitable necesidad, sino de la posibilidad de integrarse a ella y vivirla. En ese sentido, ambas situaciones tienen entre sí un dilatado espacio que comprueba hasta qué punto quien se refirió a ella y pregonó su necesidad fue capaz de responder como se esperaba o, por el contrario, evadió su compromiso.

Supe y fui testigo de los actos más heroicos y de las acciones más ejemplares de quienes dijeron estar dispuestos a enfrentar cualquier costo y lo cumplieron. Por eso, los admiraré y envidiaré siempre.

Conocí también a quienes se caracterizaron por manifestar una total disposición en los momentos iniciales y preparatorios, pero al llegar a otras situaciones de riesgo, en un frente urbano o rural, se quebraron y se perdieron en la justificación y el anonimato.

Hubo quienes exigieron su salida del país con la misma vehemencia con que antes reprendieron a subordinados por faltas cotidianas o tareas deficientes, marcados por un paralizante terror personal que los anuló. Solicitaron una ubicación en cargos que les permitieran mantenerse en la Organización, sin tener que padecer los rigores y peligros inherentes al enfrentamiento directo con el enemigo. Ésa fue su tabla salvadora y, para algunos, la plataforma ideal para conspirar y dividir.

También pude percatarme de que los acérrimos críticos de los esquemas de poder y los que apostaban a un total radicalismo en los aspectos de la guerra fueron precisamente los que no estaban en el campo de batalla. Llegaron a declarar que la solución de los problemas en Guatemala pasaba por el fusilamiento de todos sus altos jefes militares, pero ni siquiera fueron capaces de empuñar un arma.

Aprendí que la guerra era más que emocionarse por las canciones de protesta alrededor de una mesa de fonda, soñando libertades y condenando injusticias; que las marchas reivindicativas no fueron medidas suficientes para exigir y lograr los cambios, y que las reuniones en círculos privilegiados fueron exiguas y sirvieron más bien para sancionar actitudes, pero por su diletantismo y comodidad, no articularon ninguna propuesta alternativa o no se les dio importancia.

Del 25 al 27 de octubre se realizó en la capital salvadoreña la tercera reunión de direcciones nacionales y la primera del pleno ampliado. Fue la última en tiempos de guerra, aunque enmarcada en el acuerdo bilateral de cese al fuego, que duraba ocho meses, el cual se estaba cumpliendo a cabalidad. En ella se discutió una agenda de cuatro puntos: 1] lectura de un documento sobre el partido; 2] reinserción e integración de URNG a la vida política legal; 3] figura jurídica, y 4] puntos varios.

El encargado de la exposición inicial fue el comandante Rolando Morán, y la esencia de sus planteamientos fue la siguiente: "La negociación debemos verla y defenderla como un logro histórico; su reconocimiento pasa por considerar la forma programática y sistematizada en que se establecen las obligaciones y responsabilidades del Estado y gobierno en función del desarrollo integral de la sociedad. No se podía hacer la revolución en la mesa de negociaciones. No es todo lo que queríamos. Es una plataforma de acción para todos los sectores del pueblo guatemalteco la que está comprendida en los acuerdos. Ampliarlos, desarrollarlos y profundizarlos a través de la lucha política es el propósito y el objetivo fundamental. El concepto filosófico de URNG se basa en construir la revolución por etapas. No caeremos en los tropezones del determinismo histórico, ya que se plantea como el desenvolvimiento dialéctico de diferentes etapas que durante el desarrollo de la humanidad se vayan logrando. Actualmente, es en el desarrollo de la democracia plena donde se centrarán los esfuerzos presentes y de futuro inmediato de URNG. Las nuevas generaciones deberán determinar y construir las sucesivas y necesarias etapas de desarrollo de un nuevo y revolucionario modelo de Estado-nación".

Se trató el primer borrador de propuesta sobre el "Acuerdo para la reinserción de la URNG y su incorporación a la legalidad". El análisis indicaba que existía la confianza –basada en el compromiso asumido por países amigos y organismos internacionales– de su factibilidad, y si bien para unos habían quedado muchas cosas pendientes, para otros –en concreto para los negociadores directos– era lo que estaba a nuestro alcance obtener.

Varios compañeros de la Comisión de Reinserción fueron

los encargados de exponer los aspectos fundamentales de este acuerdo operativo que nos afectaba directamente, y era evidente que se debatía entre las promesas recibidas y las concreciones a comprobar. Teóricamente, se consideró haber abarcado lo posible, contemplando aspectos determinantes para la preservación y desarrollo del proyecto de URNG. La lucha por el cumplimiento de los acuerdos, la formación del partido político, la atención a la militancia y la incidencia social requerirían de múltiples y variadas iniciativas e instancias que necesitaban conformarse y articularse para garantizar una relación ágil y eficaz con quienes pudieran apoyar nuestra propuesta. Para ello debían crearse formas de presión y exigencia que lo garantizaran. Se necesitarían diversas instituciones cuya formación sería posible en la medida en que se pudiera contar con los recursos económicos. En ese momento nadie mencionó su inviabilidad, más bien nos parecía que todo era posible.

Como parte del andamiaje con el que debíamos contar se mencionaron una fundación, un instituto político, una escuela de formación de cuadros, un centro de investigaciones, un centro de educación popular, una editorial, una imprenta, una estructura de seguridad centralizada, un centro de comunicación social y sedes partidarias.

En lo relativo a la seguridad, nos aclararon que se darían tres niveles: Comandancia General, comandantes guerrilleros y miembros de dirección. Para ello se contaría con ciento veinte compañeros, seleccionando a treinta de cada organización, con su primera y segunda jefatura, que recibirían una capacitación de dos a tres meses para estar listos el siguiente año. No se mencionó si se continuarían los esquemas exorgánicos o si se iban a integrar todos como parte de un nuevo concepto de funcionamiento.

A la larga, lo único que se concretó del plan de seguridad de los dirigentes fue lo relacionado con los cuatro miembros de la Comandancia. Cada uno de ellos promovió e impuso para sí mismo un modelo, en el que se rodearon de sus propios compañeros. Privilegiaron la confianza acumulada por la historia particular, la cercanía y los años, sin intentar instrumentar algo novedoso, convergente y sobre todo compartido. Los feudos continuaron. Mal comienzo.

A pesar del intercambio, la reunión fue meramente informativa. Las conclusiones que las relatorías presentaron al pleno, en un intento de documentar nuestros puntos de vista, no fueron tomadas en cuenta. Ya estaba definida la esencia de los acuerdos y no había nada que se pudiera modificar. Quedó claro el objetivo principal: conocer una versión y una visión final de lo logrado en el proceso de diálogo y negociación por la Comandancia y sus más cercanos asesores.

En este nuevo terreno de lucha, tácticamente menospreciado primero y estratégicamente valorado después, nadie podía preciarse de saber con exactitud qué hacer. Los conocimientos iniciales y la práctica, aunados a lo acumulado sobre la marcha, fueron la escuela que enseñó a los involucrados en el diálogo a enfrentar la inusitada forma de conseguir logros, cuando lo que quisimos fue arrebatarlos. Al dejar de lado la solución militar y entrar en el escabroso y traicionero escenario de la solución negociada, de las apariencias y las buenas intenciones, ninguno de los que participaron, ni los que no lo hicieron, pueden afirmar que sabían cómo desenvolverse y cómo aprovechar al máximo las circunstancias o contrarrestar de manera adecuada las iniciativas contrarias.

Un análisis retrospectivo justo me obliga a establecer que la jefatura intentó transmitir seguridad y confianza sobre lo que estaban haciendo y lo que podrían lograr, así como la certeza de la viabilidad de la continuidad de la lucha por medios políticos. Teníamos que estar conscientes de que las condiciones para negociar no eran las mejores y, de que nuestra debilidad militar impidió obtener más logros.

Fue posible firmar acuerdos sustantivos que podrían haber dado un nuevo rostro al país. Pero los mayores errores estuvieron en los operativos, así como en los mecanismos de exigencia y cumplimiento que los compromisos políticos acordados demandaban.

Hay un antes y un después en relación con la firma de la paz "firme y duradera" el 29 de diciembre de 1996. Lo contrapuesto de las realidades se transformó en una ofensa para quienes creyeron que se avizoraban cambios y un desprecio para quienes más los necesitaban.

El último día se trató el complejo y difícil punto de la figura jurídica: cómo quedarían los contendientes armados de cara al sistema de justicia y la posibilidad de acciones punitivas. Lo fundamental en este tema fue conocer la inflexible posición del gobierno y los militares, proponiendo eximir al ejército y a la guerrilla de la penalización por delitos políticos y comunes conexos, dejando al criterio personal de los jueces la decisión de llevar a cabo acciones penales. Fue su última posición, y manifestaron que si no se aceptaba, no se firmaba la paz.

Lo cierto era que no existía un modelo legal de reinserción en que la guerrilla pudiera ser eximida unilateralmente de responsabilidades, y en función de lograr la plena participación de todos sus miembros, había que asumir que los costos políticos ante la sociedad guatemalteca serían muy altos y graves.

En este punto los militares no cederían, conscientes de que la aplicación de la doctrina de seguridad nacional y la estrategia contrainsurgente los comprometía por completo y, de no protegerse, se les multiplicarían las acusaciones y los juicios. La Comandancia General lo aceptó. Le interesaba mantenerse en la lucha política no sólo como grupo, sino también en un complementario plano personal.

El mensaje nos quedó claro: había que admitirlo. Por muchas intervenciones y muestras de preocupación que se manifestaran, nada podía cambiar lo que nuestra misma debilidad imponía.

En retrospectiva, mucho estábamos logrando, al ser pocos y divididos, aunque se declarara lo contrario.

Los principales dirigentes de ambos bandos vieron la negociación como un obligado camino que les impuso condiciones, pero que no pasaba por coartar sus posibilidades de continuidad y desarrollo de sus liderazgos, tranquilidad jurídica y solvencia económica.

Por la noche, el comandante Rolando nos comunicó que el comandante Gaspar iba a informar de una situación particular, y enfatizó, en tono enérgico, que no habría ni preguntas ni cuestionamientos sobre el tema. Fue notoria la actitud de inquietud e inconformidad que reflejó Gaspar al informarnos de un incidente que ya había trascendido los círculos de gobierno, la oposición –concretamente Ríos Montt y el FRG– y la misma URNG. Se trataba de un hecho que afectaba el proceso: el secuestro, en agosto y posterior canje en octubre, de la señora Olga de Novella atribuido a un comando de ORPA. La versión que nos transmitió fue que en su calidad de comandante en jefe asumía la responsabilidad política. Los demás miembros de la Comandancia General no conocían este operativo.

Esta forzada autocrítica trastornó la razón de ser de la misma reunión y puso en entredicho aspectos sustanciales, como la unidad de acción pregonada por la Comandancia General y la continuidad misma de la negociación y firma de la paz.

Hubo un silencio sepulcral. Las primeras reacciones, que si bien no se expresaron abiertamente en el pleno debido a la dura advertencia recibida, se multiplicaron fuera del salón principal, evidenciándose que éste sería un problema con severas repercusiones externas e internas, de costos impredecibles.

La opinión pública lo interpretaría como que el movimiento revolucionario realizaba secuestros en momentos en que se tendían puentes de confianza y entendimiento entre sectores históricamente enfrentados, que habían decidido conocerse y darse una oportunidad de trabajar juntos por el país.

Fue un caso gravísimo que en los días siguientes obligaría a tomar una serie de decisiones y medidas para asegurar la continuidad de las negociaciones y sortear el peligro del fracaso.

La lectura final de las relatorías se realizó, como lo obligaba el término de la reunión, pero fue evidente que había pasado a un segundo plano, dejándose sentir la relatividad de los otros temas. La oscuridad se enseñoreó de nosotros, y nada podíamos hacer para impedirlo.

La Comisión de Esclarecimiento Histórico (CEH) reporta el caso en los siguientes términos: "El día 19 de octubre de 1996, en un operativo fueron capturados dos de los integrantes de la ORPA involucrados en el secuestro, Rafael Augusto Baldizón

Núñez, reconocido como el comandante Isaías, y Juan José Cabrera Rodas, conocido como Mincho. Este último había ingresado a la URNG en 1980, enrolándose primero como militante urbano en las filas del EGP y posteriormente en la ORPA, de la que era militante al momento de su captura".

Los antecedentes reunidos por la Comisión confirman que este operativo estuvo a cargo de personal bajo el mando del Estado Mayor Presidencial, que actuó con autonomía de los ministerios de Defensa y Gobernación. Por último, precisa que nada se supo de la suerte que había corrido Juan José Cabrera Rodas, alias Mincho.

Las consecuencias del secuestro y canje de la señora De Novella abarcaban varios escenarios, además de la continuidad de la negociación. Lo más preocupante era el hecho de que los campamentos guerrilleros estaban ubicados. Si volvían las presiones militares, esto se convertiría en una desventaja para nosotros, pues el ejército contaba con coordenadas precisas y vías de aproximación. Recibí la orden de dar prioridad a esta emergencia, volver inmediatamente al frente y ponernos en estado de alerta.

El martes 29 de octubre, el gobierno de Arzú emitió un comunicado en el que informaba del suceso y fijaba su posición. Las negociaciones se suspendían hasta que la URNG no diera una respuesta satisfactoria, una explicación aceptable y tomara medidas pertinentes ante ese acontecimiento.

El miércoles 30, la Comandancia General de la URNG emitió una declaración pública al respecto, señalando que "asume la responsabilidad política del hecho a causa de que quienes realizaron tal acción eran miembros de sus organizaciones". Agregan: "No puede en rigor asumir la responsabilidad de algo que estuvo totalmente fuera de su control".

El jueves 31 me reuní con los oficiales para informarles de la situación. No podíamos descartar la reanudación de las acciones militares. Mensajes radiofónicos ordenando la suspensión de las operaciones de propaganda y la necesidad de mantenerse concentrados y "muy alertas" se combinaron con las medidas tomadas al ampliar y reforzar el sistema de vigilancia, completarlo con exploraciones periféricas, con una permanente escucha de las frecuencias militares, revisión del armamento y estudio de planes de combate. En un primer momento nos decidimos por una defensa activa, y no por cambiar posición ni sector. Esperábamos la definición de la situación.

Fueron días de mucha tensión y, seguramente, de mucha discusión al mayor nivel para encontrar una solución a la crisis, que garantizara la culminación de la negociación, que con tanto entusiasmo se defendía pocos días antes. Octubre fue un mes para no olvidar jamás.

El jueves 7 de noviembre se difundieron los comunicados que desentramparon este corto, pero crucial periodo. URNG anunció el retiro de Gaspar Ilom de la mesa de negociaciones y manifestó su disposición para la continuación del diálogo. El gobierno respondió diciendo que también estaba dispuesto y las reuniones se retomaron el sábado 9.

El lunes 11 URNG y la Comisión de Paz del gobierno (COPAZ) anunciaron en la ciudad de México que la firma del Acuerdo de Paz Firme y Duradera se concretaría el 29 de diciembre en la capital de Guatemala, y la firma de los acuerdos operativos en la primera quincena de diciembre, en Europa: el de Reinserción en Madrid, España; Cese al fuego en Oslo, Noruega y Reformas Constitucionales y Electorales en Estocolmo, Suecia. La difusión internacional tuvo un marco especial: el presidente Arzú lo anunció en Viña del Mar, Chile, en la clausura de la VI Cumbre Iberoamericana. Ya no había obstáculos, ni mucho menos marcha atrás.

A fin de motivar a la militancia y mantener la imagen de una Comandancia General cohesionada y solidaria, el suceso Novella se trató como un problema de todos, asumiendo juntos las consecuencias. Pero la verdad es que en los distintos organismos de dirección, este pernicioso error tuvo costos y repercusiones siniestros que se fueron evidenciando en el transcurso de las semanas y los meses.

Si la desconfianza y la descalificación entre los revolucionarios guatemaltecos eran una constante en su historia y razón importante de sus fracasos y retrocesos, esta contingencia acabó de agravar ese esquema de relación y truncó la oportunidad de cambiarlo.

Cuando nos preparábamos para iniciar el desarrollo de una dinámica unitaria pública, en un plano en que la realidad y los propósitos nos obligaban a una transparencia propia, irradiándola a otros sectores al asegurar continuidad y afianzar credibilidad, el secuestro inauguró otro ciclo de desgastes internos. También obligó a exculpaciones y castigos inmediatos.

La decisión de Gaspar de retirarse de la mesa de negociaciones y la inmediata respuesta gubernamental de reiniciar el diálogo fueron la prueba contundente. Significó que en un momento dado los otros miembros de la Comandancia tuvieron que expresar a la contraparte su desconocimiento del hecho y la necesidad de deslindar a URNG, centrando los señalamientos y sanciones sobre los autores intelectuales y materiales de ORPA.

Un gobierno en posición de fuerza, una URNG acorralada y una mediación de Naciones Unidas fuera del juego, no fueron la mejor combinación para pretender condiciones óptimas en los acuerdos operativos.

Los días posteriores a la solución de la crisis se desarrollaron sin inconvenientes y sin sobresaltos públicos. Gaspar decidió que Jorge Rosal (Chayo), representante en Europa, fuera su sustituto y firmara en su nombre los documentos finales de la negociación.

Su designación garantizó a Gaspar el obligado repliegue y el necesario ocultamiento para mantener el control orgánico a partir de la incondicionalidad que el compañero le profesaba. La no elección de jefes guerrilleros la explicó por el hecho de que esto podía interpretarse como un retiro anticipado y el traspaso de responsabilidades. Nada más alejado de sus propósitos. Pero generó una pequeña tormenta interna. Pedro Pablo Palma Lau (Pancho) consideró que se habían usurpado funciones, despreciado méritos y desestimado trayectorias. No pasó a más, y el hábil manejo de la situación por parte de Rodrigo, permitió satisfacer las demandas alternativas que el implicado exigió, como una consolación ante la marginación desmerecida de lo que él consideraba su derecho. Recompensas obligadas que aparentemente pueden investir de cierto poder, pero que a la larga se tornan en expresiones vacías y ponen al desnudo actitudes de gran oportunismo y un notorio narcisismo.

Desde el frente seguimos con atención la gira europea organizada para la firma de los acuerdos operativos. Fue un reconocimiento a los países amigos que habían acompañado muy de cerca el proceso. Éstos acogieron en sus respectivas capitales a una numerosa delegación conformada por representantes de las partes, el mediador de Naciones Unidas, Jean Arnault, y periodistas de varios medios de comunicación, nacionales e internacionales.

El acto de la firma del Acuerdo de Paz Firme y Duradera se realizó en uno de los patios del Palacio de la Cultura. Los comandantes guerrilleros, entre los que me contaba, asistimos a la ceremonia en que las partes sellaron su compromiso.

Espontánea y jubilosa fue la presencia masiva de muchos guatemaltecos en la plaza central. La ocuparon y le dieron vida con sus cantos, consignas y pancartas. Cuando el presidente Arzú y el compañero Rolando Morán, ambos escoltados por quienes participaron directamente en la negociación, salieron de Palacio y se dirigieron a encender la "llama de la Paz", fueron rodeados por la gente. Celebrábamos con esperanza y optimismo, no sólo la conclusión de un oscuro periodo de muerte y desapariciones, sino también la posibilidad de comenzar a construir una mejor sociedad para todos.

Pero ni siquiera esa noche me escapé de mis dolores. El general Balconi, acompañado de su esposa e hijas, me confirmó la muerte en combate de mi hermano y se comprometió a proporcionarme más detalles sobre su caída. Lo acordamos como adversarios necesitados de un gesto después del silencio de los fusiles. Aunque lo intentó, no le fue posible abrir los candados de la omertá castrense.

Hasta este momento en que escribo es lamentable que prevalezca el abrumador peso de las palabras fatuas y las promesas incumplidas, en lugar de los hechos palpables y los resultados esperados.

Pero el domingo 29 de diciembre de 1996 lo tendremos en

nuestra memoria como el día en que creímos visualizar un cambio. Sentimos que era factible lograrlo. Fugaces presunciones, perpetuadas frustraciones.

El 31 de diciembre regresé al Castaño para compartir con las compañeras y compañeros la postrera festividad de fin de año. Debíamos prepararnos para la desmovilización definitiva y la obligada dispersión que ello conllevaba. Una larga vida guerrillera llegaba a término.

20. El fin del principio

Uno de los aspectos que generó mayor discusión y controversia en la mesa de negociaciones fue el relativo al número de desmovilizados de la guerrilla. Mientras el ejército exigía que los únicos que debían tomarse en cuenta eran los que se encontraban de forma regular en los frentes guerrilleros, nuestros negociadores buscaban la forma de integrar a la mayor cantidad posible de compañeros, considerando el tipo de confrontación y los numerosos militantes a lo largo de muchos años.

Esta actitud no tuvo paralelo en lo político. Los militantes clandestinos que habían dejado las filas orgánicas, pero se mantenían vinculados a la causa guatemalteca, no fueron considerados. URNG tampoco tomó en cuenta el mundo de los exiliados. Varios habían sido los exilios, comenzando por el de 1954 y que, cíclicamente, se reprodujeron por la represión imperante. Por desgracia, prevalecieron una vez más los divisionismos y los dogmatismos. La oportunidad de unir a todos aquellos que de una u otra manera habían manifestado su oposición a los sucesivos gobiernos de terror que Guatemala había padecido, no fue aprovechada. Las heridas infligidas no se habían cicatrizado ni olvidado.

Por una parte, el argumento hombre-arma esgrimido se rebatía a través del razonamiento de las características irregulares y los flexibles esquemas de participación. No era lo mismo hablar de una reducción de 33 por ciento de efectivos por parte de los militares, principiando por un número global de treinta y cinco mil, que intentar conformar un número específico de fuerzas guerrilleras, considerando que una de sus características más notorias fue el reclutamiento temporal de corta duración. En el primero de los casos, el alto mando fue capaz de encubrir sus verdaderas intenciones, en el sentido de preservarse numéricamente y, lo que era más importante, resguardar su oficialidad, y que no fuera afectada por el compromiso de reducción asumido. El personal superior que pasó a retiro lo hizo en condiciones económicas extremadamente favorables. En cuanto a nosotros, se le presentó a la Comandancia General una situación delicada. Ya no podía seguir haciendo uso de la desinformación y la guerra psicológica, tan útiles en tiempos de batalla y que sirvieron para confundir y engañar al enemigo sobre el número real de combatientes; ahora se veía en la necesidad de buscar un acuerdo que pudiera beneficiar a la mayor cantidad posible. El mérito de haber sabido golpear con muy pocos no tenía mayor importancia. Se necesitaba atraer al máximo de integrantes a los beneficios de la desmovilización. Y lo que pudo llegar a ser motivo de incomodidad para algunos, ante la necesidad de declarar los que realmente fuimos, para quienes estuvimos en el terreno y logramos tanto con tan escasos recursos, esto siguió y sigue siendo motivo de orgullo y satisfacción.

La delegación castrense presentó un informe detallado con cifras bastante aproximadas sobre los frentes guerrilleros de URNG y la conformación de sus unidades, que no dejó cabida a las evasivas, mucho menos a las maniobras. Lo hizo con la finalidad de establecer un límite a las cantidades que se pretendía obtener. Se logró una solución consensuada que permitió designar un número límite, formado por combatientes regulares, irregulares y población organizada, que –con o sin armas– llegaran a completar la totalidad fijada. Lo mismo sucedió con las estructuras de apoyo logístico y con los distintos frentes internacionales.

Al Frente Unitario le correspondieron doscientos cincuenta efectivos. Por eso nos dimos a la tarea de ubicar y convocar a compañeros veteranos y miembros destacados de la Resistencia, tanto dentro como fuera del país. Esto respondió a la orientación recibida por todas las organizaciones, correspondiéndonos a nosotros considerar no sólo combatientes de ORPA, sino también –en justa proporcionalidad– a los que procedían del EGP y del PGT.

Los meses posteriores a la firma de la paz comprobaron una

vez más que para articular un proyecto se necesita mucho tiempo y esfuerzo, mientras que para desactivarlo los plazos se acortan y aceleran. Fuerzas guerrilleras, estructuras clandestinas y colectivos internacionales se disolvieron rápidamente, con pasmosa eficiencia y responsabilidad, de enero a abril del año 1997.

Nuestra reinserción fue definida por los acuerdos e instrumentada minuciosamente por organizaciones nacionales e internacionales con mandato para ello. Asimismo se despertó en ONG, Iglesias y medios de comunicación una fiebre de simpatía por los guerrilleros. Pero el tiempo y otras prioridades relegaron a quienes habíamos hecho la guerra y negociado la paz a la galería de los recuerdos. Naciones Unidas, a través de los observadores militares, garantizó nuestro desarme y desmovilización.

Una Comisión Especial de Incorporación (CEI) se encargó del proceso de transición de los combatientes de los campamentos a sus destinos civiles y sus posibilidades formativas y laborales. La Comisión de Acompañamiento (CA), constituida por representantes del gobierno, de URNG y MINUGUA, supervisaría y aseguraría el cumplimiento del cronograma de implantación de los acuerdos. Otros múltiples organismos e instancias irrumpieron abruptamente en nuestra cotidianidad y comenzaron a marcar la pauta de nuestros actos, producto de los compromisos y las promesas que el movimiento revolucionario hizo en la mesa de negociaciones.

Circulares, normativas, reuniones, listas, capacitaciones, evaluaciones, entrevistas, movilizaciones, peticiones, se convirtieron en nuestro quehacer diario. Dar explicaciones, aclarar ambigüedades, reforzar promesas, compartir ilusiones, manejar frustraciones, resolver dudas, asimilar el descargo de corajes, sobrellevar testimonios de dolor, pasaron a formar parte del trabajo de los colectivos de dirección y de los grupos especializados de psicólogos y psiquiatras que se encargaron de realizar, de forma incipiente (y luego no continuada), los talleres de salud mental, tan necesarios para quienes vivieron y padecieron las consecuencias de la conflagración, y ahora se enfrentaban a la expectativa de una forma de vida que no habían contemplado al momento de su incorporación. Luchar en tiempos de guerra no era lo mismo que hacerlo en tiempos de paz. Las armas y los mecanismos de defensa y ataque eran diametralmente opuestos. La burocracia y la administración nos engulló.

Sin embargo, hubo algo que expreso con mucha honestidad personal. No pudimos dar respuestas convincentes. Me embargaron sentimientos de impotencia, escepticismo e incertidumbre ante la nueva etapa de vida y militancia. Sentí rabia contenida, al verme obligado a aceptar la falta de castigo a criminales. Escuchábamos de nuestros superiores, y lo repetíamos a nuestros subordinados, que la lucha continuaba y sólo se había dado un cambio de forma, por lo que debíamos ser constantes y prepararnos para ello. Desafortunadamente este análisis no se pudo compartir en ese momento con los sectores que habían sostenido nuestra lucha.

Pero una temible realidad nos circundó; se relacionaba con la guerra de verdad en la que pudimos visualizar perfectamente al enemigo, con su uniforme de camuflaje y su doctrina militar, mientras que en la paz esta figura se mimetizó de incontables formas, palabras y colores. Lo encontramos tanto dentro como fuera de nuestras filas. Me atrevo a decir que el que se incubó y manifestó dentro de nosotros fue el más dañino y nos causó los problemas más serios.

Deudas personales pendientes, dificultades orgánicas postergadas, rivalidades de conducción enconadas, ofensas políticas acumuladas y ajustes de cuentas ocasionaron al interior de la organización revolucionaria más perjuicio en pocos meses que las balas y las bombas enemigas en muchos años.

Al mismo tiempo, el olvido de la guerra se hacía necesario para todos los sectores. No obstante, restañar heridas no significaba olvidar. Sin la confrontación y sus costos, el camino de la democracia no habría sido posible. Éste había sido arrancado y, en esta nueva etapa, todos sin excepción podríamos participar. El tiempo se encargará de señalar si nuestra sociedad fue capaz de asimilar la dura experiencia, o si persisten los esquemas y comportamientos que nos colocaron entre dos fuegos.

Se establecieron ocho puntos de concentración a los que se

trasladaron los frentes guerrilleros el 28 de febrero, y se dio inicio al periodo que se denominó D+60. Esto significaba que luego de la definición del día D (desmovilización), ésta debía llevarse a cabo en los siguientes dos meses, marzo y abril.

El EGP tuvo cuatro campamentos en los departamentos de Quiché y Huehuetenango: Tzalbal (Ho Chi-Minh), Mayalán (Che Guevara), Tululché I (Augusto César Sandino) y Tululché II (Fernando Hoyos). Concentraron a 1 233 compañeras y compañeros.

Las FAR se ubicaron en Petén y Santa Rosa: Sacol (Lucio Ramírez, Panzós Heroico y Mardoqueo Guardado) y Claudia I (Tecún Umán, Santos Salazar, estructura suroccidental y Frente Urbano SAR). Reunieron 1 032.

ORPA estuvo en San Marcos y Santa Rosa: Las Abejas (Luis Ixmatá) y Claudia II (Frente Unitario). Agrupamos 426.

Nuestros campamentos recibieron los nombres de jefes guerrilleros de la Organización que cayeron en combate o fueron apresados y asesinados por el enemigo. El campamento Comandantes Manuel y Everardo recibió a la fuerza al mando del comandante Nery, Fermín Fuentes, y el campamento Capitanes Jeremías a la que estaba a mi cargo.

El PGT Comité Central, contó con dos escuadras de comandos suburbanos; la 1 estuvo en Tululché I (nueve) y la 2 en Claudia II (trece); en total, veintidós.

Hablamos de poco más de 2 700 guerrilleros concentrados. Tuvimos que lamentar el hecho de no haber podido llenar el cupo máximo establecido. Muchos compañeros no creían en el proceso y no estuvieron dispuestos a exponerse públicamente ni compartir sus datos personales, que luego pudieran utilizarse para perjudicarlos. Una historia de engaños y falsas promesas los respaldaba. Una época de secuestros, torturas y desapariciones los reprimía. Otros se vieron imposibilitados de cumplir los requisitos exigidos por el proceso mismo de desmovilización, debido a compromisos laborales y familiares. Les era imposible estar un mes concentrados, descuidando y ausentándose de sus exiguos trabajos, que bien que mal les permitían resolver –aunque fuera de forma precaria– sus necesidades.

Hubo quienes formaron parte de los refugiados en México que retornaron a principios de esa década, o que decidieron continuar sus vidas allí y por lo mismo fueron descartados. Y, por supuesto, un número considerable que ya no fue posible contactar. Gente muy valiosa quedó fuera; otra no tan reconocida y más bien incorporada en los últimos años, si no meses, aprovechó los limitados y simbólicos beneficios a los que nos hicimos merecedores. Es un aspecto subjetivo de este proceso de desmovilización, con el que aún existe una cuenta pendiente y que en ese momento causó malestar y decepción en muchos compañeros. Éstos merecían un mejor trato y, sin duda alguna, una mayor consideración. Posteriormente, cuando los buscamos para participar en el trabajo partidario se negaron. Los perdimos. Su estado se aproximó aún más a las privaciones inexorables que a las ilusiones etéreas.

Calamidad similar ocurrió con las y los militantes extranjeros. Para ellos no se pudo lograr nada, y cada cual tuvo que encontrar soluciones propias. Es, junto a lo que –como se ha mencionado antes– padecieron destacados cuadros de la Resistencia, una sentida injusticia. Muchos tuvieron hacia la lucha una entrega y una disposición excepcionales, de mayor mérito y reconocimiento que muchos nacionales.

El aporte intelectual, el esfuerzo teórico, la dedicación militante y la disposición a enfrentar los riesgos y peligros encontraron en muchos de ellos el mejor ejemplo y la mayor motivación. Fueron costos que se tuvieron que asumir ante la debilidad para demandar la ampliación de ventajas y beneficios.

Pero lo que más dolió a algunos de ellos no fue la falta de apoyo económico. Fue más bien la ausencia de sensibilidad y compañerismo, tan característicos de los años de guerra, desdibujados más tarde al sumergirse en una implacable realidad y un distanciamiento provocado por las nuevas dinámicas y los recientes intereses. Nuestras filas internacionalistas albergaron diferentes procedencias. Recuerdo particularmente a aquellos salidos de las filas de la teología de la liberación como Ana, Ester, David, Agustín, Felipe, Miguel y otros, que con su compromiso se integraron a nuestro pueblo y le dieron todo.

URNG no fue capaz de reconocer públicamente uno de los más nobles y trascendentales gestos de los revolucionarios: el internacionalismo. No era el mejor momento para reivindicarlo, ni mucho menos conseguir distinciones para quienes lo practicaron.

Durante el mes de marzo, todas las organizaciones miembros de URNG realizaron actos simbólicos en los campamentos y en distintos lugares de reunión de sus diferentes estructuras para oficializar su desarticulación. En ellos dimos a la lucha guerrillera la importancia y el lugar que para nosotros mereció, concluyendo con estos sentidos rituales una época plagada de arrojos y virtudes. Eran el preludio de las actividades oficiales con las que se pasaría a la legalidad, según la calendarización establecida.

En el transcurso de la segunda quincena del mes de abril se programaron tres ceremonias de desmovilización en cada uno de los campamentos de concentración, en las que se fueron reduciendo en 33 por ciento los colectivos, hasta culminar con los actos finales del 28 de abril que marcaron la salida definitiva de las instalaciones que nos albergaron durante los dos meses de preparación y organización.

Un recuento entre viejos oficiales, al final del conflicto, nos permitió verificar que en el Frente Javier Tambriz, luego Unitario, habían caído en combate noventa y ocho oficiales y combatientes en los dieciséis años de lucha. Si a esas cifras sumamos las bajas por deserciones, expulsiones, heridos, capturas, traslados, reclutamientos temporales y renuncias, la cantidad aumenta considerablemente. No puedo precisarla, pero estoy seguro de su gran dimensión. Si un ejército regular o irregular no es capaz de suplir sus bajas está condenado al fracaso y a la desaparición.

En nuestra fuerza guerrillera llegamos a tener compañeras y compañeros representantes de dieciocho de los veintidós grupos étnicos mayas. Conocí sus características y particularidades. Formar parte de un tronco común los hacía compartir similitudes, pero a la vez manifestar formas propias. La convivencia ayudó a conocer sus idiomas y especificidades culturales, y de temperamento y conducta. La diversidad maya no fue obstáculo para lograr colectivamente un trato en que el respeto y la armonía permitieron realizar importantes proyectos. Junto a los mestizos (ladinos), se sumaron voluntades y esfuerzos.

Creo que a pesar de los enormes costos que la guerra tuvo para ellos y para todos, ésta les permitió trascender y ubicarse en un espacio cualitativamente superior al que ocupaban. La resistencia pasiva de siglos a través de sus idiomas, su religiosidad, sus tradiciones y costumbres, dio paso a una resistencia activa en la que no esperaron dádivas, sino exigieron derechos, no buscaron compasión y demandaron respeto. Su condición de guerrilleros los alejó de la explotación y de la humillación, y los ayudó a valorar mejor su dignidad y posibilidades, dándoles la oportunidad de reivindicar y también de castigar. Combatir la opresión, la exclusión y la represión tuvo un cauce organizado, distinto a los esporádicos levantamientos del pasado sin perspectivas ni resultados. Esta lucha sí los tuvo y serán los mismos mayas los que deberán demostrar su grandeza del pasado, recuperándola en su presente, tan necesitado de liderazgo y unidad.

La experiencia guerrillera rural y urbana, y lo que ésta encarnó para todas y todos los que en un momento de nuestras vidas nos comprometimos con ella, fue una realización desprendida y sublime. Los que asumieron los riesgos, los que afrontaron las consecuencias, los que asimilaron las pérdidas y los virajes de vida, merecen respeto. El valor de su militancia radicó en que –sin importar si la organización a la que pertenecieron fuera pequeña o grande– imaginaron y lucharon por mejores realidades. Es un aporte y un legado de seres humanos comprometidos que deben verse por encima de las lamentables divisiones, los casos negativos y las bajezas sectarias.

Los verdaderos héroes tienen lápidas sobre sus cabezas. Son los que murieron.

Ninguna explicación podía quitarme la sensación de tristeza, frustración e impotencia por no haber hecho posible el sueño guerrillero de la toma del poder.

En las tres ceremonias de desmovilización observé los rostros de los compañeros, la gran mayoría campesinos mayas, cuyo sistema les imposibilitó educarse y que sólo por medio de un triunfo revolucionario hubieran estado en la posibilidad de dar un viraje acelerado a sus desgracias, transformar sus vidas, contar con oportunidades y obtener su merecido lugar.

El jefe de los observadores militares del campamento Claudia, el coronel Araujo, brasileño, supervisó los actos. Los contingentes ingresaron con música clásica de fondo. Entregaron sus armas, recibieron el documento de confirmación de su condición de desmovilizados y fueron despedidos por la cantante cubano-estadounidense Gloria Estefan, preferida de dicho militar. En el último acto tuvo que aceptar mi reclamo: tratándose de cubanos tenían tanto derecho los de Miami como los de la isla. Y despedí a mis compañeros con la canción "El necio", de Silvio Rodríguez. Bertolt Brecht estuvo presente en mi discurso de despedida, consciente de que regresábamos a un sistema que rechazamos por su individualismo, su egoísmo y su indiferencia, y que con mayor razón necesitaba de los "imprescindibles".

Del campamento Capitanes Jeremías salí con el legado del guerrillero: dos mudas de ropa, un par de zapatos, un catre y un juego de ropa de cama, salvo el cheque que se le entregó a cada uno de los compañeros. Sin embargo, meses más tarde, algunos jefes guerrilleros recibimos un automóvil como parte de un proyecto de reinserción.

Atrás dejaba en sueños mi camino guerrillero, no así mi condición de comandante, ese grado me acompañará siempre.

Retomé mi vida personal integrándome a las tareas partidarias. La legalización del partido, la reinserción a la vida civil y la verificación del cumplimiento de los acuerdos se convirtieron en nuestras prioridades.

Volví a encontrarme con mis viejos compañeros del Central, que seguían reuniéndose cada año. Me contaron que estaba incluido en sus recuerdos y muchas veces brindaron pensando que había muerto. Me regalaron un video donde cada uno, a su manera, me expresaba en ese tiempo, su afecto. Con dos de ellos, Maynor Palacios y Juan José Narciso, se consolidaron los lazos, me tendieron la mano y siguen siendo, hasta la fecha, mis mejores amigos.

En agosto me integré como asesor del director ejecutivo del Hospital General San Juan de Dios. A mediados de 1997 volví a vivir en la casa de la colonia Centro América, 31 Avenida B, 6-29, zona 7, y muchos recuerdos se agolparon en mi mente y en mi corazón. Los más sentidos tuvieron que ver con mi madre y con mis hermanos. Por alguien muy cercano y querido, pude enterarme de un comentario premonitorio que ella enunció poco antes de morir y del que aún sigo asombrado: estaba muy preocupada por lo que podía pasarles a tres de sus cuatro hijos. Por mí (su Luisito) no se inquietaba, pues de alguna forma saldría siempre adelante.

Pero el paso de mis hijos, Paula Ileana, Pablo Rodolfo y Luis Santiago, por dicha casa, cumplió un importante cometido de cara a mi historia familiar. La alegría que le introdujeron, sus risas y travesuras, que invadieron todos los rincones, permitieron que las dolorosas y trágicas vivencias que en ella se habían dado pudieran enterrarse al pie del viejo ciprés que mi madre había plantado y dieran paso a un ciclo de renovación positiva, que sólo la inocencia sana y plena de los niños, hijos-nietos, fue capaz de provocar.

Mi intención de construir una familia en Guatemala se vio alterada por intereses contrapuestos de la madre de los niños. Estuve con ellos entre los sobresaltos de la guerra de 1991 a 1993. La alternancia de esas agitadas jornadas entre Guatemala y México dieron paso a un periodo de convivencia en Puerto Rico y Estados Unidos, entre 1994 y 1995, pero ya desde ese tiempo comenzó a notarse un deseo recíproco de separación. Éste fue ahondándose hasta culminar en mayo de 1998, cuando Zaira María volvió a su tierra, con un acuerdo digno que le permitió llevarse a los hijos, y que buscó evitar agravantes a una situación de por sí dolorosa y triste, aunque esto significó mi alejamiento de ellos.

En Celso Humberto Morales Morales –Tomás– y yo recayó la responsabilidad de convertir a URNG en partido político. Dos años fueron necesarios para completar los requisitos que la anacrónica ley electoral y de partidos políticos, vigente en Guatemala, exigía para legalizarnos. Apoyados en el Equipo Nacional de Organización (ENOR), logramos hacerlo en el plazo requerido.

Los tiempos quietos de la montaña dieron paso a las urgencias cotidianas de la vida civil. Los hechos políticos y las reuniones se entrelazaban y tejían un escenario en el que irremediablemente la lucha electoral era un objetivo.

En 1998, la muerte de Ricardo Ramírez –Rolando Morán– alteró el esquema de funcionamiento y conducción. La nueva dirección conducida por Jorge Ismael Soto –Pablo Monsanto– transgredió mi idea de lo que debería ser el partido y descubrí en sus iniciativas dobles intenciones. Se desató en el seno de la incipiente estructura partidaria en la legalidad una dinámica sectaria y excluyente, tan característica del modelo que le permitió a Monsanto preservarse como jefe de las FAR y que resultó tan nefasta para ésta en el pasado, como para URNG en ese presente.

La incondicionalidad de Ricardo Rosales Román –Carlos Gonzáles–, otro miembro de la antigua Comandancia, con las maniobras y fines del desafortunado secretario general, agravaron las cosas y profundizaron la crisis.

La actitud de Rodrigo Asturias Amado –Gaspar Ilom– tampoco abonó a los necesarios avances y las pretendidas transformaciones. Ausente de Guatemala diecisiete años, sólo pudo pisar de nuevo territorio patrio el 6 de septiembre de 1997, dispuesto a mantenerse vigente a como diera lugar sin aceptar la estocada de muerte que significó el caso Novella para él. Prisionero del deslumbramiento del poder, de la realidad deformante de un entorno adulador y de su propia determinación de llevar hasta el final su destino aparente, no fue capaz de superar el tozudo esquema de las maniobras y las conspiraciones con las que pretendió reposicionarse.

Ninguno pudo lograr la ansiada y necesaria unidad.

Los resultados están a la vista: una nueva división, más grave y de mayor alcance por ser pública. La miserable forma en que se evidenció la hizo más desafortunada.

No acepté la candidatura a la diputación; hombre de terreno, no me entusiasmó la idea de la burocracia congresista.

El 12 de marzo de 2001, en carta interna, renuncié a mi cargo de miembro titular del Comité Ejecutivo Nacional del partido. Fue una decisión difícil, pero a pesar del dolor y tristeza que me provocaba, de manera muy consciente determiné que era el único camino que me quedaba. En ella señalaba:

Los graves acontecimientos que hemos venido viviendo en URNG, en los últimos meses, y las consecuencias que éstos han tenido, tanto interna como externamente, me obligan a un pronunciamiento sobre lo que está sucediendo, mi militancia y mi pertenencia a las estructuras de dirección máxima de URNG.

Habiendo superado la guerra, su desenlace y la posterior firma de los acuerdos de paz, se nos abrió un periodo de desafío político que posibilitaba sentar nuevas bases para la construcción de un partido que estuviera acorde con la experiencia acumulada, que demostrara a través de una práctica diferente su consecuencia y que se erigiera no sólo como garante del cumplimiento de dichos acuerdos, sino como la opción a construir para liderar los cambios que el país sigue necesitando.

Cuatro años después, el balance es negativo y amargo.

La división-ruptura en la que nos encontramos, nos impide tener una propuesta consistente y hemos pasado a confundirnos con todos aquellos que se rigen por las reglas de la politiquería imperante. Nuestro mayor esfuerzo se orienta a la descalificación interna, a destruir, a ventilar diferencias en los medios de comunicación. Hay quienes con sus actos nos hacen vernos como enemigos y hemos sido capaces de acusarnos en público con mayor violencia que a nuestros propios adversarios políticos. Seguimos repitiendo los sectarismos del pasado, mantenemos un formalismo que responde a las exigencias legales y a las apariencias, pero en una dinámica de sordos. Las reuniones del Comité Ejecutivo Nacional (CEN) ilustran y evidencian la existencia de posturas que no son sometidas al diálogo, sino impuestas de acuerdo a equilibrios numéricos pero, sobre todo, nos empecinamos en demostrar que cada uno tiene la razón, la verdad histórica y la consecuencia revolucionaria. Lo más grave es que fuera de este marco formal, de supuesto intercambio de ideas y puntos de vista, se han soltado iniciativas y propósitos en donde ya no importan votaciones o acuerdos por mayoría, sino clara y abiertamente otro tipo de intereses y objetivos.

No buscamos unir, sino descalificar; no buscamos unir, sino destruir; no buscamos unir, sino conservar poder. ¿Cómo podemos presentarnos ante los guatemaltecos si ya nos hemos descalificado entre nosotros mismos?

Nuestro quehacer político se ha visto reducido a reiterar nuestras diferencias y a apropiarnos de verdades colectivas en función de una conveniencia personal, sin ni siquiera reflexionar sobre lo que estamos consiguiendo, al reproducir el sectarismo, la enemistad e incluso el odio entre compañeros y compañeras. Si se cree que dándole continuidad a esos interminables ciclos de separación y descalificación saldremos "depurados y fortalecidos", estamos equivocándonos y sepultando nuevamente a nuestros caídos.

Un partido, como debiera ser el nuestro, tendría que tener obligatoriamente una actitud que propicie posturas equilibradas y constructivas, siendo condición infaltable el tener dirigentes que las impulsen y defiendan. Los valores primeros: la integridad, la decencia, la humildad, la honestidad, la sinceridad, el respeto, la solidaridad debieran ser nuestro primer norte, lo que haría factible una reconciliación interna que nos aleje de ambiciones desmedidas y golpes bajos. Los problemas actuales del partido no se circunscriben a dos personas, por larga y meritoria que sea su trayectoria; la consecuencia y respeto para el mismo no pasa por definirse e inclinarse por uno u otro, o a uno u otro de los grupos que se mencionan.

La manipulación de voluntades con verdades a medias y versiones deformadas propicia el debilitamiento de una alternativa. Al utilizarse el argumento de las indefiniciones ideológicas para presentarnos como firmes y claros de qué hacer, cuando la propuesta contra el neoliberalismo aún forma parte de las discusiones, los estudios y las reflexiones en distintos círculos y latitudes, y que siendo honestas, expresan que todavía no se tiene una respuesta acabada, comprueba que esta ausencia de definición es más usada como un argumento de ataque a contrarios, que como una propuesta que lleve a un estudio y reflexión compartida y propositiva. Nadie puede preciarse de saber de antemano, con absoluto conocimiento de causa y repercusiones, qué estrategia político-ideológica, aunada a creativos e innovadores virajes tácticos, debieran haber servido de base para enfrentar y contrarrestar lo que significó el derrumbe del socialismo real y la pérdida de referencias. Es una dura escuela, en donde el ensayo y el error, los aciertos y equivocaciones, están permitiendo acumular experiencias que servirán para completar el esbozo y poder erigirnos con una propuesta clara, inequívoca y viable contra aquello que nos causa rechazo e indignación: un sistema excluyente, individualista, egoísta y avasallador. Sin duda, lo logrado con los acuerdos es un inicio. Esa honestidad y humildad para reconocer lo que nos falta en la construcción teórica no las veo; su utilización para desprestigios a lo interno, convirtiéndolo en un instrumento y excusa para la dispersión del esfuerzo, está perfectamente clara.

La intención de participar en un impulso transformador a través de URNG no obliga a pronunciamientos sectarios y divisionistas.

Si se concibe este interés colectivo como proyecto, es decir, que no solamente lo relativo a la afiliación y conducción partidaria debe ser tomado en cuenta, permitiría que quienes forman parte de este propósito podamos contar con otras vías de participación y contribución, que en un futuro concreten la creación de un partido fuerte, sólido, coherente y referente.

Si somos capaces de detener el rumbo equivocado que hemos tomado, creo que URNG podría convertirse en un proyecto que daría una respuesta a nuestro pueblo. No veo en las actuales circunstancias que el CEN esté trabajando en ese rumbo. Por lo tanto, no quiero seguir siendo parte de una dirección que no opera, ni limpia heridas, sino que deja en estado de putrefacción el esfuerzo colectivo de esa base a la que nos debemos y que tanto utilizamos. Es por ello que presento mi renuncia a dicho CEN, manteniéndome como miembro de URNG e incorporándome a un esfuerzo intelectual y teórico que, espero, nos servirá en el futuro. Sé que no estoy exento de responsabilidades y lo señalado anteriormente debe ser considerado como una autocrítica, paso primero para poder, conscientes de lo que somos, seguir avanzando.

Esta carta no tuvo ninguna contestación oficial. Ni del secretario general, ni de ningún dirigente histórico, ni respuesta colectiva del órgano de dirección.

Todo grupo político responsable realiza un ejercicio de análisis meticuloso en el que se desglosan fundamentos teóricos, escenarios alternos y desenlaces posibles. Establecer un solo camino, una sola propuesta, ha sido para todos los movimientos revolucionarios un reto monumental, pocas veces logrado. Hemos asistido a una proliferación desmedida e improductiva de opciones. No significa que éstas no hayan podido desarrollarse y, en cierto momento, amenazar con el espejismo de la concreción. Tienen que ver con la frustrante realidad de no haberlo hecho en la dimensión necesaria para culminar de forma categórica lo que se buscaba. Pero también hay que mencionar que la unidad por sí sola no garantiza los desenlaces favorables. Si los líderes que promovieron e hicieron posible esa unidad no aseguran un cristalino encadenamiento, que pueda detectar desorientaciones y obcecaciones encubiertas, el fracaso está garantizado.

Pienso que la mayor riqueza que todo país tiene es su capital humano. En la medida en que en Guatemala no se entienda como un retórico y demagógico recurso, esta riqueza debe prepararse y cultivarse sin exclusión, si no jamás saldremos adelante. La interiorización auténtica del bien común y el respeto mutuo pasa por compartir conocimientos, bienestar y oportunidades. El mantenimiento de grandes desigualdades y la incertidumbre que padece la mayor parte de la población impiden despegar y progresar como país. Todos los guatemaltecos tenemos los mismos derechos y la posibilidad de ejercerlos aún se encuentra en el campo de las utopías más remotas. Quiero ser parte de un país del que me sienta orgulloso. Miembro de una sociedad que me provoque satisfacción por su sentido incluyente y solidario. No me conformo con islotes de privilegiados, rechazo las tesis individualistas y egoístas y aspiro a contar con todo un territorio repleto de humanismo, respeto y diversidad.

De los dieciséis años de militancia clandestina estuve once y medio en un frente guerrillero. Franjas montañosas, áreas cultivadas y habitadas del altiplano, bocacosta y costa sur; ciudades de primera importancia y vías estratégicas de comunicación conformaron nuestra zona de operaciones.

Recorrimos una extensión territorial importante que abarcó los departamentos de Quetzaltenango, Sololá, Chimaltenango, Sacatepéquez, Suchitepéquez, Escuintla, Santa Rosa y Guatemala. Nuestra retaguardia montañosa fue la Sierra Madre: cinturón de volcanes, sierras y cerros que atraviesa nuestro país del noroccidente al suroriente. Divide la tierra fría –mayoritariamente maya y minifundista– de la tierra caliente, que da cabida a los latifundios y los cultivos de exportación.

Es un corredor natural con óptimas condiciones para la guerra de guerrillas, que contribuyó a multiplicar teatros de operaciones, contar con campamentos en terrenos favorables y desarrollar exitosas defensas de montaña. Con pocos guerreros pudimos enfrentar grandes ofensivas militares, aprovechando las ventajas topográficas, y golpear al ejército sin bajas o a muy bajo costo. Honrábamos el concepto de lucha guerrillera de ser pocos y lograr mucho, evitar y causar daño, no tener bajas y provocarlas.

Atrás quedaba también mi casa telúrica, el volcán Atitlán. Cuando llegué allí la primera vez no pude establecer lo determinante que sería para mi vida ese macizo volcánico de 3 537 metros de altura. Con el paso del tiempo, he comprobado que me trasmitió fortaleza y solidez.

Asumí diversas responsabilidades. A las relacionadas con mi condición de médico –que se mantuvieron durante casi todo el periodo– se agregaron otras, debido a los conocimientos políticos, ideológicos y militares que fui adquiriendo, extendiendo mi participación. De médico combatiente pasé a ser combatiente, con el infaltable bautismo de fuego y sus combates, para recorrer después diversos grados militares: subteniente, teniente, primer teniente, capitán, primer capitán y, diez años después, recibir el grado de comandante guerrillero, jefe de frente y miembro de dirección nacional, primero de ORPA y luego de URNG.

Siempre he dicho que éste es uno de los doctorados más prolongados, difíciles y complejos que existen. Las pruebas de admisión y la culminación de mi preparación no se midieron por exámenes escritos o evaluaciones magistrales. Tampoco se respaldaron con cartones para colgar en la pared de una clínica u oficina. Todo fue fruto de las pruebas diarias que la convivencia y la confrontación –cruda, dura e intensa– me impusieron. Resultados y reconocimientos se miden por la preservación de la vida propia y la colectiva, el mantenimiento de una fuerza cohesionada y combativa, el logro de victorias en el combate y la integridad de principios mantenida.

Ésta fue mi vida militante. La otra que se me ofrecía no era la mía. Hacer la guerra contra mis compañeros no era mi historia.

Managua, marzo de 2003

Glosario

Chipilineadas: acciones armadas de represalia y obtención de ganado vacuno que los primeros guerrilleros guatemaltecos acostumbraban para castigar a los finqueros en la década del sesenta. Dicho botín alimenticio era compartido con los pobladores aledaños.

Comunidades de Población en Resistencia (CPR): parte de la población que fue desplazada masivamente por la guerra, que inicialmente deambuló por las montañas y las selvas de las áreas donde el conflicto se vivía con mayor intensidad, sobre todo en el norte del Quiché y que terminó agrupándose en estos colectivos. Fueron perseguidas por el ejército y acusadas como bases de apoyo guerrilleras. Se ubicaron en tres espacios geográficos que las identificaron como las CPR-Sierra y CPR-Ixcán, en el departamento de Quiché y CPR-Norte en el departamento de Petén.

Manto y leyenda: términos propios del lenguaje conspirativo que definen tanto la identidad y soporte legal de un agente (manto), como la explicación coherente de sus actividades (leyenda), que encubren su verdadera labor militante clandestina.

Patrullas de Autodefensa Civil (PAC): fuerza paramilitar que formó parte de la estrategia contrainsurgente para involucrar a la población civil de modo activo en el enfrentamiento armado. Esto ocurrió a escala nacional y especialmente en las comunidades mayas. Surgieron como grupos de hombres civiles organizados coercitivamente por la institución armada como fuerza paramilitar complementaria, que pretendía aislar al movimiento guerrillero y controlar las poblaciones. Fueron obligados a realizar operaciones bélicas y expuestos a recibir respuestas militares. Desestructuraron el sistema de autoridad indígena y más adelante recibieron el eufemístico apelativo de Comités Voluntarios de Defensa Civil (CVDC).

Pintos: término popular que identifica a miembros del ejército guatemalteco, originado por las características de su uniforme camuflajeado.

Radiocontrainteligencia (RCI): "Rubí" en el argot guerrillero. Escucha radiofónica, detección de frecuencias y descifrado de claves numéricas.

Resistencia: término utilizado por ORPA para describir su trabajo organizativo, en cuyas regiones podía contarse con un apoyo popular reflejado no sólo en tareas de apoyo logístico e inteligencia, sino también en la conformación de unidades militares irregulares que completaban su capacidad operativa.

Bibliografía

"Acuerdos de Paz", URL-IDES, Guatemala, 1998.

Bauer Paiz, Alfonso e Iván Carpio Alfaro, *Memorias de Alfonso Bauer Paiz. Historia no oficial de Guatemala*, Rusticatio, Guatemala, 1996.

Cantú Aragón, Ángel, *La hora cero en tiempos de guerra*, Artemis y Edinter, Guatemala, 1997.

Cardoza y Aragón, Luis, *La Revolución guatemalteca*, Editorial del Pensativo, Guatemala, 1955.

Castañeda, Jorge G., *La utopía desarmada*, Ariel, Barcelona, 1995.

——, *La vida en rojo. Una biografía del Che Guevara*, Espasa-Calpe, Buenos Aires, 1997.

Centro de Reportes Informativos sobre Guatemala (CERIGUA), *Transición en Guatemala. De las armas a la lucha política*, edición especial, México, 1998.

Colom, Yolanda, *Mujeres en la alborada*, Artemis y Edinter, Guatemala, 1998.

Comisión para el Esclarecimiento Histórico (CEH), *Guatemala. Memoria del silencio*, UNOPS, Guatemala, 1999; *Mandato y procedimiento de trabajo. Causas y orígenes del enfrentamiento armado interno*, t. I; *Las violaciones de los derechos humanos y los hechos de violencia: las masacres*, t. II y III, p. 473, numeral 3745; *Casos ilustrativos*, t. VI, anexo I, n. 86, p. 81; n. 103, pp. 269-84; *Casos ilustrativos*, t. VII, anexo I, n. 6, p. 267.

Debray, Régis, *Alabados sean nuestros señores, una educación política*, Plaza y Janés, Barcelona, 1999.

Figueroa Ibarra, Carlos y Carlos Paz Tejada, *Paz Tejada, militar y revolucionario*, Editorial Universitaria-Universidad de San Carlos de Guatemala, Guatemala, 2001.

Flores, Marco Antonio, *Los compañeros*, Óscar de León Palacios-Palo de Hormigo, Guatemala, 1976.

Harnecker, Marta, *Haciendo posible lo imposible. La izquierda en el umbral del siglo XXI*, Siglo XXI, México, 1997.

Kalfon, Pierre, *Che Ernesto Guevara, una leyenda de nuestro siglo*, Plaza y Janés, Barcelona, 1997.

Kruijt, Dirk y Rudie van Meurs, *El guerrillero y el general: Rodrigo Asturias y Julio Balconi sobre la guerra y la paz en Guatemala*, FLACSO, Guatemala, 2000.

Le Bot, Yvon, *La guerra en tierras mayas, comunidad, violencia y modernidad en Guatemala (1970-1992)*, Karthala, París, 1992. [Primera edición en español: Fondo de Cultura Económica, México, 1995.]

Macías Mayora, Julio César, *La guerrilla fue mi camino: epitafio para César Montes*, Piedra Santa Arandi, Guatemala y El Salvador, 1999.

Morales, Mario Roberto, *Los que se fueron por la libre*, Praxis, México, 1998.

ORPA, Gaspar Ilom, comandante en jefe, *La historia de ORPA y otros temas*, entrevista de Marta Harnecker, junio de 1982.

Payeras, Mario, *Los días de la selva*, Casa de las Américas, La Habana, 1981. [Décima edición en español: PS, Guatemala, 1998.]

——, *El trueno en la ciudad*, Praxis, México, 1987.

——, *Los pueblos indígenas y la Revolución guatemalteca. Ensayos étnicos, 1982-1992*, Magna Terra-Luna y Sol, Guatemala, 1997.

Ramírez, Chiqui, *La guerra de los treinta y seis años, vista con ojos de mujer de izquierda*, Óscar de León Palacios, Guatemala, 2001.

Ramírez, Sergio, *Adiós muchachos. Una memoria de la Revolución sandinista*, Aguilar-Altea-Taurus-Alfaguara, Bogotá, 1999.

REHMI, "Guatemala: Nunca Más", Informe Proyecto Interdiocesano de Recuperación de la Memoria Histórica, Guatemala, 1998.

Rosada-Granados, Héctor, *Soldados en el poder: proyecto militar en Guatemala (1944-1990)*, Fundapem-Universidad de Utrecht, Holanda, 1999.

Schirmer, Jennifer, *Intimidades del proyecto político de los militares en Guatemala*, FLACSO, Guatemala, 1999.

Materiales de ORPA, 1972-1988

"La apertura política, maniobra contrainsurgente, estrategia, posibilidades y limitaciones."
"Balance de la situación del ejército enemigo."
"El cuadro. Manual de organización."
"La dispersión, una grave deficiencia."
"El estilo de trabajo."
"Guatemala: análisis estructural y crisis del sistema."
"Guatemala: el fracaso de la contrainsurgencia y la nueva dictadura."
"La guerra necesaria e inevitable."
"La historia nuestra."
"El intelectual en la guerra popular revolucionaria."
"Manual del buen combatiente, material de campaña."
"Material de seguridad."
"Materiales organizativos. Enfrentar y vencer las dificultades."
"La pequeña burguesía: sus limitaciones y lastres."
"Racismo I."
"La verdadera magnitud del racismo" (Racismo II).

Materiales de URNG

"Agendas personales", 1991 a 1999.
"Apuntes de las reuniones de la dirección nacional de ORPA", 1988 a 1997.
"Cartas e informes manuscritos diversos de oficiales y combatientes".

"Guatemala, la democracia plena: meta revolucionaria en el fin del milenio. Orientaciones sobre el momento actual", junio de 1996.

"Libretas de apuntes", 1992, 1993, 1995 y 1996.

"Manual del oficial guerrillero, material de campaña."

"Mensajes radiales enviados y recibidos desde el puesto de mando en México y la retaguardia sur en Tapachula, al Frente Javier Tambriz y al frente Unitario", 1991, 1992, 1993, 1995 y 1996.

"El pensamiento político de la URNG", selección de textos, febrero de 1982-febrero de 1988.

"Resúmenes operativos y partes de guerra de campañas", 1988 a 1996.

"La Unidad Revolucionaria Nacional Guatemalteca. El partido político que Guatemala necesita", marzo de 1997.

"Unificar a los revolucionarios y forjar su partido, tarea histórica de URNG", octubre de 1996.

Fotocomposición: Alfavit
Impresión: Litográfica Ingramex S.A. de C.V.
Centeno 162-1, Col Granjas Esmeralda
México D.F. 09810
Certificado de calidad ISO 9000 n.02-2082
20-II-2006

Historia y testimonio en Biblioteca Era

Jorge Aguilar Mora
Una muerte sencilla, justa, eterna.
Robert Antelme
La especie humana
Fernando Benítez
En la tierra mágica del peyote
La ciudad que perdimos
El libro de los desastres
Los hongos alucinantes
Los indios de México [5 tomos]
Los indios de México. Antología
Los primeros mexicanos
Los demonios en el convento (Sexo y religión en la Nueva España)
El peso de la noche
José Joaquín Blanco
Función de medianoche
Un chavo bien helado
Álbum de pesadillas mexicanas
Claudia Canales
El poeta, el marqués y el asesino
Christopher Domínguez
Vida de Fray Servando
Mircea Eliade
Tratado de historia de las religiones
Eduardo Galeano
Días y noches de amor y de guerra
Adolfo Gilly
Historia a contrapelo. Una constelación
Antonio Gramsci
Cuadernos de la cárcel [6 tomos]
Cartas de la cárcel
José Lezama Lima
Diarios (1939-49 / 1956-58)
Eugenia Meyer
John Kenneth Turner. Periodista de México
Carlos Monsiváis
Días de guardar
Amor perdido
A ustedes les consta. Antología de la crónica en México
Entrada libre. Crónicas de la sociedad que se organiza
Los rituales del caos
Nuevo catecismo para indios remisos
Salvador Novo. Lo marginal en el centro
"No sin nosotros" Los días del terremoto, 1985-2005
José Clemente Orozco
Autobiografía
Cartas a Margarita

Francisco Pineda Gómez
La irrupción zapatista. 1911
La revolución del sur. Historia de la guerra zapatista, 1912-1914
Elena Poniatowska
La noche de Tlatelolco
Fuerte es el silencio
Nada, nadie. Las voces del temblor
Luz y luna, las lunitas
Las siete cabritas
Miguel Covarrubias. Vida y mundos
Nelson Reed
La guerra de castas de Yucatán
Andrea Revueltas y Phillippe Cheron (comps.)
Conversaciones con José Revueltas
Silvestre Revueltas
Silvestre Revueltas por él mismo
Julotte Roche
Max y Leonora. Relato biográfico
José Rodríguez Feo
Mi correspondencia con Lezama Lima
María Rosas
Tepoztlán: Crónica de desacatos y resistencia
Plebeyas batallas. La huelga en la Universidad
Guiomar Rovira
Mujeres de maíz
Santiago Santa Cruz Mendoza
Insurgentes. Guatemala, la paz arrancada
Guillermo Sheridan
Poeta con paisaje. Ensayos sobre la vida de Octavio Paz
Lev Tolstói
Diarios I. 1847-1894
Diarios II. 1895- 1910
Correspondencia I. 1842-1879
Marina Tsvietáieva
Natalia Goncharova. Retrato de una pintora rusa
Jorge Volpi
La imaginación y el poder. Una historia intelectual de 1968
La guerra y las palabras. Una historia intelectual de 1994
Eliot Weinberger
12 de septiembre. Cartas de Nueva York
Lo que oí sobre Iraq
Eric Wolf
Pueblos y culturas de Mesoamérica
Varios autores
El oficio de escritor [Entrevistas con grandes autores]
Sergio Pitol. Los territorios del viajero